U0836617

会计巾帼

新时代会计人系列丛书

会计巾帼

KUAIJI JINGUO

《财务与会计》
编辑中心◎编

中国财经出版传媒集团
中国财政经济出版社

图书在版编目（CIP）数据

会计巾帼 /《财务与会计》编辑中心编. --北京：中国财政经济出版社，2021.6
（新时代会计人系列丛书）
ISBN 978-7-5223-0489-2

Ⅰ.①会… Ⅱ.①财… Ⅲ.①女性-会计人员-先进事迹-中国-现代 Ⅳ.①K825.3

中国版本图书馆 CIP 数据核字（2021）第 066185 号

责任编辑：马 真　　责任校对：徐艳丽
封面设计：智点创意　　责任印制：党 辉

会计巾帼
KUAIJI JINGUO

中国财政经济出版社 出版
URL：http：//www.cfeph.cn
E-mail：cfeph@cfeph.cn
（版权所有 翻印必究）
社址：北京市海淀区阜成路甲 28 号 邮政编码：100142
营销中心电话：010-88191522
天猫网店：中国财政经济出版社旗舰店
网址：https：//zgczjjcbs.tmall.com
北京时捷印刷有限公司印刷 各地新华书店经销
成品尺寸：185mm×260mm 16 开 20 印张 376 000 字
2021 年 6 月第 1 版 2021 年 7 月北京第 2 次印刷
定价：99.00 元
ISBN 978-7-5223-0489-2
（图书出现印装问题，本社负责调换，电话：010-88190548）
本社质量投诉电话：010-88190744
打击盗版举报热线：010-88191661 QQ：2242791300

编委会

主　编　秦中良

执行主编　闫秀丽

执行副主编　孙　蕊　季建辉

编　委　宋军玲　刘黎静　武献杰　张璐怡　李斐然
陈利花　李　卓　刘　霁　姜　雪　任宇欣
王　词　樊柯馨

序一

这里有最美会计奋斗者

张连起

一个时代有一个时代的会计，一个发展阶段有一个发展阶段的会计人。新的科技革命和产业变革拓展了新会计发展空间，中国经济高质量发展需要高质量会计信息作为支撑。

会计是古老而年轻的职业。古往今来，会计诞生了一批灿若星辰的“先生”。几千年的敬语，也被冬烘过，也被秋杀过。会计的学者、名家、大咖，纵有诸多称呼，终不及“先生”二字来得亲近且大气，可以俯身可以仰望。先生们有了足够的弟子，弟子中不断涌现出新的先生。

中国会计领域有这样一群人：他们有着坚实的学识、坚韧的脊梁和坚定的信念，许命运多舛，依然淡定从容；他们有知识，也有情趣，有个性，更重品性；他们为国履职、为民担当，为后辈的成长赢得时间与空间；他们像一盏灯，赋能经济发展，照亮一方未来。“先生”，不仅是一个称谓，更是一种修为。“云山苍苍，江水泱泱，先生之风，山高水长。”这是对“先生”一词的最佳注脚。

新时代是奋斗者的时代。

会计先生是这样一群人：他们勤奋敬业、自强不息、不负韶华，不断提升人生高度；他们有眼界、有远见，明晰决断、推动创新，为财会工作更好地服务市场主体发展和价值创造贡献心智；他们坚持原则、诚实守信、一诺千金；他们面对机遇与挑战、困难与风险，忠诚履责、尽心尽力、勇于担当。他们是“长袖善舞”的会计带头人，他们是新时代的“会计先生”！

会计巾帼是这样一群人：女性特质并没有成为她们的桎梏，反而让她们在工作生活中呈现独有的职业魅力，精细、进取而优雅。越来越多的会计女性展现自身魅力和风采，她们追求独立与成功，同时也平衡事业与生活，发现美、体验美、享受美；她们践行自己的奋斗，更以多彩的方式书写自己的人生。

幸福源自奋斗，成功在于奉献，平凡造就伟大。每位会计先生、会计巾帼“最美会计奋斗者”的背后，都有一段精彩鲜活、富有说服力的故事，以小见大地诠释了奋斗奉献的专业精神，揭示了中国会计筚路蓝缕、砥砺前行的奋斗历程。

“十四五”时期，中国会计法规建设、会计标准建设、人才队伍建设、财会监督机制和会计服务市场建设等领域推进加速，新技术、新业态和新模式对现行会计模式构成较大挑战，包括数字资产和数字货币计量、人工智能技术应用中的风险管理、电子会计档案管理的保密性等方面，将进一步规范。为应对更大的不稳定、不确定性，中国会计审计要适应商业模式转型升级、新一代信息技术应用、财务共享中心建设、公司治理完善的要求，加强会计审计人的数据分析能力、风险管理与控制能力、执业道德水平、持续学习和创新能力，提升沟通和协调能力。

当今世界正经历百年未有之大变局，我国正处于实现中华民族伟大复兴的关键时期。经过长期奋斗，我国经济实力、科技实力、综合国力跃上新的大台阶，中华民族伟大复兴向前迈出了新的一大步。习近平总书记强调指出：“立足新发展阶段，贯彻新发展理念，构建新发展格局，推动高质量发展，在危机中育先机、于变局中开新局。”中国会计必须同时间赛跑、同历史并进，用汗水浇灌收获，以实干笃定前行，唱响新时代奋斗者之歌。

2021 年是中国共产党成立 100 周年。从石库门到天安门，从兴业路到复兴路，为人民谋幸福、为民族谋复兴，砥砺初心才能赢得人心，真诚为民方可不负人民。包括会计先生、会计巾帼在内的中国会计人紧密团结在中国共产党的周围，发扬孺子牛、拓荒牛、老黄牛精神，保持前行路上的坚韧与顽强，升华会计星空中的模范与激励，汇成攻坚克难的力量源泉，书写中华民族伟大复兴的“会计篇章”！

（作者系全国政协常委，中国税务学会副会长）

序二

愿我们彼此照亮

秦中艮

端坐于时光的脉络里，翻开《新时代会计人系列丛书》（第一辑）——正是您捧在手里的这一本，我们不禁感慨岁月既悠长平静又如梭飞逝。从2002年《财务与会计》编辑中心组织出版《走进会计的日子》，到2004年出版《诚信的名义》、2015年出版《有梦会计人》，再到如今出版《会计先生》《会计巾帼》，整整20年过去了。徜徉在时光隧道中，细细回想这20年走过的路，《财务与会计》在实践探索与改革创新中砥砺前行，同广大财会人员一道，共同书写行业发展与时代变迁，一幕幕画面、一个个时刻，依然恍如昨日，历历在目。

或许，20年的时光着实不算短，一路走来，《财务与会计》见证了无数成长的故事，阳光总能透过编辑中心的窗子照进来，照在一本本刊物上，格外温暖，生出明亮的光辉。或许，在漫漫历史长河中，20年的光阴又是倏忽即逝的，岁月如流奔腾不息，艰难困苦后的玉汝于成，是梦想照亮了现实。在这背后，我们看到了中国会计事业的蓬勃发展，看到无数脚踏实地砥砺前行的会计人在平凡岗位上做出了不凡业绩，用实际行动诠释着会计人的时代风采，那些奔跑向前的身影，勾勒出会计世界繁荣的画卷。正因为如此，在中国共产党百年华诞之际，《新时代会计人系列丛书》（第一辑）的出版，是我们对这个伟大时代和广大会计人一次深情的献礼。

当我们翻开书页，遥远而熟悉的会计人风采再一次在眼前呈现——有推动我国会计事业迈向生机、迈向活力、迈向希望的“会计先生”，也有以巾帼不让须眉的姿态推动会计行业持续向上的“会计巾帼”。他们奋斗的过程并不轻松，夹杂着太多太多的辛苦和摸索，这些画面唤醒了我们内心深处对会计精神的记忆，将思绪拉回到故事的起点。从2016年起，编辑中心不遗余力地寻找新时代会计人的故事，请他们将自己的所思所愿——那些奋斗的过程、艰难的探索、成功的喜悦，化为笔、化为剑，书写在中国会计发展的大地上。日月交替，四季更迭，书中的内容在时间上跨度五年，涵盖了2016年至2020年《财务与会计》所刊发的新时代会计人风采的所有文章。我们希望这套丛书能够成为一扇窗，透过这扇窗，与您一起眺望会计世界里起伏的高山、连绵的大河、壮阔的草原、茫茫的大漠，看到一幅幅景象组成的波澜壮阔的画卷，汲取前行的力量。

每每读起这些会计人的故事，都深觉震撼，他们以积极进取的精神风貌，弘扬着时代的正能量，细细品味，在细腻平实的文字背后，折射出的是新时代会计人奋斗路上永不止步的光芒，仿若胸中有一团焰火，聚星火燎原之势，燃烧出会计领域的崭新天地。

您且听，那一声“先生”，沉淀着尊严和学养的分量。《会计先生》一书中，有以负责的职业精神、严谨的求知态度、执着的理想信念，在财会领域践行“勤勉、睿智、诚信、担当”的会计先生。“仰观绝顶上，犹有白云还。”时代变迁，一代又一代先生立于高山，引领后生前行，新时代的先生也自山麓攀登，用坚守与创新丈量脚下的土地，用奋进与拼搏增添高山的巍峨，登高远眺时的呐喊传递着新时代铿锵的声音。收录的68篇文章中，有会计先生职业生涯的成长故事、奋斗历程和精彩华章；有激励自己成长进步、不断超越自我的精神力量；有成功之路上的感悟和家国情怀；有昂扬向上的人生观念和积极健康的生活方式；也有平衡工作、学习、家庭和社会的密码……这些会计先生的故事，是照亮会计前行路途的光，也愿它们成为激励广大会计人的一盏心灯。

您且看，那一句“巾帼”，蕴含着勇气和感动的力量。《会计巾帼》一书中，有美在坚守、美在努力、美在拼搏，在财会领域“乐享工作，乐品生活”的会计巾帼。她们坚毅如磐石伫立、坦荡若清风明月、娴静若秋水长天、勇敢如峻挺高山。即使乱云飞渡，也有“她力量”迸发出闪耀的光彩，如同烈日焰火；即使浮云遮眼，也有“她情怀”在心间挥之不去，如同汩汩清泉。收录的120篇文章中，有事业成功女性收获的经验和认识；有伴随着外部要求的不断提高对实现自我价值的追求；有职场定位和目标发生变化时的感悟和体会；有在繁忙的工作之外保持积极生活态度的分享；有身处激烈的职场环境，缓解压力、调节生活的爱好或方式；也有结合自己的经验和认识，为年轻的职场女性提供有关人生、事业的建议……新时代会计职业女性对自我价值的不懈追求，饱含着对生活的无限热爱，推动会计行业乃至整个社会持续向上，当代巾帼绽放的冉冉风华，如同灯塔般照亮一方。

古语有“见贤思齐”之言，这些会计人的成长轨迹并非无法复制，他们用奋斗诠释着会计人的精神，那些努力、付出足以打动我们的心。有时，我们想要游向更远的海洋，但请别忘记我们也身处在水中央，在前行的航程中，江河湖海的磅礴之势固然壮大，但朵朵浪花的微小之姿也同样可贵。把简单的小事做好就是不简单，把平凡的小事做好就是不平凡。一个人的理想越贴合时代，对时代使命认识越深刻，社会责任感也就越强烈，也就越能集中自己的力量和智慧为实现社会发展的目标而奋斗。拥抱时代，镌刻梦想，再平凡的小事里也都流淌着星海。虽然书中收录的文章有限，但每个人其实都是时代这本“大书”的作者，用时光的交付，书写着自己的人生，虽然我们无法预料下一页的内容，但一分一时，一日一月，我们用真心做笔，以生活为纸，以时光为墨，且行且书写，且写且向前。只要不辜负自己，无愧于时代，将每一件平凡的小事做好，折射平凡岗位上的时代风采，如此，便是最好的著作。

“黄金时代，不在我们背后，乃在我们面前；不在过去，乃在将来。”时序更替，华章日新，正值中国共产党百年华诞之际，触摸中国共产党百年征程的脉搏，感受百年的岁月峥嵘、百年的初心如磐，我们感到时代发展的喜悦。岁月的叶子，被奋斗者填满生机盎然的色彩，正如冰心所说：“成功的花儿，人们只惊羡她现时的明艳，然而当初她的芽儿浸透了奋斗的泪泉”。在文字中探寻力量，在精神中汲取能量，在故事中积攒温暖，当我们在时间的刻度上梳理过往的文章，其实也是站在未来的角度思考当下。2021 年，注定在历史的长河中闪耀，百年大党激荡新气象，亿万人民奋斗新征程。伴随着“十三五”的脚步，我们由 2016 年对新时代会计人风采的初探开始，历时五年的坚守，得以有了《新时代会计人系列丛书》（第一辑）的雏形，在过去五年无数财会人的奋斗中，我国会计改革与发展取得了令人振奋的成果，我们怀揣希望，充满信心，一往无前迈向下一个五年的壮阔航程。眼下，“十四五”大幕拉开，梦想开启新的航程，这个五年，我们将继续保持并发扬向上、向前的力量，用不懈的奋斗在中国大地上续写新的璀璨华章，也愿您一同走进我们的故事，有一分热，发一分光，如同点点星火，共同汇聚起盛大光芒，不断在接续奋斗中继往开来。

也许，在每个人的脑海中，时代的印记都不尽相同，或是一段刻骨铭心的记忆，或是一句具有时代特点的标语，或是一场盛大热烈的仪式，或是一个地标，或是一件物品，又或是一本书，这些都足以唤起每个人对一个时代的记忆。我们想象着这样的情景：当您将这本书捧在手里，当您的手指划过扉页、目录，当您的目光在一篇篇文章中流连，我们的心便连接在了一起。“岁月极美，在于它必然的流逝，春花、秋月、夏日、冬雪。”光阴流逝，岁月含香，愿这本书能够成为一束光，如光的折射温暖了流动的空气，无论沧海桑田，这束光永远都在。朝着光亮的方向望去，我们对会计人风采的不懈寻找、传统纸媒面对挑战始终不吝版面地推介、对会计精神一如既往地坚守，便有了更深远的意义。当您翻开书的那一刻，书背后的故事便如同徐徐展开的画卷铺展在您的眼前，若您能透过某个画面，看到这些故事蕴藏的一丝光芒，我们就会感到温暖与值得。

感谢您，长路迢迢，一路相伴，也温暖了我们的时光。

愿我们彼此照亮。

（作者系中国财政杂志社副总编辑）

目录

第一篇　2016年（上）

第二篇　2016年（中）

第三篇　2016 年（下）

第四篇　2017 年（上）

第五篇　2017 年（中）

第六篇 2017 年（下）

第七篇 2018 年（上）

第八篇 2018 年（中）

第十一篇 2019 年（中）

第十二篇 2019 年（下）

第十三篇 2020 年（上）

第十四篇　2020 年（中）

第十五篇　2020 年（下）

第一篇

2016年（上）

编者的话

会计行业是一个女性居多的行业。曾几何时，家庭负担重、工作难出彩成为众多女会计人的标签，“乐”字于她们而言似乎就像歌里唱的，“这么近，那么远”。然而，随着时代的变迁和社会的进步，越来越多的现代会计职业女性正以自身魅力和风采颠覆着人们的传统认知：她们追求独立，追求职场的成功，同时也善以女性的智慧平衡事业和生活；她们不仅仅满足于努力活着，更追求活得充实，活得精彩；她们享受自己的奋斗，享受自己的成就，更以多彩的方式享受自己的人生。女性特质并没有成为她们的桎梏，反而让她们在工作和生活中凝练成独有的女性魅力，进取、达观而优雅。为了充分展现当代会计职业女性的风采，激励更多的职场女性在甘于奉献、追求事业成功的同时，发现美、体验美、享受美，在“三八”节日时段，《财务与会计》开辟专栏，推出会计职场魅力秀，分为3期，每期8人，介绍不同行业和不同层面有一定代表性的会计职业女性的美好人生。

刊登在2016年第4期的8篇文章，作者来自不同行业，身份也不尽相同，但她们均凭借女性的智慧和执着成就了最好的自己。谭丽霞，从海尔出口部部长助理到集团CFO，以不设限的人生态度一路享受着充满挑战和创新的过程。袁利群，坚持“保持初心、勇于改变”，始终怀着热情和激情去做好每一件事，也坦然享受着工作业绩带给自己的成功与喜悦。胡嘉，运用“想象力”在无边界的会计国度不断突破，在完成职场上一次次蜕变的同时，也成就了自己最理想的职业状态：心所想，力所及，于私有进步，于公有贡献。郭光莉，在面临职业“坏时代”时，静心修炼和坚守；在面临职业“好时代”时，意气风发、积极迈进。将自己对时尚流行的心得体会分享给女性同事，更是她乐品生活的独特方式。王艳丽，在享受工作挑战的同时，选择摄影和品茶来点亮生活，用自己觉得有意义的生活方式牢牢把握着属于自己的幸福感。樊清玉，在出版行业浸润25年，以“浓情”做一个创造精神产品的好编辑，以“淡意”做一个有情趣的感性之人。王满，在面临教学和科研双重压力、身心极度疲惫之时爱上了芭蕾健身，在裙摆舞动中释放内心和压力，收获了健康自信，也收获了职业生涯的加速发展。曾雪云，为职业生涯的两次转型付出了艰辛努力，但获得的思想与时间的自由却能让她以平和的心态发掘生活中的美好，时时乐在此间。

哲学家陈嘉映先生说：“我们不想变成一个普遍的大写的人，我们只是要作为个殊者变得更优秀、更丰富，并使我们身处其中的生活世界整体变得更优秀、更丰富。”我们不吝版面推介这些优秀的会计职业女性，因为她们对实现自我价值的不懈追求和对生活的无限热爱，正是推动会计行业乃至整个社会持续向上的根基所在。

谭丽霞

谭丽霞，海尔集团高级副总裁兼首席财务官、海尔金融控股董事长，曾荣获山东省劳动模范、全国优秀企业家、全国“三八”红旗手、中国十大经济女性年度人物、亚洲品牌十大杰出女性等荣誉。

人生不设限，一路向前

我从大学毕业后加入海尔集团，至今已有20多年的时间。初出茅庐时作为部长助理到欧洲开拓市场；2003年起，担任海外推进本部本部长，负责集团产品所有海外市场的开拓；2006年起，担任集团CFO，全面负责集团财务管理、风险管控及投融资战略，在扮演了10多年“商人”角色后完成职业生涯的转型，成为海尔上千亿资金的守护者。如果说我身上有什么成功的特质，我觉得最重要也是支撑我一路向前的最大动力就是不设限的人生态度。职场上很多女性容易自我设限，这样常常导致女性缺乏自信，容易自我否定。其实我认为重要的不是性别，而是人的自我定位和追求。当然，我之所以“敢”于不设限，一方面源于天性，另一方面也得益于海尔“赛马不相马”、一切靠能力和业绩说话的优良企业文化。

我22岁的时候，任海尔空调进出口公司出口部部长助理，怀着一股“初生牛犊不怕虎”的冲劲，负责开辟海尔空调欧洲市场。当时面临的情况是一没有产品、二没有客户、三没有信息。在这种情况下，想打开这片以苛刻要求著称的市场可以说困难重重。怎么办？我想要迎接挑战，打一场漂亮的攻坚战。我带领公司的一群年轻人，一方面多渠道搜集信息，将最新的市场信息提供给我们的研发人员，另一方面，积极地向客户推介海尔产品。当时遇到的第一个选择就是做OEM（即代工），还是做Haier品牌。当时很多人认为做 OEM 可以考虑，做品牌不可能。但当时海尔首席执行官张瑞敏倡导的海尔国际化战略是从“出口创汇”走向“出国创牌”，这成为我想要突破的堡垒和推进的目标。于是，我带领一个小队进入意大利，开记者会、一家家访问消费者，一遍遍向他们推介，中国有一家企业叫“海尔”，能够提供和其他品牌一样的产品和服务。其中一位经销商问我：“你有车吗？”我说没有。他又问：“你们公司有游艇吗？”当再次得到否定回答时，他嘲弄着说他自己有车也有游艇。我微笑着说：“我们公司虽然没有游艇，但可以提供让你再买一艘游艇的产品和服务，相信你经销海尔产品不会后悔。”经过一年的努力，当我再次来到意大利时，这位曾经不屑一顾的经销商表示会一直将海尔产品做下去。

2006 年，我在积淀了 15 年海外业务工作经验之后再次“向前一步”，出任集团 CFO，这对我而言是很大的压力。同时，不同产业的业务模式是什么，全流程是怎样运营的，我都不是很清楚，而且当时在集团内部评比中，财务部门的满意度是最低的。如何改变财务人员被动、滞后的局面？如何运用全球资本市场为海尔的发展创造价值？如何带领财务团队为海尔正在实施的全球化战略提供支持？这些问题时常困扰着我。

思路决定出路。在张瑞敏先生的战略引领和精神支撑下，我们不断探索、尝试，最终找到了传统财务管理模式创新和再造的方向。比如，实施海尔“人单合一双赢模式”，激励每个员工创造用户和价值并运用管理会计衡量价值、平衡效益；颠覆组织结构，将集团科层制结构转变成平台化网络组织，使企业从一个单元变成 2000 个自组织团队，并赋予每个小微团队自主决策权、自主用人权和自主分配权等。我们试图通过这些颠覆思维的实践，最大限度地激发人的价值和创造力。事实证明，我们成功了，海尔模式受到海内外越来越多的关注和肯定。我作为这场变革的推动者，从中收获了很多。

在海尔有一句话，叫作“没有成功的企业，只有时代的企业”。市场力量时时都在发生新的变化。企业要想生存下去，成为这个时代的企业，必须跟随消费者的行为不断进行调整。但是，我相信，只要我们脚踏实地，真正地拥抱这种变化，我们还可以走得更远。借用张瑞敏首席执行官的一句话：“海再大，仍有边界，云再小，可接万端。”希望我自己能做这样一朵云，用一种开放、无边界的心态和不设限的思维方式一直走下去。

（原载《财务与会计》2016 年第 4 期）

袁利群

袁利群，美的集团副总裁兼 CFO，曾荣获广东省杰出会计工作者、广东省五一巾帼奖、广东省五一劳动奖、全国“三八”红旗手、CGMA 2015 年度财界领袖奖等荣誉。

致敬梦想　美的人生

从毕业工作到现在，岁月匆匆，不知不觉中已悄然流过 25 载，可我总觉得好像一切才刚起步。如果一定要对自己的经历总结点什么，我想那就是：人，还是要有追求、有梦想，这个梦想无关乎大小，重要的是勇于挑战和执着坚持。

1992 年，因为不甘于当时所在的国有企业的僵化，我和很多年轻人一样，伴随着邓小平同志南方谈话，带着未知的梦想，风尘仆仆地来到了改革开放的前沿——广东顺德，应聘加入了正在筹建的美的威灵电机公司。从东北到广东，从国企到民企，对我来说，一切都是新的开始。我很珍惜这个机会，下定决心要做个好财务：专业的财务，值得信任的财务，这是我初始的梦想。

作为第一位到任的财务人员，公司的大小事务，小到开立账户、办理税务登记、制表单，大到建立会计核算制度、成本管理体系、财务管理体系、外资方关系管理等，我都抢着做、用心做。整整 9 年的专注和坚持终有收获，威灵电机发展成为全球最大的微电机供应商，我也从一名基层会计成长为电机事业部的财务部长、副总经理，而威灵财务也成为美的集团会计核算、预算管理、绩效考评、ERP 试点等多项学习标杆。

在这 9 年的历练中，我认识到优秀的财务管理者不仅要专业过硬，还要管理过硬。财务作为专业人员，要算清账，要做到账实一致，这是基础；而财务又是管理人员，财务管理行为要聚焦经营，擅长从管理的视角、用管理的语言发现和分析问题，协同业务解决和改善问题，最终实现经营价值最大化，这样的财务才有价值，才能赢得业务的信任。

2001年，年销售额已过百亿元的美的实施MBO改制，组建企业集团，时仅31岁的我被集团调升至总部，担任财务总监一职，全面负责集团的财务、资金以及信息化建设。有机会站在一个新的平台、新的高度让我倍感珍惜，领导和组织的信任激发了我强烈的责任感和使命感。为此，我与财务团队一起开辟了美的的价值创造之路。面对当时美的集团整体经营质量不高、盈利能力和现金流贡献低、不良资产错综复杂的现状，我们重点从构建集团管控能力和增强资本实力两方面突破，着手构建“纵向一体，横向协同”的集团化财务管控体系，提出财务以“创造价值、监控风险”为目标，推行财务和业务一体化管控模式，坚持经营价值和资本价值两手抓。

这个过程中虽有艰辛与困苦，有失去与付出，但我更尝到了收获的喜悦！十几年风风雨雨，美的一路披荆斩棘，营业收入从2000年的100亿元增长至2014年的1423亿元，树立了行业龙头地位，而我也实现了个人职业生涯的再次飞跃——从财务管理者向财务决策者转变。

出色的财务必须紧跟企业战略。从2011年下半年开始，美的围绕“产品领先、效率驱动、全球经营”三大战略，积极主动地推动转型，从规模导向向利润导向以及价值导向转型，财务管理相应也从成本管控向盈利管理以及价值管理转变。为此，我们坚持“财务创造价值”的宗旨，聚焦价值链，推行精益管理，实施平台战略，推进财务共享服务，发展产业生态金融。我自己也努力在梦想的道路上开始从财务决策者向事业合伙人的转型。特别值得一提的是，2013年1月，我当选为第十二届全国人大代表，除了为自己的企业工作外，还能为社会奉献自己的绵薄之力，这也是我的毕生之幸！

生活有小路，财务无捷径。我常对自己的团队说，“用心去做好每一件事，要坚定信念，绝不轻易放弃；踏踏实实做人，扎扎实实做事，但行好事，莫问前程。”曾有人问我，哪些能力是我的优势，想来想去，我觉得相对于能力来说，我最大的优势是诚信、专注和勤勉，这些品质才尤为重要。对于一个CFO来说，没有了诚信，能力也就无足轻重了！

（原载《财务与会计》2016年第4期）

胡嘉

胡嘉，时任四川长虹电器股份有限公司财务总监兼信息总监，现任四川长虹电子控股集团有限公司党委委员、副总经理兼总会计师。其主导的“基于财务共享平台的大型企业财务管理变革”课题获第18届国家级企业管理现代化创新成果一等奖，主导推进的长虹财务共享管理模式作为行业首例入选哈佛大学MBA经典案例，入选财政部十大“财务管理典型案例”并荣获中国软件和信息服务“财务共享平台领域最佳解决方案”。

用想象的翅膀翱翔在无边界的会计国度

这是一个无边界的时代，这更是一个“海阔凭鱼跃、天高任鸟飞”的时代。

回首10余年来，我从基层会计人员做起，到中层财务管理人员，再到今天成为公司高管，负责公司财资平台等多领域工作，有一个看似平凡却蕴含能量的词，帮助我实现了一次又一次跨越，那就是“想象力”。

在进入会计行业的很长一段时间里，我都执着于提升专业能力，但渐渐地发现，“为会计而会计”在解决有些问题时显得捉襟见肘了，于是开始尝试将视野投向会计之外的领域。在问题不断被破解的过程中，我进一步坚定了只有跳出会计才能更好地做会计的信念，不断向业务靠拢和延伸。

而开启篇是这样一件事情。

2004年，我刚接手财务部应付处处长职位，就接到供应商投诉付款不及时的问题。一说到付款，大家的第一反应就是财务问题，但调查分析下来，我发现不只是财务问题，而是从采购到支付的整个业务流程链条上许多环节累积起来的问题，导致最终支付不及时。我开始“想象”，能不能通过解决这些业务环节的问题还财务一个“清白”呢？于是我和同事们开始着手对业务流程进行优化设计，对内控责任节点进行精准定义，从采购审批、入库流程、结算附件优化、供应商信息实时发布等多个方面进行“干预”。这在当时来说是很“离经叛道”的，因为在多数人看来，财务的手伸得太长了，所以我们当时也遇到了很大的阻力。并不是对的事自然就会有好的结果，想推行成功，除了有好的业务解决方案，还需要不易被挫退的坚持、需要有诚意和技巧的沟通、需要借力领导的支持。经历了这次业务流程优化，长虹彻底解决了支付流程冗长、节奏不可控的问题，实现了自动定日支付，还清理了内控方面存在的问题，口碑随之提升。

2006 年至 2008 年，伴随业务扩张，长虹子公司数量也随之大规模增加，传统分块而治的财务职能架构模式对高端会计人员的需求激增，整个集团的会计信息质量受到了很大挑战。于是我和同事们又开始“想象”：如何能快速高效将母公司的先进实践成果应用到集团范围，把会计管理的主体从单一法人扩展到集团。因此，我们开始自建财务共享中心，从最开始的将各子公司会计人员简单集中至总部办公，只是形似神不似，到后来不断揣摩实践，渐渐厘清标准化和先进性两条主线，捋出了具有集团通适性的会计业务处理流程和模式。

如果说我职业生涯的第一个阶段是做会计的会计，第二个阶段是做管理的会计，那么第三个阶段就是致力于成为一名有经营能力的会计。

现在，我“想象”得更多的是，如何让财务共享中心这样的会计成果实现从集团化到社会化范围的应用。因此，我开始着眼于向经营会计的转换，将原服务于企业集团内部的财务共享中心延伸建设为财务云公共服务平台，为中小微企业提供标准的先进性会计服务，还做了很多会计相关业务的拓展。

新的时代背景为各行各业提供了挑战和机会，作为一名职业会计人，应有居安思危的迫切感，更应有舍我其谁的使命感。一只站在树上的鸟儿从来不会害怕树枝断裂，因为它相信的不是树枝，而是它自己的翅膀。与其担心未来，不如努力当下。有人说会计工作很枯燥，但我却一直以好奇的心态反复揣摩它，不断审视它的新角度，发掘它的兴奋点，而这个职业也从未让我失望过。

心所想，力所及，于私有进步，于公有贡献。我想，这就是我最想要的职业状态吧。

（原载《财务与会计》2016 年第 4 期）

郭光莉

郭光莉，时任大唐电信科技产业集团总会计师，大唐电信财务公司董事长，现任中芯国际集成电路制造有限公司董事会秘书、副总裁。

心存高远　意守平常

我的事业在平凡中起步。

很少有人能在选择大学专业或第一份工作时就准确规划自己的职业发展，尤其是身处中国轰轰烈烈的改革开放进程中，经济形势、行业形势几乎每天都在变化。我从北京航空航天大学毕业 5 年后，结合当时的经济形势导向和积累的工作经历，及时调整并选定了财务工作的大方向。为了工作的顺利调整，必须坚持强转型、高起点，我决定参加注册会计师考试。有了明确的目标，我再一次拿出和高考一样的劲头埋头苦读，用最新、最扎实的专业知识武装自己，这也使我在后来不同的财务环境中总能脱颖而出。2002 年，我加入大唐电信科技产业集团，正式进入财务领域，开启了人生的新阶段。

企业的发展往往能够成就个人职业的出彩。

在大唐集团工作的 10 余年里，我和集团一起，既经历了中国电信行业从固网向无线网络的颠覆性转型带来的企业阵痛，也亲历了大唐集团自主研发的 TD－SCDMA（3G）在经国际电联确立为国际通信标准 10 年后，终于在 2009 年发放运营牌照的兴奋和喜悦。2014 年，大唐集团迎来中国 4G 运营牌照的发放；2015 年底，大唐集团又发布了 5G 白皮书，继续向移动通信引领方向进发。在企业跨越式发展的过程中，我始终将饱满的热情投入工作中，不断提升、全面发展。对我而言，选择一个有未来的企业，相当于打开了我个人职业发展的通道。我也很鼓励有志青年在国家积极倡导的“互联网+”、智能制造等有前景、有空间的新兴产业、高科技领域中寻找作为一名财务人的起点和定位。

人生如棋，难得平常心境。

坚定的志向追求让我从一名财务管理人员成长为集团的总会计师。但是，职业道路的选择不可能一帆风顺，乐观地对待不如意，经历脱胎换骨和化蝶的过程才能看到更好的风景。职业选择与时代息息相关，所谓“坏时代”来了，我选择静心修炼和坚守，并积极改变困境；所谓“好时代”来了，我选择意气风发、积极迈进。成熟的经历就是选择、定位、执着坚持的过程。

当然，无论身处什么样的时代，在激烈的职场环境中要保持平常心离不开家人的关爱。在不断爬坡的过程中，家人的信任与鼓励让我在得失之间能够荣辱不惊，并始终身体力行。而我也有属于自己的缓解压力、平和内心的放松方式，帮助我平衡工作与生活，享受人生。比如，我比较关注时尚流行点，喜欢着装服饰，因此，我会选择适合的流行元素点缀在标准的办公室着装中。尤其是财务工作相对严谨刻板，我总是带头并鼓励财务人员以此来营造更宽松的气氛，缓解工作上的压力。利用集团的母亲节活动和新员工入司培训等机会，我常在集团做职场女性着装风格讲座，分享心得体会，希望能带动大唐职业女性展示气质和自信，在集团收到良好反响。

心存高远，意守平常，祝愿年轻的职场女性能够宁静而致远，身体而力行，在国家新一轮转型升级的时代背景下展示更多职业女性的风采！

（原载《财务与会计》2016 年第 4 期）

放缓疾行的脚步　品味生活的美好

王艳丽

王艳丽，九三学社成员，时任中交华东投资有限公司总会计师、工会主席，现任中交集团资本运营部副总经理。正高级会计师，中国注册会计师，国际注册内审师，中国现代摄影家协会会员。多项课题获得省部级奖项。

在人生旅途中，到底追求什么才是最重要的？美国人塔尔宾·夏哈尔认为，幸福感是衡量人生的唯一标准，是所有目标的最终目标。幸福是快乐和意义的结合。一个幸福的人，会有一个明确的、可以带来快乐和意义的目标，即遵从自己内心的热情，坦然面对成功和沮丧，在自己觉得有意义的生活方式里享受它的点点滴滴，从而过上使自己充满幸福感的生活。

从 1988 年求学于山东师范大学到 2011 年清华大学会计学硕士毕业，不论处于何种环境，遇到何种困难，我都未曾动摇过对知识追求的坚定信念。在工作的同时坚持求学，让我学以致用并更能意识到自己的欠缺，从而做到有针对性地查漏补缺。从最初的会计师资格到高级会计师资格、注册会计师资格的获取，再到国际注册内部审计师职业资格的通过，凡此种种，不仅是对我自身的挑战，更是对我所付出努力的最大肯定。第一份在枣庄市水利培训中心的财务工作，教会初出茅庐的我如何将理论知识付诸实践，而之后的工作又让我逐渐对自己的职业发展有了清晰的定位。随着工作经验的积累、工作平台的提升，工作的挑战难度也随之增加，我对自身的要求也更加严格，但我很享受这种来自工作的挑战，它让我变得日益成熟，也愈加自信。

2005年我加入中国交通建设股份有限公司，此后先后在中交路桥技术公司、中国公路咨询公司任职。2012年，中交建成立了华东区域总部，作为中交建总部对外派驻区域机构，履行资源整合、高端对接职能，我被任命为总部总会计师。就职以后，我先后设计了青岛地铁R3线资本金融资方案，并借助青岛地铁R3线项目，配合中交基金公司推进“中交华东（上海）股权投资基金”设立工作；完成数十项公司制度设计与宣贯工作；协调各方资源完成“轨道交通PPP投融资模式研究课题”；基本建成了一个制度完善的财务管理体系，财会队伍的斗志和能力也持续提升。

我常常想，女性追求独立，期盼成功，仅仅追求职场的成功是远远不够的，还要善于平衡事业和生活。生活在左，事业在右，幸福才会在中间。我认为，作为现代职场女性，应遵从内心的声音，让自己慢下来，沉下来，静下来，让女性魅力在前进中不断沉淀，在岁月中愈发醇厚。

从年轻时候开始，我就爱上了旅行摄影，用镜头记录人生，将浮光掠影、壮阔山河瞬间定格为永恒，此时此景，一个镜头的完美记录，与最爱的家人朋友分享，这就是幸福。忙里偷闲，给自己放个小假，寄情山水，陶醉于大好河山，沉迷于迥异的风土人情，品味着各色美食，既是梳理一段时间繁乱头绪的契机，也是放空内心释放压力的一剂良药。

女性要努力生活，更要生活得精彩，并非仅仅满足于努力活着。在打拼事业之余充分享受人生显得格外重要，要努力成为强女人而非单纯的女强人。我更欣赏宋庆龄那样的女性，享受自己的奋斗，享受自己的成就，享受自己的人生，甚至享受命运的坎坷，这都是生活的意义所在。而一旦少了浮躁，幸福感自会油然而生，就能保持积极正面的心态面对人生中的种种艰难。

作为新时期的会计职场女性，我的感受和体会是：在繁忙的工作之余，要学会寻找一种适合自己放松的方法，在喧哗中静心前行，放缓疾行的脚步，品味生活的精致和乐趣，修成幽兰，绽放芬芳，这样才能成为一个快乐幸福、有所作为的职场女性。

（原载《财务与会计》2016年第4期）

樊清玉

樊清玉，时任中国财政经济出版社编审，现任中国财经出版传媒集团中国财政经济出版社会计分社社长，编审。中国成本研究会常务理事。从事编辑工作 30 年，得到作者信任和业界好评。所编图书荣获多项国家和省部级奖项，《会计大典》获中国图书奖，《来去无尘》获孙犁散文奖一等奖，《会计史研究》等为填补空白的经典之作。获“财政部优秀共产党员”、集团“杰出编创奖”等荣誉。

人生“浓”“淡”乐其中

自古用花形容女人的美。生于重阳节前的我，喜欢菊花。我爱它的清秀神韵，更爱它凌霜盛开、西风不落的一身傲骨。关于职场优秀女人话题不敢妄论，暂且“浓”“淡”地感悟一下，“浓妆淡抹”总相宜嘛！

对做事的“浓情”

选择了飞翔，总能看到蓝天；选择了远航，总能感受大海。人生不仅要做出选择，也要坚持住自己的选择。学会计、当编辑是我的意外选择。20 世纪 80 年代浪漫的“文艺小清新”却以“账房先生”会计专业走入大学殿堂。不爱“算计”的我，感受着从混淆“借”“贷”含义的困惑到做平一道分录和编制一套报表的喜悦；从全校最累专业的“抱怨”到毕业分配被“一抢而空”；从对会计“别别扭扭”的“爱恨”到成绩优异被保研深造，“入错行”就算铁定了。硕士毕业，我没去做实务，却当了一名图书编辑。

刚报到时老主任的一席话让我着实意外：“编辑这个活呀，是‘好人’不愿意干，‘坏人’干不了。”虽然我“丈二和尚摸不着头脑”，但还是懂了“有能力的人不愿意干，没能力的人又未必干得好”的寓意。多年来我认同也在践行着这样一句话：先做个好人，再做个好编辑。其实，编辑每做一本新书，都是经历一次他人的人生。当作者把他的心血以及生命的智慧都付诸文字时，我们有什么理由不好好做书？如果我们不好好地过自己的一生，又如何传播这样的心血和智慧？但想要出色不是一蹴而就，需要不断磨炼不断提升。不必说刚工作不久，为了不耽误工作我“狠心”地把5个月的孩子送回老家；也不必说日常工作总是排得满满，每一个环节都严格把关；更不必说业余时间加班是家常便饭，多次黄金周和春节都是在编辑书稿中度过。但凡想取得一点成绩的人，特别是职场女性，哪个没有品尝过投入和付出的苦与乐。我觉得这些是作为一个职场人勇于担当的格调和必备品质。

一个人的精神成长史，取决于他的阅读史。只有阅读能最有效地培养精神生活习惯，而好的习惯又培养性格，性格决定人生——我自豪，因为我就是创造这精神产品的人。每当我把一本本好书呈献给人们的时候，我觉得我是“富贵”的人：因为富，不是你身上的钱财，而是你心里的满足；贵，不是你地位的显赫，而是你被人需要的程度。做创造精神产品的好编辑就是我的“浓情”所在。

对做人的“淡意”

菊花隽美多姿，然不以娇艳取媚，我愿做一枚不“争奇斗艳”的菊花。虽然在业界做出了一定的品牌，但淡泊名利、适时而退是我本性使然。2007年我主动选聘编审岗位，不再担任管理职务，把更多的发展机会留给年轻人。但我并未就此停歇，选题策划和编辑书稿业绩都很突出。也有人曾替我惋惜，当年若凭稀缺的研究生资历从事实务工作，现在也许成了风光的财务总监，我付之一笑——总监有总监的辉煌，但是编辑也有编辑的精彩。正所谓干一行爱一行。

人最重要的状态不是争夺和获取，而是专注和笃定，就像兰德那首著名的诗里所说：我和谁都不争，和谁争我都不屑。我努力做学者型编辑，在专业研究会任理事和常务理事，发表专业文章和撰写专业图书、书评数百万字；生活上惬意就好，家里最多的摆设就是书；关注孩子教育，坚信要想培育出优秀的孩子，先要做优秀的自己，虽因工作忙而感觉对女儿照顾不周，但客观上培养了女儿自立懂事的品性；业余时间常抽空去参加读书会，扩展视野，陶冶情操；偶尔追追经典剧和喜欢的明星，梦想和童心不泯，力求做一个有情趣的、有感性素质的人。这就是我的“淡意”之乐。

（原载《财务与会计》2016年第4期）

王满

王满，东北财经大学会计学院教授。曾获大连市人民政府颁发的“大连市企业管理培训教育优秀教师”、2014 年中国 MPAcc 学生案例大赛优秀指导教师称号。

感受芭蕾健身之美

我于 1980 年从沈阳来到辽宁财经学院（东北财经大学前身）读书，本科与硕士的专业都为物资管理。当我国由计划经济转向市场经济、大宗物资不再由国家指令性调拨而变成商品自由流通时，我的专业就在学科目录中彻底消失了。1995 年末，在物资管理系与商业经济系、工业经济系合并为工商管理学院的一年后，我来到会计学院财务系，面对财务功底较深厚的专家学者，输在专业起跑线上的我不得不奋起直追。

2000 年我考取了著名会计学家谷祺老师的博士研究生，深刻体会到时间和精力的不够用。那时女儿在读小学三年级，我在攻读博士学位，心里还想着要为参评教授职称积累科研成果，种种压力让我身心疲惫。我意识到这不是我想要的生活状态，必须给自己找到一个释放压力的通道。在健身房的课表中我看到了让我眼睛一亮的芭蕾，顿时，一幅美丽的画面浮现在我的脑海：足尖鞋、芭蕾裙、美丽的旋转及腾空的大跳……我怯怯地走进练功房，在练习曲中学习站立、脚位、手位，跟着老师在乐曲中舞蹈。看似简单的内容，80 分钟的课程结束后却让我大汗淋漓，从未有过这样运动后的酣畅。几次课后，我喜欢上了芭蕾，这时我又开始纠结：每周上两次芭蕾课是否太浪费时间？是否会影响到我的家庭生活？于是我问女儿：妈妈去跳芭蕾和在家陪你，你选择哪样？女儿回答：跳芭蕾吧，跳舞回家你就变得爱笑，笑能感染我们全家。在家人的支持下，芭蕾健身成了我紧张工作中最好的放松和休息方式。将身体沐浴在旋律里，随音乐节奏的起伏悠然若醉，忘记烦恼，忘记压力，在裙摆舞动中释放内心，心境变得更宽，精力变得更加充沛，身体不再疲劳，工作效率也大大提高。

不知不觉中，芭蕾健身已陪伴我 15 年，伴我度过了读博士、参评教授职称那段最辛苦的岁月。我于 2004 年被评为教授，2010 年被遴选为博士生导师，工作由压力变成乐趣，芭蕾健身也由当初仅仅是为了释放压力变成了调节生活节奏的必需品。芭蕾健身，让我理解了“台上三分钟，台下十年功”的含义。压腿、劈叉、基本功、基本步，反反复复地练习，让我沉下心来，做些别人眼里简单又枯燥的动作也乐在其中；即使在不断纠错练习后的优美舞姿也没有最好，只有更好。

在芭蕾健身陪伴我的 15 年中，我的职业生涯也进入一个加速发展期。2002 年在清华大学师从于增彪老师的进修经历，让我对管理会计的理解和认识得到升华；两次国家公派访问学者的经历提高了我的科学研究能力。从 2000 年至今，出版专著和教材 10 余部；在国内外核心期刊发表学术论文 90 余篇；主持国家社会科学基金、辽宁省社科基金等国家及省部级课题 10 余项；为博士生、硕士研究生及本科生讲授管理会计研究、国际财务管理等课程，为国内几十家企业讲授价值链与战略成本管理、战略财务管理等企业内部培训课程。“王老师讲课深入浅出、收放自如，能够将理论与实际有机结合，其深厚的学术功底和长期的企业培训经验使她的课堂教学生动形象，深受校内外学生们的欢迎。”当我的授课得到大家这样的评价时，我满心喜悦，也深感自豪。

找到自己喜爱的健身方式，并持之以恒，时间越久越能体会到其中的乐趣。亲爱的姐妹们，用自己喜欢的方式健身吧，你将会在运动中收获自信、优雅，收获对生命的热爱和对生活、工作的激情。于我而言，舞蹈是一种精神，是一种姿态，不是每个人都会成为舞蹈家，但是每个人都可以成为自信的舞者，跳出我们的淡定从容，跳出我们的高贵典雅，跳出我们的美丽人生！

（原载《财务与会计》2016 年第 4 期）

曾雪云

曾雪云，时任北京邮电大学经济管理学院副教授，现任北京邮电大学经济管理学院教授。曾获全国百篇优秀博士学位论文提名、蒋一苇经济学论文奖、杨纪琬会计学著作奖等。

乐在此间

在过去几年里，我实现了两次转型，付出了艰辛的努力，但能获得思想与时间的自由，却是人生一大乐事。

第一次转型从 2006 年开始，是迫于职业发展的瓶颈，必须再次学习。2002 年以来，我参加了三峡工程阶段性竣工决算的编制。作为第一编制人，感觉自己的知识不够用，解决不了三峡工程重大资产的计量和估值问题。2006 年，我以全国排名前 7% 的成绩考入中国人民大学商学院，攻读会计专业硕士学位。在宋建波教授主讲内部控制的某个课间，宋老师与我们闲话职业规划，鼓励我们考博士，还主动提出给我们推荐导师。得益于宋老师的推荐和鼓励，我成为全国第一个考取博士的 MPAcc。这份感激一直存留。宋老师是转型成功的典范，当初她从“四大”考取人大博士，受到阎达五教授一视同仁的关心，她把这份爱传承下来，转换为对年轻后辈的友爱。我深信，我也会成为这份爱的传承者。

这份信念让我实现人生的第二次转型。2011 年，我到北大光华管理学院做博士后，2013 年到北京邮电大学任教，完成了从学生到老师的角色转变。2014 年，我成为全国百篇优秀博士论文最后一届的第一个提名者，也是唯一获得此项荣誉的会计学女博士。2015 年，我还同时获得蒋一苇经济学论文奖和杨纪琬会计学著作奖。

但是，三尺讲台也对我形成了很大的挑战，带学生、讲课都要花心思，做课件、改作业都要花时间。在这样的境况中，我积极调整心态。在三峡集团工作，有很好的福利，但时间都被工作占用。转型当老师让我实现时间的自由配置，还能做感兴趣的事，生活和工作都不耽误。这样一想，烦恼自然就少了许多，生活也更加快乐。

做感兴趣的事，会乐在其中。不少人可能觉得我对待苦与乐的态度有些另类，因为我花 3 个小时做点学术很快乐，花 3 个小时闲逛则很痛苦，当然，对所逛之物有偏爱的除外。北京的南锣鼓巷，有一家“青花的记忆”。不知是哪次得以发现，此后就有了悠闲之所，在那里端详和品位古瓷的宁静与高贵，然后反复比较，做挑选，带回家继续欣赏。有时在餐桌上略带神秘地向家人絮叨官窑的传世之美，虽然没有多少共鸣，却也不生气，依然乐在其中，连饭菜都觉得更香了。

情谊也是快乐的源泉。我还在三峡集团某三级公司时，突然接到调入集团总部的通知，领导和我都很疑惑。后来明白，只因我是集团内 3 个有注册会计师资格中的唯一非在岗会计人员。这个消息是一位与我来往不多的朋友告诉当时的集团总会的。后来那位同事一直乐道此事，帮助别人和被帮助，这份快乐是持久的。以前住在石头胡同，周末的傍晚，坐在小板凳上，与好友就着新鲜的咸鸭蛋，喝一碗热腾腾的棒渣粥，看胡同里的小孩你追我赶地闹腾，身处其中，很有逸趣。

心向未来也是快乐的。记得 2008 年中关村 59 号（即中国人民大学）的天空，碧蓝如洗，阳光洒在树叶上，这是一个新的开始。想起不把困难当事的时候，星星也可以摘下来，根本不在意一点两点的挫折。

生活中的这些乐趣让我的工作压力得以释放，工作起来更加充满干劲。不知不觉间，我把国家基金项目申请下来了，把财政部的领军人才项目通过了，把副教授评过了，带的几个本科学生也保到名校直博了。

拥抱未来，我要继续友善而谦逊地对待生活，保持感恩与平和。也祝福和我一样在工作和生活中都能积极向上的姐妹们有更多快乐，勤于斯，乐于斯，乐在事里，乐在身边，爱与未来都会在不经意间到访。

（原载《财务与会计》2016 年第 4 期）

第二篇

2016年（中）

编者的话

在充满挑战和压力的职场环境中，“乐”活者的潇洒自信和游刃有余总是让人羡慕并心向往之。对大多数职场女性而言，事业成功的光环固然耀眼，但能够享受成功和人生才更有意义和值得追求。进入新世纪以来，中国女性在全社会就业总数的比重已然超过45%，从数量上支撑了“半边天”，但是“你幸福吗”的话题却能触动很多人的神经，甚至是痛点。职业女性在不断地修正着“小脚围着灶台转”的形象，但这个释放美丽的过程却并不轻松，夹杂着很多辛苦和摸索。值此特别时刻，我们继续推出此系列专栏，希望能像一池荷塘般凝聚这些努力和风采，化成“小荷尖尖角”般的美好和新生的力量，作为一份特殊的节日礼物送给和她们一样自信、自强、自尊、自立的新时代职业女性！

常被人羡慕为“有福之人”的闫华红认为自己幸运、幸福的根源在于有家人这座“靠山”，对自己的学业和工作给予了莫大的支持和帮助，发自内心地感慨“事业家庭要双赢，全靠家人一片心”。蓦然回首的谈多娇庆幸地发现，会计教师这个并非刻意的选择带给自己很多享受，在讲堂上体味自由表达的快意，与年轻人一起徜徉学术海洋，把兴趣带到学术研究中，找到自己的学术之路。不负时光、享受快乐的王丹妮相信工作中有想法、肯干事，希望就在，并在开卷中感受顷刻而来的安宁和静气，在旅行和锻炼中感受岁月静好。步入不惑之年的周海平最大的感悟是成长源于内心的修养，她回望内心，向往美好，无论处在人生的高点还是低点，都在用坚守和宽容塑造女人的美丽。“在路上”的盛桢智逐渐领会了“过程就是结局”的深意，在自己的职业升级为事业的过程中完成了 3 个转变，并一路走一路收获感悟，相信一种积极的心态比 100 种智慧更有力量。蔡钊艳用自己的方式努力生活：用全方位提升自己应对工作转型带来的挑战，在屡败屡战的尝试中发现了快乐的钥匙——“降低预期”，在与友人把盏言欢中让自己的世界变得充盈而快乐。干劲十足却因脾气急、性子躁而使人际关系出现紧张状况的谷月英，在爱人的陪伴和指点下，从“鱼趣”中锤炼了沉稳的性情，从“小”家到“大”家，都更加轻松舒畅。运动细胞奇缺的刘爱军选择了跑步这项低门槛运动，并从中体悟到对手永远不是别人而是自己，能否放下骄傲、自负、偏执、懦弱，以最勇敢、最放松的姿态一直奔向终点才是最重要的。

冰心说，世界上若没有女人，至少要失去十分之七的美。这种美不仅代表容颜，也是一种温柔而勇敢、活泼而深沉的品格和性情。2016 年第 5 期专栏的这些女性朋友，都在事业和家庭的“双行轨”上收获了自信、美丽和坚持的力量。她们普通得也许就与我们擦肩而过，她们的成绩和幸福让我们感觉并不遥远；但是她们却是值得尊敬的，因为她们展现了向阳而生的生命姿态，高傲的，快乐的。

闫华红

闫华红，首都经济贸易大学会计学院理财系主任、教授、博士研究生导师。2020 年主讲的财务管理学课程被评为国家级线上线下混合金课，2017 年被评为北京市教学名师，1997 年被评为北京市优秀教师，1998 年被评为北京市中青年骨干教师。

一路走来　家是靠山

1986 年我从山西省太原市来到北京上大学，屈指算来，至今整整 30 个年头了。30 年来，我从一名单纯、快乐的小女生，成长为高校会计学院的教授，在事业上可谓取得了一点点成绩。亲戚朋友、同事、学生都说我是个有福之人。往日闻之，一笑了之；而今提及，感觉真是那么回事。深究其源，我是一个有“靠山”的人，而这“靠山”就是我的家人。

我出生在知识分子家庭，父母都是 20 世纪 50 年代的大学毕业生，均在国企担任技术干部。父亲是家中长子，母亲是家中长女，因此，他们有很强的责任心，对待工作认真负责，对待家人关爱有加。他们这种为人处世的方式，潜移默化对我影响很大。

1980 年我考上山西大学附属中学，这所中学的前身是山西省干部子弟学校，学校环境优美，设备齐全，师资水平较高，学习风气浓厚。在这所中学学习的 6 年，为我今后的求学之路打下了坚实的基础。1986 年我考取北京机械工业学院（现北京信息科技大学），就读会计学专业；1990 年本科毕业后考取北京经济学院（现首都经济贸易大学），攻读硕士研究生；1993 年研究生毕业，分配至北京机械工业学院任教，完成了从学生到大学教师的角色转换。与此同时，在父母的精心呵护下，与相恋多年的大学同窗牵手步入婚姻殿堂，组建了至今仍亲密无间、关系稳固的美好家庭。我深感无论是职业角色的转换还是家庭生活的幸福美满，全都是父母、公婆和丈夫对我的支持和理解，是他们毫无保留当我的“靠山”，让我充分享受着事业与家庭双赢的快乐。

随着社会的进步与发展，会计行业也发生着巨大的变革。我深感自己知识储备的不足，教学能力也有必要进一步充实提高，也就顺理成章产生了报考博士研究生的想法。然而，我又顾虑重重：当时，父亲因病去世，给我精神上造成很大压力，而且那时儿子才4岁，为他的生活和学前教育，我常常是手忙脚乱、顾此失彼……在这关键时候，我的“靠山”不失时机地给了我有力的支持，母亲特地从山西太原来到北京，不但为我们带孩子，还成了我们的全职大管家，免去了我们的后顾之忧。后来我母亲因病去世，婆母又从天津来到北京，帮着我们照顾家庭。

有了“靠山”的支持和帮助，1999年我顺利考取中国农业大学经济管理学院的管理学博士研究生。2003年，我拿到博士研究生毕业文凭之后，就受聘于首都经济贸易大学会计学院，任副教授及硕士研究生导师，同时，我还在财政部科学研究所攻读博士后，2006年博士后出站，2009年即被评为教授。

从1993年任教至今，我已出版专著、教材、教辅工具书等20余部；在国内外核心期刊发表学术论文100余篇；2004年被聘为硕士研究生导师，至今培养了40多名硕士研究生。其间，我还主持及参与了多项国家社会科学基金、教育部与北京市教委课题。

如今，我在事业上可谓取得了一定成绩，家庭也幸福美满。我和丈夫一有空闲就去天津看望公婆，每年都会抽出时间带他们出去旅游，或去太原我家姐弟处相聚，真是其乐融融……和家人的和睦关系让我倍感身心快乐，也促成我在事业上一帆风顺！

正所谓：事业家庭要双赢，全靠家人一片心。家是我快乐的源泉，也是我幸福的港湾。

（原载《财务与会计》2016年第5期）

谈多娇

谈多娇，湖北经济学院财务学教授，华中科技大学管理学博士，英国拉夫堡大学商学院博士后，瑞典于默奥大学经管学院访问学者。

蓦然回首

只身一人，背着双肩包，我从于默奥的早晨出发，独闯瑞典“京城”，不紧不慢地行走于斯德哥尔摩老城青石板铺成的无人的小巷，在那个清冷的早间和静谧的向晚，闲听自己踩雪的足声，任回音在这幽长的巷子里透着丁香一般的悠远宁静……在这样一个美妙时刻，刚好收到《财务与会计》杂志的约稿，写我乐享的工作和乐品的生活。我静下心思，放空情绪，感恩生命的眷顾，赐我这一段怡然清素又简单的时光，能有幸领略北极圈的寒意。任大雪在严寒的户外敲窗，我自写我清浅的字，饮我淡素的茶。落笔云烟，在我已进不惑的年纪，忆我20余年的会计情缘。

回忆是个奇怪的东西，一开闸就泄洪一般止不住，感慨也不请而至。在这个并不是姹紫嫣红的季节，我想感谢命运，在我最青涩美好的年华里，不经意间选择了这样的会计人生，许了我现在这样的工作和生活，绽放了我的美好！

回想起来，我好像从来没有对人生进行什么精心的规划，一切自然而然。大学时选择会计专业是父母的意愿，他们认为会计专业就业无压力。我那时太小，一切遵从父母的安排，硬生生从一个历史学爱好者转去学了数字和借贷。4年大学毕业后，我进入湖北经济学院，执教到现在。从年轻人站成了中年人，从中国大学站到了欧洲大学（写作本文时作者为赴瑞典于默奥大学的访问学者——编者）。

我越来越庆幸地发现，高校会计教师的工作对我而言不是一种谋生的手段，而是一种人生的享受。我对教书的痴迷源于在讲堂上体味自由表达的快意，或者与年轻人一起在学术海洋中徜徉，感受知识给心灵带来的涤荡和愉悦。

20 年蓦然回首才突然明白，为什么人们说教师是辛勤的园丁，因为年轻的学生就是那等待浇灌的花苗。2015 年，湖北经济学院宣传部找我约稿，令我开始下决心动笔，凭着或近或远的回忆，写成了《我见证你的成长》系列小文，把我 20 余年教学生涯中和学生的故事进行梳理——有意外致残的不幸女生，有致力于修宪的追梦少年，有不知所措的莽撞求职者，有家庭贫困却坚强不息的寒门子弟……文章刊出，感动了很多教师和学生，特别是很多教师意识到，多花时间与学生在一起，去见证他们的成长，对于一个教师来说是多么有意义的一件事。

高校教师的另一工作是学术研究。但若是把研究当作需要完成的任务，则研究工作本身也索然无味了。我从小对历史的兴趣影响了我 20 余年的研究方向，以至于实证研究风靡国内外学术圈之时，我仍然无法汇入学术大流，依旧我行我素地深挖自己感兴趣的财务史学。我查阅了很多第一手文献资料，先后完成了若干学术研究论文和 2 本财务史学的论著，其中《西方财务理论发展史》（中国财政经济出版社，2013）还有幸得到了会计史学大师郭道扬教授的亲自指点和认可。以史为鉴，我对世界知名企业财务安排的兴趣源于几次出国见识。着手对这些案例进行研究，不仅能检验财务理论的实用性，也可以引他山之石为中国企业参考。2013 ~ 2014 年，我收集数十家国际顶尖品牌企业的历年财务报表，再对大量的数字进行分析和研究，从财务的维度提炼世界著名品牌价值中的财务“DNA”。我觉得可以在研究中捕捉某些世界顶级品牌在价值创造过程中财务安排的新常态，因为不断有新的样本佐证财务安排与企业品牌价值的因果关联性。我相信，这些结论应该能为我国企业的品牌价值创造提供一些小小的思路。所以，我觉得我的努力是有意义的。

北欧的冬夜是亮白而清透的，拂过满地旋转起舞的雪，映着别人家的灯光，更衬着我的孤单寂寞。有些心念，一直搁在心坎。突然间回忆，惊鸿照影，一纸流年，好像都不请自来。落笔成文，献与我那永不会再回来的浅浅光阴。

（原载《财务与会计》2016 年第 5 期）

王丹妮

王丹妮，时任航天动力技术研究院财务部处长，现任西安向阳航天材料股份有限公司财务总监，正高级会计师、陕西省会计领军人才、全国会计领军人才。

不负时光　享受快乐

时光荏苒，岁月悠悠。回望一路走来的身影，足迹依旧清晰如昨日，曾经那些滴下的泪、流过的汗，那些努力前行的甘苦，是经历，是追求，也是人生的宝贵经验和财富，终究成就了现在的我。

有想法，肯干事，希望就在。15 年前，我大学会计本科毕业，怀揣着“航天梦想”，努力并有幸成为中国航天队伍中的一名财会人员，开始了我的职业生涯。在航天这个温暖的大家庭里，有“两弹一星”精神的感召和激励，有领导和同事的关爱和照顾，有单纯干净的做事环境，我一如大学时充满激情，勤奋学习，踏实工作，1 年之后便竞聘成为单位最年轻的领导干部。从业 15 年来，经过基层、院级多岗位锻炼，综合能力得到全方位提升，自己也从一名青涩学子成长为单位的业务骨干。对工作的那份执着和担当，默默坚守，勤奋耕耘，使我平凡的外表下有了丰盈的收获。

乐享工作，成全自我。财务会计是一个实践性较强的行业。当前，经济发展进入新常态，企业内外部经济环境复杂多变，财会人员面临着经验不够、能力不足、方法不多等多重挑战，只有把个人成长融入企业发展之中，不断创新实践，才能找准自我定位、创造自我价值、实现自我超越。我所在的单位是一个集设计、研制、生产、试验、售后为一体的大型企业集团，企业、事业单位性质兼有，所属单位也都具有各自的特点，这为我提供了一个较好的学习和实践平台，也为实现我的梦、企业梦搭建了一个较为宽广的舞台。加强调查研究，运用专业技能解决问题，化解风险，支持决策，支撑战略，我为我的快乐和事业努力奉献着。

机会总是留给有准备的人。从业 15 年来，从初级会计师到高级会计师，从本科到研究生，从陕西省首期会计领军学员到全国会计领军（后备）学员，如果没有内心的那份坚持，没有持续的积累和追求，没有一直对自己的不满足，是交不出一份合格答卷的。如今，我已习惯了每年的自我规划和总结。伴随着飞逝的时光，紧追着岁月的脚步，最幸福的，是在努力之后看到的收获。

快乐学习，给精神充电。读书是我的爱好，也是我的一种生活态度，就像人每天必须吃饭喝水那样，自然得平常。作为会计职业女性，我深刻体会到，学习不仅能增长见识，丰富阅历，提高素养，更重要的是，知识能够提升气质和魅力。古人云："腹有诗书气自华"，女性只有持续不断地学习和思考，才能由内而外散发出持久的美丽安静，才能做到优雅淡定、自信从容。

乐活生活，品味人生。人生，最重要的是生命和自由，最希求的是幸福和快乐。健康地生活是我们对工作、对家人的一种责任，也是爱工作、爱生活、爱家人、爱自己的体现。生命力源于自然，愉悦感来自内心。旅行和锻炼是我放松身心、缓解疲劳的方式，也是让自己完全松弛下来静心、思考的过程，更是享受生活、参悟人生的过程。

开落卷舒，宁静致远。悄悄地累着，淡淡地活着，人生由我不由天，幸福由心不由境，内心强大生活更精彩。走一步，有一步的风景；进一步，有一步的欣喜；退一步，有一步的心境。得意时要看淡，失意时要看开。面对并享受生活中的"阴晴圆缺"，于生活的海洋中踏浪，云帆尽头，轻回眸，处处别有洞天。给生命一个微笑的理由，别让心承载太多的负重；给自己一个取暖的方式，以风的执念求索，以莲的姿态恬淡，将岁月打磨成人生最美的风景。

真正的人生，从认识自己开始，相信生命中所发生的一切，都是你吸引过来的。不负时光，享受快乐，活出精彩，这是我作为一位当代会计职业女性最深切的感悟和体会。

（原载《财务与会计》2016 年第 5 期）

周海平

周海平，时任上海交通大学医学院附属仁济医院总会计师，现任复旦大学附属华山医院总会计师，正高级会计师，会计学硕士，全国会计领军人才，上海国家会计学院、上海大学悉尼工商学院、上海财经大学等高校校外导师。

转身遇见更好的明天

作为从事财务会计工作 20 多年的职业女性，走在生命第四旬的中间，我最大的感悟是成长源于内心的修养，回望内心，向往美好，转身才能遇见更美好的明天。

事业是女人自信的来源，或许根源于自强，或许根源于责任，忙碌已成为我们最闪亮的标签。然而功夫不是一日练成的，在财务岗位的成长中，坚持有时很难，平衡也不容易。有时坚持换来的是赞许，有时换来的却是冷漠，然而来日方长，总能守得云开日出时。坚守的女人是美丽的，透过日益睿智的双眼，即使眼角爬上了皱纹。

家庭是女人幸福的来源，也许根源于爱，也许根源于期盼，从此宽容是我们的标签。寻找事业与家庭的平衡，也许是每一位职业女性需要不断提高的技能，有时需要我们挤出来的是时间，更多时候需要我们付出宽容和关爱。

曾经有一段时间，走在忙碌的高点，人走灯熄已过零点。爸爸说，你妹妹在国外每周都给我打电话，你在上海都打不来？我只能自责，常常是当我想起打电话时不是睡觉就是午休时间。把爸妈接到身边，有天妈妈搂着我的肩头说："我知道为什么接不到你的电话了，我的孩子这么忙"。我听了泪流满面。

曾经有一段时间，走在收入的高点，我一年的收入相当于爱人的 10 年。也有颐指气使，也有狂妄轻慢，在争执矛盾中，是刻骨铭心的痛，此时我只有自责，给爱人以期盼，有一天他搂着我的肩头说："你的温柔又回来了"。此时，我的脸上写满幸福。回望内心，心中的爱是坚守的源泉。

带着爱和期盼，女人在这个世界里让爱绵延，家庭给女人以力量，成为幸福的源泉。不同于职业的回报，爱的回报是数倍的，付出的越多，得到的就越多，在今天更在不远的将来。

宽容的女人是美丽的，透过期许微笑的双眼，即使眼角爬满了皱纹。

走在生命第四旬的中间，偶然会回忆，那些曾经共事过的同事、曾经攻克过的难关、曾经欢笑的片段，回忆中的往往是美好；常常会反思，尤其在经历挫折、磨难和低潮的时候，往往是摔得越痛，反思得越久，也越深刻；更多的是总结，经验也好教训也罢，快乐也好悲伤也罢，不过是生命中的篇章，或激昂、或平缓、或明朗、或昏暗。

曾经有一段时间，走在心情的低点，只有后悔，没有期盼。此时，我饱览文学作品，从魏晋到唐宋到明清，走进历史的沧桑，体味文学的力量，从此，读书成为一种习惯。

曾经有一段时间，走在命运的低点，只能体会，无法言传。此时，我只有回看内心，找寻生命的本源，我学会了打坐，从此这个习惯跟随着我，当我累了、困了、迷茫了、犹豫了，我就打坐。通过打坐，可以真正了解自己内心的感受，获得新的力量。

我从"初生牛犊不怕虎"的直率，到而立之年的担当，再到不惑之年的谨慎，也看到知天命的豁达，而当生命走到耳顺，自然学会放下。生命是向上的过程，并非源于财富，也非源于地位，而是源于内心的修炼，豁达、体谅、理解、包容，拥抱生命中碰到的一切，用善良做根，用完美做叶，便是成长的力量，每天进步一点点。也许我们只是时间的访客，然而因为我们的来访，弹奏出更美妙的乐章，使我们转身之间遇见更加美好的明天。

非常喜欢两句话，让我们共勉。一是"机会往往会伪装成困难"。走在生命第四旬的中间，感谢命运的慷慨馈赠，既给了我机会，也给了我困难，还给了我伪装的困难。二是"善良是为自己留下的路标"。感谢命运的眷恋，以我善良之心，还我美满今天，让我转身遇见的是更好的明天。

（原载《财务与会计》2016 年第 5 期）

盛桢智

盛桢智，北京元年科技股份有限公司联合创办人之一，元年科技副总裁。具有10余年管理及管理信息化咨询经验，参与多项管理会计及会计信息化领域的研究课题等，在上海国家会计学院及中央财经大学等院校建立了管理会计信息化教学实验室。

在路上

这些年，因为阅历增长的缘故，开始越来越多地体会到“在路上”的感觉。此刻回味少女时代读到的三毛写的“过程就是结局”，才有点明白了。

在2004年4月的某个雨天，我来到了元年科技，开启了我的职业向事业转换的路途，完成了3个转变：从艺术管理到数字管理的理解，从平面方案设计到多维系统落地，从一个个短暂的外部项目到长期的元年品牌项目。

第一个转变，在加入元年之前，我是一名管理咨询顾问，我的项目多在战略管理、组织设计、人力资源管理等领域，实践的内容主要是用经典管理模型和工具，与客户的管理现状做匹配，强调的是管理的艺术性。加入元年后，才发现艺术的支撑必须是数字。当时，元年提供的企业管理咨询业务与国内其他咨询公司有很大的不同，从战略管理到内部管理改善项目，都依托于管理会计工具，聚焦在数字化管理上。这使我的思维方式发生了很大的变化，更多地引领我思考事物的本质。

第二个转变，从某种意义上来讲，是视野的开拓。我加入元年的时候，元年已经开发了与管理理念相匹配的管理信息系统。之后，元年又成为Hyperion（海波龙，现在的Oracle EPM产品）亚太最佳合作伙伴，研发国内首套管理会计套件。在这个过程中，我看到了管理软件的技术发展，体验到了管理理念与软件落地的无缝衔接。我对技术的着迷一直持续到了现在。

第三个转变是根本性的转变，把我从一名咨询顾问变成了一名合伙人。我从负责每个有终点的咨询项目，转变为全面负责元年品牌建设这个长期项目。元年的品牌建设之路是一条不断成长的路。一方面，要与元年复杂多样的专业服务和产品相融合。在专业上覆盖预算、成本、绩效、管理会计体系、管理会计报告、财务共享服务等方面；在服务形式上从培训、咨询、实施、软件到最新的云计算和大数据等。另一方面，元年一直在高速发展，总是在面临各种各样的问题。尽管 2015 年元年成为“新三板”上的管理会计第一股，但是，这不过又是我的一段新路途。

回顾以往，我有三点感悟。

做一个乐于学习的人。向知识学习，这是最基础也是最容易做到的事情；向环境学习，这是咨询行业的特点所决定的，只有思维不断“去固化”，才能挖掘和满足客户提出的新需求；向人学习，“三人行，必有我师焉”，这包括向客户、向同事、向合作伙伴学习。

做一个积极乐观的人。阳光照下来，总是有阳面和阴面，站在阴面，想想阳面，自然心平气和了。工作中会有所收获，也总会遭遇客户不满意、同事不理解、家人不支持等种种困难。此时，一种积极的心态比一百种智慧更有力量。多站在他人的角度去分析问题，想办法解决问题，才是王道。另外，每个人的时间和精力都有限，我们要学会相信团队的力量，而不是处处靠自己。在团队里，要做一粒“盐”，而不是一根“针”。

做一个有爱好的人。一路走来，我没有因为工作而错过与幼女的共同成长，也没有因为职业女性和母亲的双重职责，让我受平衡的煎熬。我很庆幸可以一路欣赏着属于我的风景，我以为这受益于我的爱好。随身一本书，无论是在机场，还是在等待女儿的游乐场外，书页飘香，沁人心扉。另外一个爱好，源于几年前开始对中国传统文化产生兴趣，最终聚焦在了古琴上。一把琴，汇聚了天地人，汇聚了先贤智慧，抚琴是与历史对话，是与本心对话。同时，作为母亲，我尝试与孩子培养共同的爱好——绘画。只要不出差，我每周都会和女儿在一起学画画。不同的画室，不同的老师，最后一起分享对方的作品，还有什么比这更有趣的呢?

这就是我的路途，我还将这样走下去。

（原载《财务与会计》2016 年第 5 期）

蔡钊艳

蔡钊艳，时任山东能源集团有限公司规划发展部处长，现任山东能源集团有限公司技术专家。全国会计领军人才，山东省人大常务委员会财政经济委员会专家顾问，山东省会计学会常务理事，山东省正高级、副高级会计师资格评审委员会专家委员。

用自己的方式　用力地生活

在金融类投资公司从事财务工作 20 年，在山东省国资委挂职锻炼 1 年后，2013 年，我到世界 500 强的山东能源集团从事战略规划、投资项目管理、境内外并购、兼并重组等工作。下属的权属企业中，淄矿集团、枣矿集团均有上百年历史，业务涉及 46 个行业、500 多家企业的煤化工、装备制造、玻纤材料、油页岩、建材产品、橡胶轮胎、建筑施工等。

从事财务工作 20 多年的我，从财务岗转型到业务岗，因行业跨度大，面临杂、繁、难的历史遗留问题较多。对我而言，每天都有新挑战，每天都有新问题，仅仅具有财务专业知识显然已经不能满足这份工作的需要，我必须全方位提升自己。为此，我及时关注国际的石油、大宗商品、汇率、资本市场等变动情况，研究国内各个领域的行业动态、产业发展、金融及资本市场等状况，为投资项目的审批和管理提供依据。为拓展国际市场、打造国际化新型能源企业进行的海外资本市场并购业务，我做好拟投资国家的政治经济、投资环境、可能存在的投资壁垒障碍及财政、税收、外汇管理、环境保护、劳动用工、资本市场等研究及立项工作。虽然工作压力大、难度高，但我还是发自内心地感激山东能源集团给我提供了一个好的工作平台，让我有全面提升自己的机会。

“书山有路勤为径，学海无涯苦作舟。”读书学习一直是我生命中重要的组成部分，如果说 36 岁之前读书学习是为了考取各种资格证书，以获得一份不菲的薪酬来养家糊口，那36岁之后读书学习则是为了获得尊重、实现人生价值并让自己感到真正的快乐。2015年6月，我顺利通过CIMA（英国皇家特许管理会计师）考试，又以新的视野开启了对管理会计的认知。为学以致用，最近又完成了山东省会计专项课题“多元化能源企业集团EVA价值管理体系的构建——以山东能源集团为例”，山东省国资委课题“轮胎产业发展研究——以山东能源集团为例”。我规定自己每个月读10本书并写好读书笔记，哪怕出差在机场、火车站等候的片刻，我也去书店看看有没有新书。随着涉猎的逐步宽广，我的眼界逐渐开阔，内心也变得更加丰盈。书读多了，你会感觉它沁入你的骨髓，融入你的心灵，让你在工作、生活中无时无刻不去反复体会。而在你最困难、消沉的时候，你会发现自己变得内敛、沉稳，不再那样急于求成，懂得“厚积薄发”。“你有多大的视野就有多大的格局”，底蕴是靠长年累积、逐步沉淀净化，待到升华。

快乐的关键是降低你的预期，对我而言，压力无处不在，尤其是人到中年，上有老、下有小，但我依然活得快乐。照顾家人是自己应尽的责任和义务，做好女儿的榜样是为人母应该尽的本分，带好团队并努力为年轻人提供好的机遇和平台是我该做的。我知道自己想要什么，也知道我应该做什么。修身养性让我以更加宽广、豁达的胸怀来面对世界的纷纷扰扰；注重着装和细节让我以优雅、干练的职业女性形象出现在公众场合，赢得更多尊重与支持；挤出时间锻炼，让我有足够的体力支撑这份繁重的工作；学习艺术鉴赏，研究茶道、插花艺术，文玩鉴赏、陶瓷品鉴等，与闺蜜一起把盏谈古论今、笑谈风月，让我的生活更加充盈和快乐。我用自己的方式，寻求生活中快乐的点滴，与家人、朋友、同事一起分享；用自己的方式，为自己寻找精神的慰藉和灵魂的安置，不让自己迷失。

“最好的年龄是，那一天，你终于知道并且坚信自己有多好，不是虚张，不是浮夸，不是众人捧，是内心明明澈澈知道：是的，我就是这么好。”时至今日，已40多岁的我，正用自己的方式，努力工作、读书，陶冶身心，充实生活，即使再艰难，我也会用力地生活。

（原载《财务与会计》2016年第5期）

谷月英

谷月英，时任中国联通河北分公司审计部总经理，现任中国联通河北分公司人力资源部（党委组织部）总经理/部长。正高级会计师，河北省注册会计师协会非执业会员。曾荣获河北省直先进女职工、中国联通集团财务会计先进个人、中国联通集团优秀党务工作者、巾帼建功标兵等荣誉。

渔姑之意不在鱼

其实，一开始我是不喜欢钓鱼的。钓鱼是一项考验人耐心和毅力的活动，而我是个急性子。

大学毕业后，我被分配到当时的河北省邮电管理局机关。初出茅庐，冲劲十足，加上我本身脾气急、性子躁，工作中有时过于心直口快，人际关系出现了一些问题。当时郁闷极了，也委屈极了，觉得自己一心为了工作，结果却并不理想。回到家，我面壁反思到底哪里出了问题，如何解决。这时，酷爱钓鱼的爱人对我说："周末跟我去钓鱼吧，多去钓钓鱼，能让你的性子缓下来。"

还记得第一次笨手笨脚地挂上鱼饵，运足臂力猛劲甩了出去，眼巴巴地望向湖面，鱼漂却歪倒在水面上，毫无生气。两个小时下来，腰酸胳膊疼眼睛涩。在我的耐心就要耗尽的时候，鱼儿上钩了！回家路上，爱人说："钓鱼不仅是磨炼耐心，更蕴藏着人生智慧。要想钓到鱼，首先，要选好钓位。遮阳防晒的树下，不一定就是好地方，要因地制宜。第二，要选好鱼食，什么鱼用什么饵，要因鱼而异，有的放矢。第三，要选好工具，根据季节的变化选用不同的钓具，是进行浅水钓还是深水钓，得深入研究。第四，准备工作完备后，要耐心观察，准确判断。等待鱼漂上下移动那一刻，迅速出击。钓鱼是这样，干工作、与同事相处，也是一样的道理。"爱人的话让我陷入了沉思。此后，每逢周末，只要有闲暇时间，我都会随爱人去湖边垂钓，在坚持中锤炼沉稳的性情，在静思中收获人生的真谛。

2004年初，公司筹备上市。我们全程封闭、集中办公，100多个日夜里，一天24小时连轴转是常事。我患上了严重的失眠，1.68米的个子，体重降到了92斤。医生诊断是由于过度劳累导致的内分泌失调，还得自我调理。3个多月的上市工作结束后，我又想起了钓鱼。周末，带上刚上小学的儿子，开上车直奔蟠龙湖水库。正值春末夏初，湖边的小树林静谧温暖，湖面上泛着粼粼的波光，和煦的风轻拂在脸上，暖洋洋的。阳光透过细碎的树叶洒下来，在帐篷上，在松软的林间草地上，一片斑驳。选好位置后，我和儿子很快支好手杆，固定好海杆和铃铛，等着鱼儿上钩。这个间隙我们并不闲着，到小树林里去挖"知了牛"。当我们正细心地搜寻地上的小小洞口时，那边铃铛一响，鱼儿上钩了！就这样，在乐此不疲的钓鱼中，在和儿子的嬉戏中，在大自然的怀抱里，我忘却了烦恼，抛掉了压力，感受着轻松舒畅，感受着爱，也感受着成长。

这十几年来，对钓鱼的喜欢也从最初仅仅是为了改变自己的急性子而变成我生活中不可或缺的一部分。钓鱼追求的是过程，而不是结果。只要你努力了，钓不钓得到鱼并不重要，享受的是过程中的精彩。这些感悟对我的生活、工作影响极大。因为对孩子的耐心、满怀爱的陪伴，儿子不仅学习优秀，品性更是善良美好。家和万事兴，伴着幸福的家庭生活，我的学业、职业生涯也进入了发展期。2003年，我取得北京邮电大学硕士学位，同年获评高级会计师，取得注册会计师资格证书。由于在公司上市期间的优秀表现，2006年，我被选派到市级分公司任财务部主任；2008年，通过公开竞聘方式走上省公司财务部副总经理岗位；2013年，调任省公司人力资源部担任副总经理；2014年年底，升任省公司审计部总经理。2015年，在集团对全国31个省公司审计部的半年考核中，排名第一。

渔姑之意不在鱼，在乎心境之历练、情商之升华。多年下来，钓鱼俨然成为我的一个好"闺蜜"，郁闷时，她是开启我快乐心灵的钥匙；疲劳时，她是我放松身体的健身锤；颓废时，她是重燃我激情的动力源。钓鱼，我喜欢，我享受。

（原载《财务与会计》2016年第5期）

刘爱军

刘爱军，时任中国能源建设集团湖南火电建设有限公司总会计师，现任中国能源建设股份有限公司财务与产权部（金融业务部）副主任。注册会计师、正高级会计师、英国皇家特许管理会计师，财政部全国会计领军人才，全国大中型企事业单位总会计师培养（高端班）学员。2015 年被评为湖南省先进会计工作者。

职场马拉松

求学时在电视上一看到马拉松比赛，就会反射性地想到一个故事：有一个小偷在超市里偷东西被发现了，被店主追了十几里逮到，小偷自认倒霉，原来店主曾经是位马拉松运动员。我的职业生涯早已通过所学专业锁定成为一名会计工作者，不需要做店主、追赶小偷，因此，跑步总是与我有缘无分。

经过漫长的职场跋涉，我一路从施工企业最基层的工程项目部出纳、助理会计、财务负责人做到副总会计师，并在 2013 年年底成为一家央企子公司的总会计师。重任骤然在肩，工作转型带来的压力不言而喻。有人说运动产生的多巴胺会让人心情愉悦，有助于减压，于是，不会打球、不会游泳、不会跳舞、运动细胞奇缺的我，似乎只剩下了跑步这个唯一没有门槛的运动选项，不想一入此门深似海，从此与跑步结下不解之缘。

刚开始跑步的确是个苦差事。白天要上班，晚上要加班或应酬，偶尔有点时间也想陪伴家人，于是选定每日的早晨作为固定跑步时间。想到固化一项行为需要 21 天，我做了一个点检表，每天跑完就划一个勾，想着不管怎样先把这 21 天坚持下来。在那 21 天里，我每天清晨百般挣扎着从被窝里爬起来，大汗淋漓跑完步然后冲凉、上班，肌肉酸疼难耐，简直就是折磨。可随着时间的推移，我居然发现了许多好处：原本以为跑步会使人精疲力竭，不曾想白天神采奕奕，处理工作效率奇高；晚上睡眠质量极好，为了能早起跑步，还养成了早睡早起的好习惯。好处之外更有乐趣，原来我身边曾习以为常的风景这么美好，每天迎着朝霞奔跑，感觉到有风从耳边温柔地拂过，闻到雨后空气中泥土混合着青草的味道，听鸟儿在枝头欢唱，蓦然发现街头的一排紫薇不知什么时候已开了一枝。一开始400米跑下来我都气喘吁吁，到后来一口气能跑上个10公里，现在跑步已成为我生活中不可或缺的一部分。2014年9月，我跟随财政部全国会计领军（后备）人才培训班赴美培训考察，期间因跑步导致脚掌骨折而中止了三个月，除此之外，跑步一直如影随形。在行程紧张的出差里，即便只住一晚，行李箱里也一定有一双跑鞋，在某个陌生的城市，看着手机地图，以酒店为起点，找附近的一条街、一个公园、一所大学，用双脚去丈量这个城市的土地。对于工作压力的困扰、对不可知未来的担忧早已在日复一日的奔跑中消失得无影无踪。2015年上半年，因公司班子成员分工调整，我又接手了公司的部分创新业务，万事开头难，但只要还在奔跑，我就有了面对挑战的勇气，在任何困难面前都无所畏惧。

其实职场也是一场长跑。想起刚走出校门时，与同学朋友一起奔跑，有的恋爱成家了，便不再把工作作为寄托，专心做起了全职太太，好比曾经跟着你一起跑步的人提前退出比赛；有的想跑得快一些，一开始就百米冲刺，结果后续乏力、欲速则不达。职场是一场超级马拉松，只要我们一天没有退出职场，就一天不会分出胜负。因此，我们要学会忍耐，合理统筹分配体力，并且做好沿途补给。如果要跑完全程，可以更从容地享受一路的风景，长途跑步耐力比速度重要。就好比在某个不赶时间的周末，可以先美美地睡到自然醒，再就着春光不紧不慢跑上10公里，不在乎你起得多早、跑得多快，只要每天都坚持跑了，就是在前行，不用着急。跑步也好比是一个人的修行，身体的素质好坏、疲倦与否只有自己知道，即便有再多的人陪跑，可是最终跑完的，只能是你本人。你的对手永远都是你自己，要放下骄傲、自负、偏执、懦弱，以最勇敢、最放松的姿态一直奔向终点。

现在想想，人生又何尝不是一场马拉松呢！我们追逐的不是偷拿店主东西的小偷，而是偷走我们梦想的时间！

（原载《财务与会计》2016年第5期）

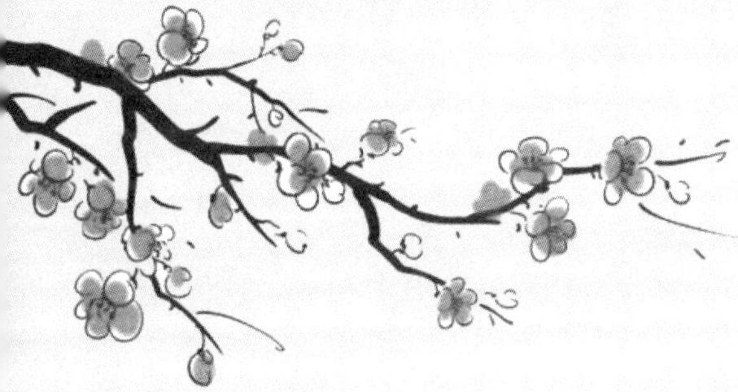

第三篇

2016年（下）

编者的话

美丽是女性共同的愿望，是什么让女性如此美丽？是源自内心的自信，是自然流露的优雅，是由内绽放的达观。因此，无论你是在商海打拼的女强人，在职场奋斗的小白领，还是在校园辛勤劳作的园丁，都应在工作忙碌之余，修饰自己、呵护自己、丰富自己、爱自己。女人如花，伴随春风尽情绽放美丽。值此特别时段，我们继续推出当代会计职业女性风采系列专栏，为大家呈现会计职业女性的美丽人生。

2016 年第 6 期的 8 位嘉宾来自不同行业，她们身处平凡工作岗位，是家中琐碎事务的主要承担者，但她们本着自信、优雅、青春与活力，把平凡琐碎的生活演绎得生机盎然。并非会计科班出身的梅瑜，在漫长的职业生涯中边学边干，努力、专注、真诚的态度让她收获信任与尊重。书写者王兆蕊，将写作这一业余爱好与会计工作完美结合，以笔叙述会计世界的树木、森林，乃至云霞风雨。无意中闯入会计行业的徐峥，面对工作压力，用自己的方式放松与调节，把生命倾注在美好的事物上，让每一个日子都起舞。刚跨入不惑之年的袁琴凤，每天都是怀着喜悦、感恩充实度过：公司内审、写书、网络授课、抚育小孩……她把自己“身兼多职”的经验归纳为一个字——衡。愿做财会“女人花”的戎小红，10 多年来一直扎根在财会的原野上，面对工作与生活的压力，书和远方是她平衡工作与生活的调剂品。从税务系统公务员转岗成为会计教师的王一舒，对工作与生活始终报以感恩，这让她既收获了教学科研上的成绩，又享受了生活中的恬静淡然。理想主义者常叶青，会计教学工作之余且读且思，让工作更加顺利，生活更加丰富，人生更加圆满。初入职场、初为人母的王斌，一度陷入繁琐杂乱的生活中，但通过调整心态、整合时间、关爱自己，终从碎琐的时间里成功突围。

至此，2016 年的 24 位“魅力”嘉宾已悉数登场，她们在日复一日、平淡如水的时光里，努力工作、用心生活，像花一样努力去实现自身的内在价值，绽放独特芬芳。她们进取、达观而优雅，充分展现出了向阳而生的生命姿态，她们是骄傲的、快乐的，也是值得尊敬的。该专栏得到了嘉宾的热情支持和全力配合，刊发后在读者当中产生了较为强烈的反响和共鸣。这些平凡又特殊的个体，为我们带来了满满的正能量。未来，我们将致力于把该专栏作为“三八会计魅力秀”品牌来建设，并加以传承和发扬。同时，我们拟在适当时机推出“会计先生”专栏，主题为勤勉、智慧、豁达，同样希望得到大家的关注和支持。

2016 年某卫视春晚小品节目，塑造的会计形象仍是刻板、固执甚至愚呆的，这自然不符合具有时代精神的当代会计人的特质，但却反衬了我们推出风采专栏的必要。展现当代会计人的风采，倡导他们“乐享工作，乐品生活”的职业发展方式和生活态度，褒扬他们的成就与魅力，引领大家走近透着自信和乐观、不懈完善自我、享受着自己的奋斗和美好人生的新时代会计人，当是时也！身为会计人，我们自豪！

梅瑜

梅瑜，中航通用飞机有限公司计划财务部部长。美国密苏里州立大学EMBA，全国会计领军人才，注册会计师，中航工业研究员级高级会计师。

人生如茶　静心以对

时光匆匆，我在财务职业生涯中已经度过16年光阴。大学毕业后，我的第一个工作岗位是总账报表，由于本科专业是货币银行学，专业与工作并不完全对口，我就拿着注册会计师教材边学边干，对着会计凭证琢磨来龙去脉，不明白的用本子记下来，再到教材中寻找答案，仍不懂的就向室主任、老师傅们请教。两年的总账工作中，我几乎没有休过周末，只为保证每个月合并会计报表能无误编制出来。这两年的勤奋工作也使我打下良好的会计专业基础，赢得了领导与同事的信任，同时也通过努力取得了注册会计师执业资格。工作第三年，我成功竞聘为会计室主任，成为公司最年轻的科级干部，为我后期职业发展打下了重要基础。

作为一名财务工作人员，我亲历了中国近10年重大财务与企业管理变革，先后参与了股份公司A股上市、H股上市、股权分置改革、定向增发、集团整体债转股、政策性破产、主辅分离、国际并购、混合所有制改革等集团一系列重要事件，在这个过程中，我与企业一同成长。十分感谢中航工业集团给予我平台和机会。中航工业集团公司一直致力于培养拥有全球视野的、懂得企业管理的财务人才，我也因此有幸获得去美国参加EMBA课程学习的机会，这一年的学习经历使我在原有财务专业技能基础上有了更广阔的企业管理视野，对企业、个人的责任道德，对真诚合作、互赢互信有了全新的思考与理解，使我终身受益。巴菲特在2015年致股东的信中的一段话我十分喜欢，并将此作为我后期的职业发展导向："要求伯克希尔的CEO是一个理性、冷静和有决断的人，他必须对商业有广博的理解，对人性有深刻的洞察。此外很重要的是，他必须知道自己的局限性，就像IBM的老掌门人沃森说的，我没有天赋，但我在某些方面还聪明，我就坚守在这些领域。"

回国后不久，我被调入中航工业的二级板块——中航通用飞机公司工作，先后担任财务管理部副部长、财务管理部部长、计划财务部部长。新的工作岗位让我不断汲取新的知识与经验，产生强大的学习工作动力，国际并购、中外合资谈判、商业计划书编制分析等，都使我在美国所学得以运用发挥。但随之而来的挑战也很大，通用飞机面临着公司所属股权企业众多且涉及产业类别跨度大、民用航空市场化竞争与传统军工计划理念碰撞、中国国有企业管理与美国企业管理的文化与治理机制冲突等问题，经受着从制造业到文化创意产业不同思维逻辑的冲击。计划财务部承接着公司经营考核、财务管理的重要职责，我深感责任重大。在接任计划财务部部长之初，二级板块普遍存在财务团队人员数量严重不足、专业能力弱，财务部门在公司内专业能力与业务协同意识评价低等困难。对此，一方面我锲而不舍地向公司争取合理的资源配置，另一方面，通过科学的岗位分工，在工作中持续指导锻炼员工，对他们给予信任与关爱。一路走来，我能够更加客观地看待各种差异，更加自信从容地协调各种冲突，带领财务团队踏实工作，真诚沟通，赢得了公司内外部的信任与尊重，也因此收获了更多情义。

家人的关爱与支持一直是我成长前行的源泉。结束一天紧张的工作，回家后能吃到母亲做的可口饭菜，疲倦时能听着女儿弹奏美妙的钢琴曲，低落时能收到丈夫的鼓励安慰，都让我感到无比温暖与幸福。最喜欢的事情是在空闲的周日下午，摆上我淘来的英国玫瑰园下午茶茶具，倒入自己用普洱和鲜奶现煮的奶茶，再配上几块点心，听着吉它曲，点上香熏，和女儿一起晒晒太阳，阅读闲聊。人生如茶，静心以对。每个人都应真实地面对自己，真诚地对待他人，倾听内心深处的声音，分辨什么是正确的事，决定什么是重要的事，专注做该做的事，用好自己的天分与能力，履行自己的使命。愿朋友们都能秉怀着一份谦虚，自信优雅地前行，给自己和他人带来温暖，为企业与社会创造价值。

（原载《财务与会计》2016年第6期）

王兆蕊

王兆蕊，联通系统集成有限公司财务部会计主管。注册会计师，中国会计视野论坛投行业务探讨版版主。

书写者

我有一点点觉得，我未来的职业生涯可能会获益于我的业余爱好——写作。

十几年前，在信永中和会计师事务所，审计之余，抱着笔记本在深夜独坐，只为想早点赶完一篇杜撰的小说。在我笔下，美人，战争，爱情，国家，一幕幕清晰展现。至今记得，兴之所至，曾经一夜写6000字，也曾为了一个精妙出彩的开头，为了要一些超凡脱俗的语感，在屋子里走来走去，徘徊一夜，只写下仅仅一句。

写小说，写诗，写散文，都发表过，也曾参加公司举办的奥运征文并获奖，专业论文更是发表过许多，但更多的点滴感想，并不去投稿，草成之后就放在互联网上。增值税发票的故事，温暖春日的感触，审计的趣事，对古代诗人的感喟，供应商管理的财务技巧，阅读《红楼梦》的联想，会计职场经验，“营改增”相关内控，想到哪里，就写到哪里。

会计早已不用手工记账了，省却多少伏案执笔，但它却仍是需要细致书写的工作。财务分析报告，内部控制文档，各种规章制度，乃至下发的文件，无不是要反复斟酌。达成管理目标是一件，易读、易懂、易执行也是一件，理解和学习都是有成本的，叙述不清，重点不明，粗细不当，都不行。完成一篇优秀的工作文章，用心程度绝不低于完成一篇文学作品，如要构建一套卓越的公司会计管理制度，技术难度更不亚于去写足以传世的鸿篇巨制。

如今我所在的集成公司，乃是联通集团旗下子公司。作为通信公司背景的ICT专业公司，软件、硬件、研发、集成、工程业务都有，到2016年，恰好成立满10年。10年中，我见它设立、成长，规模渐大：从最初的研究业务特点、设置财务核算和管理模式，到上线、更新庞大的ERP系统、报账系统；从设计优化财务项目管理体系，到需要辅导20多个下属公司做好会计核算和财务管理；从收购新的子公司到“互联网+”财务，可圈点可记述之处都颇多。

这些真实的工作，也犹如文章，每做成一种，总有得失在心头，揣摩后、动笔时，与写随感、经验不同，放进了自己的想法。

于是，我用笔在纸上做起了“顶层设计”。财务共享应怎样起步，大型集团公司的会计系统应怎样建设，虽动辄涉及全局规划，却也都是踏实的基层实务。我深知，对会计实务的观察与思考，“远近高低各不同”，谈实务但不局限于现有实务，才是较好的阐述与交流。

随时记录思路是必要的。纸角，手机，都可以写下只言片语，一旦有时间坐下来，就把它们变成文字。然而，写成的毕竟只是少许，更多的想法还在路上。例如，专业化公司的管理模式及比较，投后角度的会计管理怎样做，合并范围的罕见案例，新增子公司的会计整合，等等。

虽然手头的工作只是这几块，内控、预算、财报、财务分析、会计政策，一个人无法做遍所有的会计工作，然而身不到处，心可以到，笔也可以到，思考更可以到。我尽可以作为一个书写者，以笔叙述会计世界的树木、森林，乃至云霞风雨。

如果会计是一片森林，那么，我很清楚自己是哪棵树上的哪一根枝条，我知道阳光的方向，知道水源的分布，我享受着风声和鸟语，我知道自己会开出什么样的花朵，知道自己会结出什么样的果实。

所以，我明白我作为一个书写者，是怎样与别人稍有不同，在会计职业中，我应该何处轻描，何处着力。所以，我在2016年的工作规划里，给自己加入一项需要大量写字的工作：为众多的分公司，做一本“会计指导手册”。我想用深入浅出的语言，耐心解释我们日用的会计政策，解释总公司的管理思路，从原理，到细节，说清“是什么”，更要说清“为什么”。

书写，充实了我的业余生活，以文字为载体的思考，还可以承载我的工作。在可预见的日子里，仍将持续如此，哪怕忙于厨房的活计，都会忽然奔向书房，提笔记下几句想法，会计实务、理论研讨，乃至财务相关的资本运作。

时光正好，容我以书写反复自我打磨。会计最大，待我以书写为其略作讴歌。

（原载《财务与会计》2016年第6期）

徐峥

徐峥，江苏苏亚金诚会计师事务所盐城分所质控总监，高级会计师、注册会计师、注册税务师、国际内审师、房地产估价师，中税协2015级注税行业高端人才。

让每个日子都起舞

尼采说，每一个不曾起舞的日子，都是对生命的辜负。人活一世，所要做的，就是让自己的每个日子都精彩。

今年是我走上工作岗位的第25个年头。这25年，我曾经从事过很多种互不相关的职业，直到2004年通过注册会计师考试后，才找到了职业发展的方向；这25年，我从最平凡的岗位起步，逐渐成长为一个财税方面的专业人士。作为一个平凡的会计职业女性，我的人生虽无浓墨重彩的辉煌，却也有一些愿与职场人士分享的点点滴滴。

乐享工作，乐在其中

财会行业是个竞争激烈的行业。会计专业的毕业生很多，从其他专业转进来的人也很多。我就是其中之一。入行易，而出彩难。

我是无意中闯进会计这一行的。初入行时，我不懂得会计的精髓，不明白做一名会计可以达到什么样的高度。我能做的，就是认真地一步步向前走。

备战会计从业职业资格考试是我第一次比较系统地学习会计方面的专业知识。取得了上岗证后，我通过初级、中级、注会等考试逐步提升了自己的专业能力和判断能力，积累了职业资本。

为了让学习更有针对性，我努力做好自己的人生计划：短期里，在这一周、一个月、一年里，我需要做到什么，学会一项什么技能，考一个什么样的试；长期里，我给自己的定位是希望成长为一个专业人士，专业的追求永无止境。

经过不断学习和合理规划，我在通过注册会计师考试后进入了会计师事务所。从业 10 年，亲身经历了会计行业日新月异的变革。这是一个需要不断学习的行业，也是个充满挑战乐趣的行业。刚到事务所工作时，我对审计的理解仅仅停留在书本知识上。我曾经为编不平一个现金流量表而烦恼，也曾经为不会做一个调整分录而忧心。但用心去做，善于总结，在工作中就会进步得很快。

我逐渐体会到了会计核算的原理和审计思路的轨迹。当我学会用审计原理分析数字后的奥秘，当我理解了每一项政策与制度都有其必然的原理，当我能够用掌握的知识为客户提供专业上的帮助，我才真正体会到这份成就感给自己带来的快乐。

2016 年，在审计行业中已经打拼了 10 年的我被所里从业务岗位安排到了技术岗位上。对我而言，这是一个新的挑战，但我也体会到另一种乐趣。我喜欢那种能够为同事解决专业难题的成就感，我也喜欢把专业知识梳理后与同事分享的那种快乐。帮助别人的同时也提高了自我的专业能力。

一份工作，如果仅仅当成是谋生的工具，工作也就失去了其本身的乐趣。只有用心付出，才能体会到工作中以及工作外的快乐。

把生命倾注在美好的事物上

事务所的工作和学习压力都是很大的，既源于每年年报的高强度劳动，也源于会税法规日新月异的变化。客户一个不太合理的要求、一个工作中的难题，可能就会让我泪洒办公桌。为了让自己能够承受这样的压力，我学会了用自己的方式放松与调节。

我认为，当你专注于一件事情并享受这个过程时，你会忘记很多烦恼与压力。所以，我每天都要留这样一段时间给自己，让自己做一些喜欢的事情。

我学会了做各种美食，无论是西式的点心，还是中式的传统菜。我买来各种美丽的餐具，尝试着让平常的食物也能沾染美丽的气息。我希望孩子坐在餐桌前能体会到我的用心，能够有期待、有惊喜。我也希望自己能够在享受美食的过程中，内心变得单纯而美好。

同时，我每天给自己一点时间，读一些喜欢的句子。岁月如歌，读过的诗、说过的话、写过的文字，都会在生命的长河中留下痕迹。

2016 年的新春感悟是，人生的意义在于努力让自己过想要的生活。让生命中的每一个日子都起舞，享受自己的每一份精彩。

（原载《财务与会计》2016 年第 6 期）

袁琴凤

袁琴凤，江苏中印印务集团有限公司财务副经理，注册会计师，任中国会计视野论坛CPA考试版、视野读书版、视野活动版版主，记忆吧思维导图讲师。

衡

猴年的脚步随着鞭炮声来了，转眼我已进入四十而不惑的年纪。回首过去的一年，差不多每天都怀着喜悦、感恩充实度过。30份内审报告，抚育2个娃，担任中国会计视野论坛3个版的版主并获得2015年度优秀版主荣誉，读书111本，新书《十大简会实操》已码10多万字，网络授课几十次，碎片时间玩微商，想来甚感欣慰。

很多人点赞的时候不禁会问：你怎么能同时做这么多事？我认为可以归结为一个字：衡。衡者，平衡，权衡。

衡在工作

产假结束后回归职场，这是我财务转内审的第4年，我按产前列好的年度计划开展工作，同时注重精力与时间的分配、广度与深度的平衡。内审发现问题的性质、程度，审计对象的合作、抗拒，无不在内审报告的措辞轻重中体现出平衡。外部经济形势的严峻使降本增效成为关注点，我参加中国会计视野论坛第三期“成本特训营”，反思公司的内控成本问题。面对人力成本提高、人员流动性大、员工归属感弱、不患寡而患不均的现象，在人事工薪审计时，我发掘数据背后的真相，调整工资制度，使员工心中的天平重归平衡。多年来坚持参加注会及相关考试，使我能脱离日复一日、年复一年的常规财会工作，做有挑战性的内审工作，也意识到了自身的短板，如不善与人沟通交流、不会营销自己、审时度势能力欠缺、拖延症严重。

2016 年公司上市，对公司的发展，对个人的成长都是百年难得一遇的机会，我已准备好迎接挑战。

衡在事业

在 2009 年因考注册会计师，寻求考试方法时，无意中邂逅了思维导图，由此，思维导图成为我工作、生活、育儿、学习不可或缺的一部分。依托思维导图的网状结构，我生命中的各部分成为一个统一的有机体。好东西要与更多人分享，我从此就一直为推广思维导图不遗余力，会计视野“思享会”开讲，开启“财会导图”微信公众号，在论坛发帖分享导图记忆心得，向财会杂志投稿，线上线下讲授公开课，忙得不亦乐乎。

同时我看到，不少人对将思维导图用于财会考试考证存在错误认识，使命感让我觉得有必要系统地将有关内容整理出来，于是我着手建立思维导图考证升级体系，用升级游戏的方式寓教于乐，将导图的理论方法与考证实践相结合。

衡在管道

人到中年，遭遇职业天花板，上有老下有小，不能轻言跳槽。在工作之余，受到《管道的故事》的启发，认识到工作不能像提水桶，干一天活儿拿一天钱，不提桶就没收入，而应修管道，实现真正的财务自由，同时对自己的潜能进行挖潜。管道之一是码文出书。因机械工业出版社约稿，我将 20 年的会计实务经历和会计实务操作授课经验进行总结，撰写《十天简会实操》，2016 年希望能付梓出版。

由于小女儿还未断奶，暂停了原周日及晚上的财会面授课，转而利用网络课程，足不出户也能传播导图思维，讲解财会知识。这是分享，也是管道。

我还尝试做一名微商，最初只是想给孩子挑选健康的食品，给辛苦带孩子的老人缓解病痛，没想到产品打通了我的人脉关系，我努力营销自己，建立团队。我感谢自己的突破与成长，这也让我知道，助人者，人恒助之。大家之所以信任我，更多是因为我的分享，我的导图，我的专业，这才是管道的根本。

在奔向人生目标的路上，我希望有越来越多的同行者，和我共同进步，互相点赞！

（原载《财务与会计》2016 年第 6 期）

愿做财会“女人花”

戎小红

戎小红，江苏中烟工业有限责任公司财务管理部财务处副处长，注册会计师，曾获得企业二等功、公司先进工作者、优秀通讯员、党员示范岗、市优秀辩手等荣誉。

梅艳芳的一首《女人花》，打动过众多女性。“我有花一朵/种在我心中/含苞待放意幽幽。”女人如花，各具芳华。雍容的牡丹、娇艳的玫瑰、出尘的莲花、幽远的菊花、傲雪的梅花……吸引人们的不仅仅是外在的容颜，更是内在的风华，令无数文人骚客歌之咏之。

如果可以选择，我愿做一朵迎春花，扎根在财会的田野上，盛开在明媚的春天里。缘分让我选择了财会这一职业，与她携手而行已逾10年，从基层企业的出纳岗位逐步走向集团公司的管理岗位，我不断加深对她的了解，感受到她独特的魅力。她需要工作时耐得住寂寞，困难时坚韧不拔，加班时甘于奉献，闲暇时抓紧学习，停滞时勇于创新，进步时戒骄戒躁。记得那是2008年，我第一次感受到工作和学习统筹兼顾的困难。在准备MPAcc毕业论文时，恰逢年度会计决算，白天在百张报表中耗尽心神，晚上在论文写作中呕心沥血，都有时间要求，都有质量要求，都需审慎对待。一分耕耘，一分收获。当我咬牙熬过了那段心力交瘁的时光，既受到了上级单位的好评，又拿到了硕士学位证书和优秀学员证书时，我的耳畔仿佛听到了花开的声音。

罗素曾经说过：“有三种情感，单纯而强烈，支配着我的一生：对爱情的渴望，对知识的追求，以及对人类苦难不可遏制的同情。”诚然，每一个女人，除了工作和学习之外，也总是渴望着绚丽的爱情和美满的家庭。结婚育女以后，我一方面徜徉在“有女万事足”的幸福海洋，另一方面也感受到“油盐酱醋茶”的重重压力。作为一对双胞胎的妈妈，付出本就多了一份。同时，公公因病去世，更减少一份支持和帮助。当时和爱人还分居两地，不管我内心是否做好准备，家庭的很多重担必然会压到我的肩头。我不断在内心鼓励自己：“艰难困苦，玉汝于成”。工作中始终认真努力，尽职尽责。记得有一次，我为领导起草工作会议发言稿，白天写得不太顺畅，始终觉得意犹未尽，言有不足，然而因时间较紧，就先交了稿。晚上哄完孩子睡觉已经10点多了，也许是看到了孩子熟睡的容颜后放下了牵挂，我的心绪平静下来，灵感纷至沓来，又悄悄地爬起来修改到凌晨1点多，改后的文稿自感有了质的飞跃。早晨交给领导，领导非常感动。是的，文字质量的高低虽没有明确的标准，但是读的人心中会有感觉，会有对比，所以我选择字斟句酌、精益求精。这既是一种工作的精神，更蕴含着职业的追求。经过多年的磨砺，一些篇幅大、难度高的文字工作，领导总是会交给我，我也努力用心对待这浓浓的信任，用汗水不负这沉甸甸的责任。

由于工作、生活压力的不断加大，我愈发感觉到需要健康的爱好作为平衡和调剂。我是一个喜静之人，笃信“最是书香能致远”，且能找到读书的最佳意境。春夏秋冬自不必说，熊伯伊的《四季读书歌》，被我引为知音。晴雨露雪的不同气候，也给读书带来别样的感受。“晴空一鹤排云上，便引诗情到碧霄”，风和日丽，适合踏青读诗，赏心悦目；“何当共剪西窗烛，却话巴山夜雨时”，阴雨连绵，适合比翼读文，心有灵犀；“寒夜读书忘却眠，锦衾香烬炉无烟”，霜寒露重，适合静心读哲，智慧通达；“晚来天欲雪，能饮一杯无”，大雪纷飞，合适围炉读史，岁月静好。读万卷书，还需行万里路。举家出游，既增进感情、丰富见闻，又培养品格、锻炼意志。有一次下班后兴之所至，全家去爬紫金山。孩子们只有4岁，却毫不娇气，迈着小腿一步步、汗流浃背地向上爬，途中行人无不为之赞叹。在相互鼓劲加油中，我们顺利登上紫金之巅。天色已晚，明月当空，在万籁俱寂中俯瞰万家灯火，心中涌上新的感悟。同样的夜晚，有人沉迷于灯红酒绿，有人沉醉于网络世界，有人追随于电视剧情，有人静心于浩瀚卷宗，有人挥汗于强身健体……人的生命只有一次，选择什么样的生活方式，值得细细思量。

女人如花，让我们用心品味，尽情绽放。

（原载《财务与会计》2016年第6期）

王一舒

王一舒，博士，常州大学副教授，硕士生导师，注册会计师非执业会员，全国创新创业优秀指导教师。主持省级项目 10 余项，在 SSCI、CSSCI 发表论文 30 余篇；主编专著 1 部，教材 4 部，其中省重点教材 1 部，主讲省一流课程 1 门。

为爱和兴趣不断前行

我从本科开始就倾心于会计专业，“不做假账”是我心中的职业底线，无论我在企业、税务机关还是学校工作，都坚守着。

2002 年至 2007 年是我国经济快速发展的时期，由于税收与经济增长的高度关联性，身处税务系统的我感受到了税收征收管理改革的压力。首先，随着企业户数的增加，每位基层税收专管员由原来管理几十家企业增加到几百家；其次，随着企业规模的扩大，业务复杂程度增加，加上外资企业户数快速增长、房地产企业快速发展等，对税务干部的专业能力提出了更高要求；再次，基层税务局人员主要由军转干部和高中生构成，且平均年龄超过 40 岁。在这一形势下，我所在的江苏省国税局率先提出“行业纳税评估”（即现在的专业化风险管理）征管改革，要求各市县结合产业和行业特色，构建行业各税种纳税评估模板和风险指标体系。这一工作由税收政策科牵头，当时我在税政科分管企业所得税管理，感觉到了自己在理论方面的欠缺，就萌生了攻读博士的想法。2007 年，我有幸参与了中国矿业大学朱学义老师主持的《新企业会计准则应用研究》课题，朱老师广博的专业知识和严谨的治学态度深深吸引了我，之后师从朱老师攻读博士学位。

攻读博士期间，我参加了导师“通过智力投资分析，感恩国家、感恩社会、感恩父母”的系列教育活动，导师对学生、对教育事业的爱深深感染了我，让我对教师岗位充满了憧憬。博士毕业后，我来到常州大学成为一名会计专业教师，传承着朱老师“明德立志、勤学创新”的理念。常州大学为我个人的发展提供了良好平台，让我与会计系的同仁在近几年的学科建设中一年一大步，几年大变样：所设的会计专业于2013年获批省重点专业核心类建设点，省级学科综合实验教学示范中心；2015年成为江苏省品牌专业建设点。这些成绩的取得，凝聚着我与同仁的心智和汗水。

工作给了我激情，生活给了我恬静。日常生活中的我喜欢阅读。在悠闲的午后，倚着窗台，泡一壶红茶，读上一本好书，是我最爱的休闲方式。当午后温暖的阳光斜斜洒落在书页上，文字也会变得越发生动起来。我看过很多书，有的可以提升自我修养，有的可以陶冶情操，有的可以给人以心灵慰藉，让自己不会感到无所适从。其中，最爱的莫过于《飞鸟集》——“您的阳光对着我的心头的冬天微笑，从来不怀疑它的春天的花朵”，它温暖而给人力量。

我是个幸运的人，命运给了我很多的眷顾。我感恩生活的赠予，又将这份感恩传承和传递。假期和一些周末，我和爱人会带着孩子参加社会的一些公益活动。如2015年4月，常州义工联合会举办“一袋牛奶的暴走”活动，我们全家冒着小雨完成徒步25公里的挑战。这次活动总共筹集到了17万元的慈善捐款，资助常州的困难家庭学生。作为活动中的一员，我感到很自豪。又如九三学社武进支社等三个民主党派组织共建了武进同心助残驿站，驿站理事长邀请我担任财务指导，我毫不犹豫应承下来，我还推荐我校一位老师出任驿站财务负责人。我和这位老师帮驿站制定了详细的财务管理规范，促成驿站在财务上做到公开透明，赢得了社会的信赖。经常参与慈善公益活动，不仅奉献了爱心，也快乐了自己。

（原载《财务与会计》2016年第6期）

常叶青

常叶青，山东工商学院会计学院副教授。曾获山东省社科优秀科研成果三等奖，荣获“用友新道杯”沙盘模拟经营大赛全国总决赛最佳指导教师等称号。

至乐无如读书

填报大学志愿时，我听从了父母的建议，读了会计学专业。本科毕业后，我来到青岛化工学院会统系（现青岛科技大学经管学院）从事会计教学与科研工作，从此，我成了一名不折不扣的会计人。后来，我又考取了会计学专业的硕士研究生，调入中国煤炭经济学院会计系（现山东工商学院会计学院）继续从事会计教学与科研工作。从教 20 余年来，我始终热爱着自己的工作，喜爱着自己的学生。这份对工作、学生的热爱让我收获了自信、友谊和快乐。

作为一名平凡的高校教师，我总是忙碌于三尺讲台前。我和其他高校教师一样，认真备课、认真授课，教学之余忙忙科研。我自忖没有什么特别之处，如果非要找出自己与众不同的地方，似乎是在日常的工作生活之外，我还是一个理想主义者，总在寻求生存的意义。在繁重而忙碌的教学科研工作之余，我常常会陷入困惑之中。我困惑，怎么活着才不误入歧途？怎么活着才不平庸？怎么活着才不随波逐流？怎么活着才是一种有价值的存在？人之为人，我想活出自己人生的精彩。可怎么生活才算是不虚度自己宝贵的人生时光呢？

高尔基说：热爱书籍吧，书籍能帮助你们生活，能像朋友一样帮助你们在那使人眼花缭乱的思想、感情和事件中理出一个头绪来……我有幸一直生活在大学这座象牙塔里，因而拥有更多的读书机会。刚开始泛览群书的时候，一有空闲我便坐在学校的图书馆里阅读，涉猎了一些管理学、经济学、哲学、社会学、历史学、伦理学、文学等方面的书籍。后来，我读书的场所渐渐地从图书馆扩张到了家里、教室，甚至是地铁、公共汽车上。我所读的书籍也更加宽泛，似乎只要这本书与我有眼缘，我便要读一读似的。

自从有了书籍的陪伴，眼前豁然开朗起来。大量阅读之后，我发现读书确实具有神奇的功效，它让我少些困惑，少些平庸，少些狭隘，少些偏执。现在的我，一天不读书，便感觉食不知味，仿佛不能生活似的。在每个清晨，每个午后，每个黄昏，每个夜晚；在明媚的阳光下，在柔和的灯光下，安静的我总是捧着一本书闲读。且读且思，内心逐渐变得充盈和淡定，有一种说不出来的幸福感觉。

当读书成为一种乐趣，工作上的成绩也相伴而来。从 2002 年至今，我共出版著作教材 8 部，发表学术论文 40 余篇，获得校级以上科研奖励 3 项。在课余时间，我还积极组织学生参加山东省及全国的沙盘模拟经营大赛、财务决策大赛等学科竞赛，均取得了优异成绩。

古人云，读书之乐何处寻？数点梅花天地心。幸福之于我，就是忙里偷闲时能够一本好书在手。当读书读到兴趣盎然，当读书读到如饥似渴，天美，地美，山美，水美，人美，心美……世界一切皆美好起来。读书使人充实，思考使人深邃，而好书更能升华人的思想、润泽人的心灵、塑造人的精神、滋养人的生命。热爱读书吧！读书能把无聊的时刻变成喜悦的时刻，能让我们的生活变得更加丰富多彩、妙趣横生。热爱读书吧！好书能让我们拥有积极的人生态度，能让我们破茧成蝶、完成自我的完美蜕变。

读书不觉已春深，一寸光阴一寸金。亲爱的姐妹们，读书是世间最美好的一种享受，让书籍成为我们的知己，让读书成为我们的习惯。让我们在读书和思考中不断升华，让我们在工作和生活中不断成长，享受更加精彩、智慧和圆满的人生。

（原载《财务与会计》2016 年第 6 期）

王斌

碎琐时间里的自我突围

王斌，山东财经大学会计学院教师，管理学（会计学）博士。在《会计研究》等核心期刊发表论文10余篇，出版专著1部。获财政部“中国会计与改革开放30年”征文二等奖等荣誉。

我是一名高校“青椒”，入职3年，科研教学并重，职场压力大。

我是一位新手妈妈，宝宝1岁，人身自由有限，时间碎成渣。

我是一个“内外三好”的推崇者——工作中想做好老师、好员工、好同事；家庭里想做好女儿、好妻子、好妈妈。

我是一个“生活美学”的追求者，觉得跟品质、情怀、意趣、格调有关的事儿都特美好，不想放弃读书、写字、旅行、健身、追梦的时光。

怎样才能都兼顾到？哪有那么多时间！这大概是大家的第一反应，也是这些年来我一直不断摸索、试着想找出答案的难题。虽然离在家庭事业间游刃有余还有差距，但我的确找到了一些方法。

好心态是1，其他都是0

有句经典的话：健康是1，其他都是0。在我看来，好心态才是1。心态失衡、情绪失控，很难维持长久的健康。任何限制，都源自内心。想拥有时间，必先调整心态；想把握命运，必先掌控情绪。

要想有好心态，最重要的是摒弃付出感，它的确是“谋杀人类情感的首要元凶”。记得刚生完宝宝时，生产的剧痛和不顺，让我觉得爱人亏欠我太多，常常莫名愤怒；看到年近花甲的父母还在日夜照顾我，又深感内疚自责；想到怀孕期间也没停止努力但事业零收获，又异常焦虑烦躁。各种负能量在我体内横冲直撞，严重影响了产后恢复，也把家庭气氛弄得紧张压抑。

意识到自己的不对劲后，我开始尝试着把我的坏情绪写下来。一笔一画写字的过程，其实是在帮助自己冷静反省，原来一切都是付出感作祟：觉得对家庭的付出比爱人多，觉得对父母的养育之恩回报太少，觉得对工作的付出与回报不对等。抛却付出感后转念想想，怀着宝宝时仍有对未来事业的积累，历经艰辛但最终平安诞下爱情结晶，实现了父母做外公外婆的心愿，这是多美妙的事情！正应了那句话：一念成悦，处处繁花处处锦。

黄金两小时专注做大事，零碎时间多线程做小事

有了好心态，还得有时间才能做成事情。为此，我翻阅了时间管理书籍，并结合孩子的睡眠规律，决定早睡早起，把一天中唯一的大块时间从晚上挪到清晨。利用孩子起床前的黄金两小时，集中精力攻克科研难关。那怎么利用众多的碎片时间呢？比如边下载文献边回复邮件、边看新闻边做微运动、边听育儿广播边网购、边晒衣服边想工作计划等，总之目的是使身心脑得到放松、养精蓄锐，为在黄金时间高效做大事扫清道路。

做自己的心灵捕手，关爱内在小孩

许多女性在当了妈妈之后便失去了自我，把孩子当作唯一的精神寄托，为了孩子宁愿透支自己，这未必明智。家里那个可爱宝贝固然重要，但也不要忘了我们身体里那个需要呵护的内在小孩。这个世上最关键的人，不是孩子，不是父母，不是爱人，而是自己。只有学会理解和关爱自己，才能真正有能力去理解和关爱他人。

每个月我都会抽出至少一天作为自我日，放手让爱人全程带娃，我去彻底放松，做最想做的事。有时是泡壶茶静下来，倾听内心、梳理总结、自我疗愈；有时是去花店挑束鲜花，听着轻音乐整理书架、收拾书房；有时是跟志同道合的闺蜜们谈天说地，互赠正能量；有时是去游泳健身、看场电影、好好补觉。总之是用极简主义的生活方式与自己好好相处，增加心灵的张弛韧性，迅速恢复疲累的身体。

对于初入职场、初为人母的青年女性来说，上有老、下有小、中间有工作，难免要经历一段碎琐难熬的日子，但恰恰是这时候我们拥有的最多。从这些暂时的困顿中成功突围的我们，会更加坚强、优雅、成熟，我们的人生也会因此变得更加丰盈、辽阔和美好。

（原载《财务与会计》2016年第6期）

第四篇

2017年（上）

编者的话

古往今来，有无数文人墨客把女性赞誉为花的使者，美的化身。但女性的美丽不仅停驻在外表，更多地源自内心深处的自信、智慧和对自己的永不放弃。正如今天，无论是事业上还是生活中，到处可以看到美丽女性成为时代佼佼者的身影。而在女性数量远多于男性的会计行业里，女会计人刚柔并济的风姿已然在职场中筑成一道别样的风景。在这人间最美的季节里，我们如约推出“当代会计职业女性风采”专栏，继续为大家呈现奋斗在财会界的女性工作者的美丽人生。

2017 年第 4 期的 8 位“铿锵玫瑰”从不同角度向我们展示了美的内涵、传递了美的精神、分享了美的经验。对工作和生活满怀热情的胡列类，从一名普通的出纳走上 CFO 岗位，现又顺利完成了从 CFO 向 CEO 转型的关键一步，她应对了数不清的挑战和困难，但一路保持初心，对工作和生活充满真诚、期待、感恩和热爱。一直在国际业务中从事财务工作的李铮，困难和挑战使她积累了丰富的国际项目融资经验，也造就了她坚韧的性格，如今的她不仅能够游刃有余地工作，还用智慧将家庭、生活、自我都打理得井有条，绚丽多彩。对时间高度敏感的谌灿霞，从科研企业到产业集团，又回到科研企业，在自我的全身心投入和家庭的支持下，完成了一个又一个项目，用心耕耘着职业发展的时间广场并不断让其保值增值。认真修炼内心的宁静，自参加工作以来经历了资产管理、保险和银行等多方面的历练，坚信越是艰难处，越是修心时，处于低谷不言弃，遇到困难不退缩，一路走来认真工作，快乐生活。普华永道合伙人周星，将承接全新领域的项目当作对自己潜力的探索，最大限度地提升自己，出色完成了北京申办2022年冬奥会财务陈述人的任务，也为自己的人生增添了一笔宝贵的财富。果敢乐观的沈颖玲，从一名高校会计理论教学者转型为注册会计师行业的实务工作者，懂得把握机会，坚持学习，执着奋进，平衡事业与家庭，以美的心态充实并享受着人生。懂平衡亦知取舍的陈荣，不断从人生阅历中总结宝贵经验，学习工作和生活道路上“敢于舍弃、自然收获”，努力让每一个目标都能实现。心怀感恩的谢军蓉，作为一名大学会计园丁，将青春年华献给教育事业的同时，也在时光的雕刻中塑造着更好的自己，一路享受着会计教师这个职业的恩惠与荣光。

这些优秀女性拥有内外兼修的能力，一半沐浴阳光，追求自己的梦想，一半默默绽放，散发独有的馨香。她们乐享工作，积极生活，凝聚着职业女性的人格魅力精神力量。其逐梦途径并非相同，但却均需久久为功的耐心和实力；其人生经历不可复制，但身上的美好品质却是人人都可拥有的财富。女性追求事业与经营其实并不矛盾，懂得坚持梦想，亦敢于迎接挑战，馥郁而持久的美丽人生，都可凭借自身的努力去获得。

胡列类

胡列类，陆金申华融资租赁（上海）有限公司（以下简称陆金申华）执行董事兼CEO，兼任上海申华控股股份有限公司（SH600653，以下简称申华控股）副总裁兼CFO。全国会计领军（后备）人才。复旦大学特聘MBA面试官，复旦大学及上海国家会计学院特聘专业学位兼职导师。

不忘初心　方得始终

现在有一个很流行的称谓，叫作“人生赢家”。其实人生千姿百态，哪里有一个统一的标准来区分输赢。对我来说，人生更像是一场体验，春夏秋冬的风景、酸甜苦辣的味道、喜怒哀乐的情感，都是值得细细品尝的人生百味。学会烹饪生活佳肴，成就更好的自己。

我出生在一个平凡的家庭。小时候，父亲对我有一个人生规划，也可以说是代表了大多数传统家庭的期望：找一份稳定的工作、组建自己的小家庭，然后相夫教子安安稳稳过一生。我的职业初始阶段确实也是沿着这个轨迹发展的。一直到了2000年，我的人生列车仿佛突然变更了轨道，驶向了完全不同的另外一个方向。这一年，我从小城市稳定的金融行业辞职，来到了陌生的大都市上海，开始了我的职场冒险之旅。

刚开始的几年真没少折腾，去了外企、会计师事务所、世界500强等，也不断在城市间转换。虽然有时候跌跌撞撞，却也积累了不同行业和不同类型组织架构下的工作经验，同时也对中国不同省份之间风格迥异的文化有了很深的体会，收获颇丰。

2007年，我作为人才引进，从上海来到了东北重镇沈阳，从500强外企来到了大型国企——制造业龙头华晨集团，任职华晨金杯汽车有限公司财务管理部部长。两年多时间里，组织架构和流程重构、财务制度优化完善、供应商评介管理体系搭建、团队培养列入系统工程等等，一项项工作成果掷地有声，我这个外来的空降兵也逐渐从被观望到被接纳、被认可。最让我引以为豪的，是金杯和中华的重大分立重组项目。2 万多人，100 多亿资产，两大品牌从研发、制造、生产、销售全流程的资产和业务完全分立，这样一个大型项目，我和同事们加班加点，仅仅用了 9 个月的时间，便完成了项目立项到实施再到交割的全部工作。分立前后不到一年，我们上市公司股价翻了将近 10 倍。

2012 年，集团调任我到申华控股任职副总裁兼 CFO。申华控股作为一家控股上市公司，旗下拥有上百家规模不一、行业跨度大、股权结构又非常多元化的控股和参股公司。除了日常的经营版块业务，每年都有许多大型的投融资项目。作为公司班子成员，需要参与公司所有的重大决策。财务投资、产业投资、并购重组、信息披露等，这些上市公司的重头戏给我带来了全新的挑战，也为我提供了特别好的学习成长的机会。

2015 年，我又出任陆金申华公司 CEO。不久之前，我们刚刚隆重举行了公司一周岁生日的周年庆活动。作为一家新成立的公司，陆金申华在开业当年即实现盈利并且圆满完成了董事会下达的各项指标，这也标志着我从 CFO 向 CEO 转型实现了第一个小目标。

一路走来，迎接了数不清的挑战和困难。想想自己之所以能做成一些事，一是对工作始终满怀热情，再就是要不间断地学习。2011 年，我被财政部全国会计领军（后备）人才项目录取，通过参与组织全国领军长三角学习社并策划“领军论剑”等活动，让领军这个平台常活、常新。

这些交流也促进了我们的工作。就拿现在我负责的汽车金融板块来说，从融资租赁政策的了解、项目可研立项，再到公司设立并顺利运转，过程中吸取了同学们许多宝贵的经验。这段学习经历也成为我一生宝贵的财富。

人生是一场马拉松，我要奔跑着到达终点。作为一个热爱工作并且能够干好工作的人，首先是一个热爱生活的人，是一个倡导并自我践行终身学习的人。其次要拥有开放的心态，对这个世界永远充满好奇心。最后要勤思创新，不满足于现状，始终奔跑在人生道路上，如此才能积跬步而至千里。因为心里想着这是一场长长的马拉松，所以在落后的时候不慌张，在领先的时候不自傲，始终保持启程时那一份初心，真诚、期待、感恩、热爱，才能享受一路的美丽风景。

（原载《财务与会计》2017 年第 4 期）

李铮

李铮，时任中国电建集团海外投资有限公司副总经理兼总会计师，现任中国中车集团党委常委、总会计师。财政部全国会计领军人才、全国会计领军特殊支持计划成员。曾荣获2014年CFO年度人物、2015年全球注册管理会计师公会评选的中国财界领袖等称号。其主创的融资管理创新获2014年度全国电力行业管理创新一等奖。

智慧女人打造美丽人生

许多人都说我是个有故事的女人，而我只想做一个普通的会计人，一个能够把事业、家庭、生活、自我都打理得井井有条的女人，用我的智慧精心打造出无怨无悔的美丽人生。

大学毕业后，我一直在国际业务中从事财务工作，因公去了近60个国家，走遍了大半个非洲，经历过枪战、食物匮乏、交通危险等一系列困难。我是为数不多的前一天还在上班，第二天到医院把孩子生下来的女人；我是曾经从手术台下来第8天就到非洲开始谈判的女人；我是单位被重组，不得已跳槽，却能在一年多就重回总会计师岗位的女人……人生没有一帆风顺，而今的我感恩这些困难，是它们造就了我坚韧的性格，并使我积累了丰富的国际项目融资经验，正因如此，今天我才能够在海外投资公司总会计师的岗位上游刃有余地工作。

时间管理是我的制胜法宝

我的人生拐点出现在2004年。在这之前，我和千千万万个中年妇女一样，喜欢看韩剧，一看就是100多集，不知道时间都去哪儿了。2004年，我的女儿开始学习英语，为了给她做榜样，我决定晚上关掉电视，开始学习。从周一到周五，我每晚学习2个小时，而今已经坚持了13年。积少成多、集腋成裘，13年来，我根据自己的实践经验，出版了3本个人学术专著，其中一本进入当当网经济类书刊热销前10

名，在杂志上发表了几十篇文章，考取了英国注册管理会计师、全球注册管理会计师、澳洲注册会计师，考取了财政部全国会计领军人才，6 年毕业后，又考取了全国会计领军特殊支持计划（后领军），继续深造 3 年。我在 6 所高校兼职客座导师，累计带了几十个研究生，每年到高校发表若干次演讲，并经常受同行业企业邀请分享我的实践经验。

这一切成绩的取得，都来源于每晚那 2 个小时的学习，我认为人和人的区别在于点滴之间的坚持，我在大学演讲时经常告诉同学们：如果你能坚持 1 个月，你就能坚持 1 年，如果你真的坚持了 1 年，你就能坚持 10 年，届时学习已经成为一种习惯，你根本不会觉得辛苦，而那时你的同龄人已经无法追上你的步伐。

我想这一切都源于时间管理，一个人如果连自己的时间都管理不好，又怎能管好一个企业呢？

管理创新是我的成就保障

我担任本企业的总会计师已经是第 5 个年头了。企业成立之初，集团只给我们 5.2 亿元的现金，5 年间，我们没有向集团要 1 分钱，使企业资产发展至近 300 亿元，并带领企业走上良性循环的轨道，靠的就是“创新”二字。我们设立了香港平台，通过发行人民币债并进行货币掉期降成本，通过发行美元永续债在海外拿到不增加资产负债率的资本金，通过国际业务的税收筹划为企业节税上亿元……为此，我们获得了全国电力管理创新一等奖，我带领的财务资金团队也获得了中央国家机关青年文明号，我本人也有幸获得 2014 年 CFO 年度人物以及 2015 年全球注册管理会计师公会评选的中国财界领袖称号。

这一切都源于管理创新，如果没有先进的财务管理理念，一味墨守成规，那就不是一个合格的“总会”，充其量是个“总账会计”。

懂得生活是我的幸福之源

我坚信懂得生活的人才会懂得工作。工作不是我人生的全部，拥有完美的身材、优雅的气质、健康的身体、多样的爱好、幸福的家庭也是我追求的目标。

周末我是从不学习的，通常周六用来陪孩子、照顾家人和看望父母。我喜欢厨艺，每周六是保姆的休息日，我会亲自下厨，亲手为家人烹制美味佳肴。周日是属于我自己的休息日，我会去健身房、美容院，推经络、做 SPA、做美容、做发型。

我从小学习钢琴、美声，业余时间我喜欢读书、唱歌、跳舞、弹钢琴，我出版了个人的 CD 和 MV，自娱自乐。我常幻想，当我老去的那一天，读着自己的著作，听着自己唱的 CD，坐在摇椅上摇啊摇……

这一切都源于良好的心态，我坚信，生活不是眼前的苟且，还有诗和远方。

（原载《财务与会计》2017 年第 4 期）

谌灿霞

谌灿霞，中国电力科学研究院武汉检测中心党委书记、副主任，正高级会计师，中南财经政法大学会计/审计专业硕士研究生合作导师。

时间广场上的沙漏

每天上下班的途中，我都会经过一个公交车站，名为“时间广场”。每次路过，心底总有一丝触动，让我想起那些年所经历的种种难忘。

记得参加工作刚满一年时的一次月度结账，因为新出的报表数据与大家平常对公司经营状况的印象不同而受到质疑，我在师傅的指导帮助下，仔细检查公司近期数月的重大经济合同履行情况、大额收支的记账凭证核算记录，按照清晰的时间脉络，梳理出关于公司利润盈亏、资产流动、现金流量等波动发展的主要关联数据，最终在公司的月度例会上得到与会各部门负责人的充分认可。

那是我第一次真正体会到财务数据是对公司各类经济活动日积月累成效的综合反映，是对未来发展趋势进行预测的重要依据，而不仅仅是简单的报账和记录。正如人们常说的“时间就是金钱”“一寸光阴一寸金”，从财务的角度看，那一点一滴、无声无息流逝的岁月光阴，就是我们计量价值的重要对象。财务人员从某种程度上来说，也正像那悄然计量时间价值刻度的沙漏，在周而复始的各类日报、周报、旬报、年报中，默默地奉献着、成长着。

也许是因为财务人员这样一种对时间的高度敏感甚至警觉，我对个人职业生涯的规划和实践也一直保持着争分夺秒的状态，习惯记录工作日志，习惯在规划好的某个时间节点来检查自己的工作成效，生活上亦是如此。虽然现实往往出现各种超出计划的因素，同一时间节点经常会有相互冲突的矛盾需要处理，但只要吸取经验教训，不断增加应急预案的储备，办法总会比问题多。

记得在我参加工作第7个年头，由于长期两地分居，独自带孩子，家务日渐繁重劳累，工作压力也日益加大，我思虑再三，做出了辞职并带着孩子前往丈夫所在城市重新寻找工作的决定。后来我在一家科研企业找到工作，开始接触完整流程的预算管理。跟随领导走访各个研究室的过程中，我深切感受到，充满未知的研发活动的预算控制要想从传统的增量预算转向严格规范的零基预算，谈何容易！仅就科研、试验、检测业务的环节梳理和预算科目的对应挂接，在和科研人员一次次的恳谈交流中就花了近2年的时间。待到实施ERP系统时，不分白天黑夜的设计讨论会和程序调试，更让人完全忘记了时间的流逝。那是我全身心投入工作的一段时光，家庭给予我的支持是最温暖的力量。

个人的学习和生活计划，往往可以依靠自己的毅力和家庭的支持来实现，而一项复杂的管理工作，特别是涉及人、财、物多方支持的耗时较长的项目，对参与者，特别是具体的组织者来说，无疑是更严峻的考验。这时，每一个关键时间节点的任务，都需要分解在无数细小的分分秒秒中来完成，环环相扣，只有务期必成才会层层递进，最终实现水到渠成。

经历了4年的科研企业工作后，我来到了产业集团。各个产业单位的整合从尽职调查到并购完成，已是经历重重难关，再进入漫长的文化磨合、财务整合阶段，更是锤炼着各级财务人员的耐力；信息化的逐步实施也更是一场似乎永无休止的持久战，对参与者的毅力、智力甚至体力都是极大的考验。最终，从2008年到2014年，集团财务一体化体系运行基本理顺，期间的辛苦付出，如鱼饮水，冷暖自知。

如今，随着集团的不断重组，我又回到了原来工作的科研企业。回望自己所经历的职业发展历程，由衷感慨：其实每个人从独立参加工作那天起，就已开始动手建设着自己的时间广场，广场上会逐渐形成具有自身特点的阶段性地标，更替生长出自己种植的各类时令植物，展示一场场由自己主办的活动。每个广场的价值各有千秋，却都有着共同的一套度量衡基础工具，那就是由秒、分、时、天、周、月、年组成的时间系列沙漏，静默又公正，只有掌握好它，人生的时间广场才能保值增值。

（原载《财务与会计》2017年第4期）

宁静

宁静，时任大连银行股份有限公司执行董事，副行长，首席财务官，东兴证券股份有限公司董事，现任中国东方资产管理股份有限公司综合计划与机构管理部总经理。注册会计师、注册税务师、高级会计师，全国会计领军人才，首期全国大中型企事业单位总会计师培养（高端班）学员，国务院机关事务管理局高评委委员。

越是艰难处　越是修心时

从2000年研究生毕业加入中国东方资产管理公司（以下简称东方资产）开始，不到20年光景，我经历了资产管理、保险和银行等多个金融行业的历练，从最初的纯财务技术岗位到曾经的保险公司高管、如今的银行高管，个人的成长经历虽然鲜有跌宕起伏的情节，但也不可谓平淡无奇。

在东方资产工作期间，我历经近12年，从最初级的普通职员升任至部门副总经理，无论是会计制度、会计系统、会计信息披露，还是资金、财务、预算、资产负债以及绩效管理，我都如数家珍，信手拈来。2012年，我作为东方资产核心成员参与了收购中华联合财产保险股份有限公司（以下简称中华保险）的全过程，通过周密的财务安排清除了各种收购障碍，圆满完成了并购项目的任务。随后，我担任中华保险执行董事、首席财务官，负责指挥落地中华保险财务治理和财务变革战略。2015年，我作为东方资产联合工作小组核心成员，参与大连银行的工作，并于2016年开始正式担任大连银行副行长和首席财务官一职，全面负责大连银行计划财务板块和金融市场板块业务。如果说我身上有什么特质，我觉得最重要和支撑自己一路勇往直前的动力，应当是面对困难时的勇气决心和平和心态。我始终相信“越是艰难处，越是修心时”，没有过不去的坎，只有过不去的人。人生中会遇到许多的艰难困苦，公司的发展也同样如此，重要的是采用何种态度、何种方式来面对。越是在遇到困难的时候，越能体现人的心性修养，唯有勇气和泰然处之的心态才可能支撑你克服困难，找到解决问题的途径。

记得2013年，我担任中华保险首席财务官，这是个人职业生涯的第一次重大跳跃和转型。当时很多人表示质疑，私底下说东方资产怎么选派了一个“黄毛丫头”来治理第四大财险公司。我虽然精通财务，却完全不懂精算，对保险业务知之甚少。面对公司基础薄弱、盈利模式不强等困境，我以归零的心态，一切从头开始，自学精算，主动融入行业和公司，耐心从基础工作开始逐项梳理，逐个诊断。无论是财务集中作业的建立、财务治理体系的重塑、信息系统的重构、资源配置的优化，还是管理会计决策体系的建立等，都力求在立足实际的基础上大胆创新。3年的时间里，我除了获得“加班狂人”的称号外，更是用快速提升的专业水平和管理能力获得了保险同仁的高度认可。看到自己秉承的财务理念能够在公司落地生根，能够贯穿落实到公司经营各个方面，能够为业务发展保驾护航，我发自内心地愉悦，像守护自己的孩子一样呵护着财务变革的推进，关注着财会人员的成长，这是我从业以来感受到财务转化为生产力的最“淋漓尽致”的一次尝试，也是作为一名财务管理者追求价值实现的一次难忘体验。

2016年，我再次临危受命，充实到大连银行二次创业转型腾飞的队伍中。如何在宏观经济下行的情况下实现银行的结构调整和弯道超车，如何带领团队创新发展，成为摆在我面前最迫切的任务。别无他法，必须全身心投入工作，找差距找路径，建制度建团队，面对困难不退缩，迎难而上。为了强身健体，保持充沛的精力投入工作当中，在工作之余，我每周跑步三次，除此之外，我热爱烘焙，会做花样繁多的西点给团队分享，以调节、缓解高度紧张的工作压力。事实证明，思路决定出路，勇气决定担当，态度决定结果。2016年，大连银行各项业务探底回升，资产规模创历史新高，各项指标良性发展，荣获“2016年老百姓最喜欢的城市商业银行”殊荣。我所主管的金融市场板块也取得了多项业务突破和良好的经营业绩。

经历过风雨，才能见彩虹。人须在事上磨，方能立得住；方能静亦定，动亦定。越是艰难处，越是修心时。不忘初心之志，认真工作，快乐生活。

（原载《财务与会计》2017年第4期）

周星

周星，普华永道中国香港多元化主管合伙人；普华永道中国保险业主管合伙人。北京 2022 冬奥申委向国际奥委会评估团财务陈述人。2016 年度中国保险业千人计划核心人才。中国注册会计师。

心有多大　世界就有多大

23 年前，我从中国人民银行五道口研究生院（现更名为清华五道口金融学院）毕业后，在中国人民银行深圳分行工作了 3 年。这 3 年的工作经历使我奠定了比较全面的金融实务基础，但我内心一直希望做一个专业人士。是继续留在央行工作，还是成为某个领域的专家，在这两个选择之间我徘徊了很久。我希望不管什么时候都能因为专业能力受到尊敬，最终义无反顾地选择了后一条路。一个偶然的机遇让我加入普华永道上海分公司，就这样，我进入了会计师行业。记得 20 世纪 90 年代初，一位室友毅然放弃高薪工作去国外读 MBA，她告诉我“要去看看更广阔的世界”。当时的我对这句话还懵懵懂懂，但它却像一颗种子深深埋在了我的心里，潜移默化地影响着我，提醒我抓住机会，打开视野。从普华永道上海到纽约再到北京，我不断历练，最终成长为普华永道中国保险行业主管合伙人以及普华永道中国香港多元化主管合伙人。事实证明了我当初选择的正确性，也让我更加坚信，当人生有了方向和目标以后，我们往往会更有斗志，更富激情。

在我所经历的挑战中，难度最大、让我印象最深刻的莫过于在 2014 年接到任务，担任北京申办 2022 年冬奥会财务陈述人。作为财务陈述人，我要带领我的团队根据国际奥委会的要求，做出北京 2022 年冬季奥运会的全套预算，并且在 2015 年 3 月和 6 月分别在北京和瑞士洛桑对预算进行陈述。国际奥委会对于预算的质量要求非常高，必须是每个赛事所需要的每一个服务设施、每一个工作人员投入、每一度水电资源等如此精细程度地去做预算，而很多冬季奥运赛事在中国是从来没有开展过的，一个全新的领域、可参考的经验少而又少，这个预算又要经得起国际奥委会专家的审查，难度可想而知。短短一年之内，我和我的团队从零开始，到做出2000多个经得起国际奥委会专家反复推敲的赛事预算数据，靠的就是对新事物的好奇心、对迎接新挑战的自信心以及对于新领域快速学习的决心。作为财务陈述人，我还要接受陈述的培训，北京奥申委聘请的公关专家从陈述时每个字的发音、语气、肢体语言的表达一遍遍培训和纠正。在陈述前一周，我几乎每晚都把陈述内容背诵20遍，以保证陈述现场的完美表现，同时每天也要把2000多个数据复习一遍，以应对国际奥委会委员在陈述现场对于预算的提问。正是这些看似枯燥、不断重复的准备，让我最终完美地完成了现场的陈述任务。回顾这段经历，我觉得我得到的最大收获是，在应对新挑战时心态非常重要，只有把承接全新领域的项目当作对自己潜力的一种探索，才会有足够动力去最大限度地提升自己。

作为普华永道中国香港多元化主管合伙人，本身又是一名职业女性，我一直在通过举办讲座和培训等方式积极帮助内外部的职场女性提高领导力。我注意到，亚洲女性在一个团队中会比较安静，即使有想法也不倾向于积极表达，而这种相对内向的工作方式往往无法让团队领导和客户看到亚洲女性真正的潜力。一个成功的职场女性并不是要掩盖自己的女性特质，向男性化方面发展，恰恰相反，成功的职场女性应该更多地发挥自己性别带来的优势，同时勇于向前迈进一步，不断提高自己的领导力并勇于表达自己在职业发展上的预期。

我有一个美满幸福的家庭，是两个孩子的母亲。我很幸运在职场生涯的各个时期都得到领导、同事、家人和客户的理解和支持，让我很好地平衡了家庭和工作。因此，我很喜欢在朋友圈里和大家分享我对生活的感悟，希望能给周围的人带来快乐，朋友们老笑称我“每天都像打了鸡血一样，满满的正能量”。我始终认为，人生的每一段经历都是一笔宝贵的财富，在工作中不要抱有太强的功利心，机会总是无穷无尽的，勇于迎接新的挑战、勇于不断突破自我并且积极为他人创造价值，那么无论在工作中还是生活中都会得到最好的回馈。

（原载《财务与会计》2017年第4期）

晨思

沈颖玲

沈颖玲，时任天健会计师事务所（特殊普通合伙）合伙人，现任天健会计师事务所（特殊普通合伙）高级合伙人，首期全国会计领军人才（学术类与注册会计师类），财政部第二届企业会计准则咨询委员会委员、中华（澳门）金融资产交易股份有限公司债券审核委员会委员。

一月的清晨，漫步在钱塘江畔的花园，下过雨，空气明显变清新了。虽是冬日，草坪依旧满目葱绿，几棵高大的香樟树上鸟儿正在欢快地鸣叫，池塘里交织泛着柳树嫩黄色枝叶与粉色茶花的倒影，勾勒出一幅江南冬日特有的图景。我放慢脚步，尽情享受着大自然赐予的宁静与安详，思绪不知不觉回到了从前。

果断作为　把握人生每个决定

我是一名注册会计师，敏感、果断、高效的职业特性使我在人生道路上做出的每个决定几乎都在一念之间完成。1993 年我从浙江财经学院毕业后，面临工作与读研的多重选择，却临时决定留校参加美国俄克拉荷马市大学 MBA 的选拔考试。时隔 6 年的某一天，只因头脑中突然闪现考博的想法，于是经过努力终成为上海财经大学 2000 年春季博士班的一员。我在最青春的年华遇见了我的先生，随后，5 年的二人世界给了我们无限的自由与欢乐。直到读博期间，又是因为蓦然而生的渴望为人母的自我意识和强烈情感，让我真正体会到了完美家庭所充满的幸福与欢乐。即使在 MBA 毕业后，“我最适合做什么”的思考也曾引领我业余涉足过多个工作领域，但经历了会计博士学习后，对会计行业未来发展前景的敏感认知让我下定决心专注会计领域。于是，在浙江财经大学会计学院，我开始了长达 6 年的会计国际化教学与管理工作。或许人生中每一次机遇都是偶然中的必然，6年后与天健的结缘，最终使我从一名会计理论教学工作者转型为会计实务工作者，开启了用会计专业服务资本市场发展的职业生涯。

坚持学习　迈向人生更高台阶

大学期间我从未放松学习，即使在毕业后的20余年仍持续处于学习、考试的状态中，正是抱着这种心态，我先后通过了硕士及博士研究生考试、注册会计师（CPA）考试、首批全国会计领军（后备）人才学术类与注册会计师类的选拔考试。转型实务界后又顺利通过了高级会计师考试、正高级会计师的考试及中国证监会会计部会计顾问助理选拔考试。如今，“学历最高、职称最高”的最初目标已全部实现。回首这些经历，我突然发觉，其实每次考试的努力都是在为我迈入人生新阶段打开大门。

执着奋进　乐享人生多重挑战

如果要说短期内收获最丰的人生阶段，那应该是为我后来人生道路做了重要铺垫的博士学习期间。3年间，我除了按时顺利获取博士学位外，还通过了CPA全科考试，获取国家留学基金委员会资助到美国做访问学者的机会，并收到得克萨斯州立大学访问学者的邀请函，更令人欣喜的是，我还尝到了初为人母的幸福和喜悦。当然，其中的压力与艰辛是可想而知的。挺着大肚子参加CPA考试、女儿刚满月就在电脑前努力完成20余万字的博士论文的种种情景如今依然历历在目……这需要智力与魄力的支撑，更需要毅力与体力的打拼。博士3年的求学生涯，不仅给予了我实实在在的有形收获，更是锻炼了我一份无形的自信与从容，让我从此无论遇到任何困难，都能拥有直面人生的勇气。

寻求平衡　实现人生各种和谐

作为一名现代职业女性，若仅追求事业有成可能并不难，难的是在工作与生活、事业与家庭之间寻求一种平衡。因在会计师事务所从事技术支持与质量控制工作，我必须及时跟踪准则前沿，探讨解决新形势下的会计实务问题，大脑经常处于高效运转的状态。但在工作之余，我会坚持慢步运动，不定期做瑜珈与专业护理，时常也会听听音乐或《黄帝内经》，使自己身体健康、心境平和。在家庭中，我始终相信相互扶持是营造家庭幸福和谐的重要因素，因此，在先生调往异地工作时，我毫不犹豫地全力支持；而在自己需要家人支持时，也先行沟通，获得他们的充分理解后再采取行动。

平衡是一门艺术，人生更无精确的公式可循，作为一名职场女性，我所能做的只有在生活中始终保持一种果敢、坚毅和执着，以积极而乐观的心态经营自我、享受人生。

（原载《财务与会计》2017年第4期）

陈荣

陈荣，公共会计师协会集团（IPA Group）中国事务总监。资深公共会计师（FIPA），资深财务会计师（FFA）。文学硕士，副教授，曾任兰州理工大学英语系主任。

让每一个目标都可实现

如果一个人在青少年的时候有成功的渴望，成年以后将这种渴望具体化为可实现的目标，找一份强迫自己不断学习的工作，每一天坚持不懈地追求改进，积极寻求不同人生阶段的导师，懂一点哲学，并且甘愿以舍换得，我相信，这个人会有更大的机会实现自己想要追求的目标。

理想与具体化目标

读小学和初中的时候我热爱文学，曾经幻想成为一名作家或者记者。当我意识到没有足够的才华可以成为作家的时候，我选择在大学学习英语专业。这个专业可以继续学习文学，未来工作也比较有保证，至少可以做中学教师。大学三年级因为不希望被局限于英语教学，我跟随《剑桥商务英语》函授课程学习考证。1995 年从师范大学毕业的时候我只有一个想法——我需要一份可以运用所学知识并还能有机会继续学习的工作。我得以幸运地以本科毕业生的身份进入一所理工科大学做英语教师，由此开启了我 12 年的英语教学生涯。

由于家人大都是教师，我似乎能够看到我的未来，这让我觉得人生有一种被固定和束缚的焦虑。我不确定我的理想是什么，但我相信多学一点知识总没坏处，只要我在不断进步，就可能有机会接近我想象的未来。于是，我采取了一种简单的办法——既然找不到宏大的目标，那就先确立一个 3 年内可实现的小目标。从大学毕业到今天的 21 年时间里，我每 3 年都有一个小目标，没想到一路走来竟然也都实现了。

主动寻求导师，在重大问题上得到指点

仅有一颗渴望进步的心和计划是不够的，在重大问题上寻求建议十分重要。所谓导师，无所谓年龄，但是要有机会进行透彻的交流，以期得到指点。

在叛逆的年龄，寻找自己的同辈学长作模范比简单听取长辈教导更为有效。只要看准同学的优点，只要可学，那就努力靠近。高中时的导师是高我一级的学长，至今仍然是好朋友。因为看到学长功课、体育都很优秀，于是暗自下决心全面提高自己。从平常各种生病到一周一次登山跑步往返仅需一个多小时，甚至骑车环游城市，体育活动不仅让我拥有健康的身体，更锻炼了我的意志，还让我结交了许多朋友。

上大学时幸运地遇到时任学院副院长的第二位导师，也正是这位导师告诫我："真正的进步来自专业进步，过早进入单纯管理工作很难取得成绩"。于是我认真学习并取得硕士学位。2004 年，我通过国家留学基金委员会"西部项目"，以访问学者身份前往澳大利亚墨尔本学习深造。在墨尔本的一年时间里，我幸运地遇到了另一位导师，在追求宽容和智慧的道路上得到指点，让我走得更远。

学一点哲学，平衡工作和家庭

经常会有人问我如何平衡家庭与工作的关系，我都会说效率很重要，而效率的背后需要智慧，需要读哲学。每个人的时间都一样多，我无法比别人睡得少，或者少交朋友，更不能错过孩子的家长会、各种体育活动甚至组织生日会。生活中许多事情首先需要进行统筹和排序，其次才是速度。统筹排序与速度共同构成了效率。那么，统筹和排序的原则是什么？答案就在那些典籍和哲学中，需要自己逐例对照、学习应用。

舍得

要真正理解"舍得"两个字，那么，先舍才有得。如果只为追求所得，那就没有做到舍弃，也不会真正获得。今天许多人已经开始放弃奢华，追求极简生活方式。我的理解是，主动放弃物质奢华有可能带来精神富足。这一点和我当时离开高校、放弃舒适稳定的生活，转而面对陌生的城市与行业有相似之处，只不过我选择了主动寻求挑战，以期获得更大进步。而今天我明白主动舍弃是挑战，获得是自然，如果希望不断进步，就需要不断舍弃。只有敢于舍弃才可能实现目标。今天，我仍然在努力着，在保持我舍弃的勇气，让每一个目标都可实现。

（原载《财务与会计》2017 年第 4 期）

谢军蓉

谢军蓉，北京国家会计学院副教授，香港中文大学、美国 Austin Peay State University 访问学者。曾获北京市优秀青年教师等荣誉，主持“租赁会计准则研究”等课题。

雕刻时光

“雕刻时光”是一家咖啡馆，有一次与朋友约着见面谈事，偶然发现了它。空气中弥漫着咖啡的香气，室内装饰也颇具情调。店里的客人多是年轻人，或三五小聚，围坐在一起轻声谈笑，或独自一人，端一杯咖啡，捧一本书或一台笔记本待一天。喜欢这种怡然自在的氛围，所以每每跟朋友见面、和学生讨论便约在这里，我成了“雕刻时光”的常客。

坐在“雕刻时光”里，不禁会琢磨这不同寻常的店名。时间是“十维空间”中的第四维度，与我们无时无刻不生活其中的三维世界——长度、宽度和高度组成的空间相比，时间看不见摸不着，却无声无息地改变着人们的生活。看似人们每天都在安排着自己的时间，实则时光在悄然雕刻着人们的生命。于我便是如此。

作为一名大学会计教师，每年迎来新的学生，送走毕业的学生，每天忙于财务管理的教学与科研，计算着资金的时间价值，争取着期权的看涨，年复一年，乐此不疲。可是当初的我既不想当老师，也没想过要学会计。还记得高中毕业时，我拿到了辽宁财经学院（现东北财经大学）财政系工业会计专业的录取通知书，班主任老师送我到学校大门口，问起我将来的工作志向，少不更事的我回答：干什么还没想好，但是不想当老师。入学后第一次班会，一位同学问大家谁的第一志愿是会计专业，全班 36 个人竟没有一个人举手。当时想着，财政专业多好呀，掌握着国家财政大权，可是会计呢，难道毕业后真的要拨拉着算盘给人算账去吗？然而不管我情愿不情愿，时光拉着我在会计专业道路上越走越远，并且把我推上了教师的讲台。

不知不觉在教师这个岗位已经走过了30个年头。回过头想想研究生毕业刚刚走上教师工作岗位的日子，好像就是昨天的事情。从那时起至2005年离开执教的中央财经大学，20载的寒往暑来，任劳任怨，累并快乐着。在这期间，荣获“北京市优秀青年教师”“普华优秀教师”称号，我也越来越职业了。

10年前，我因工作调动来到北京国家会计学院。与一般院校相比，这里的教学比较特殊：以后续教育为主，学位教育为辅。来这里培训的学员多是企业领导人或者注册会计师，他们本身具有较为全面的财务知识和良好的教育背景，加之工作实践中的磨砺和挑战，让他们在培训中不但积极吸收知识，而且主动探寻问题。每堂培训课后他们总有一堆问题等着老师解答，给这些学员上课对教师而言是很大的挑战。为了激发教师的潜能，更好地满足教学需要，学院不断探索教学组织和管理体制改革，推出了以教师研究领域为基础、结合当前政策热点问题设计课程的教授负责制。来到学院后，我一直在寻找适合自己的课题，最终选择了“融资租赁政策与实务”这一课题。由于课题契合国家经济发展趋势，相关课程一经推出即取得了较好的社会效益，许多学员从中受益。当然最大的受益者是我自己。在完成教学任务的同时，还结交了租赁行业的一大批朋友。租赁行业发展迅猛，与这些朋友的交往大大拓宽了我的视野。最近几年，随着对租赁实务的更深理解，我也紧跟时代步伐，在国际会计准则理事会修订租赁会计准则之际，有幸接受民生租赁公司的委托完成了“租赁会计准则研究”课题。在这一课题的研究过程中，我的学生们也参与其中并在课题中找到了自己毕业论文的研究方向，受益匪浅。课题研究活动让我和学生们更加紧密地联系在一起，他们毕业之后还经常和我探讨交流，彼此成为值得信赖的朋友。

光阴似箭，从其时的懵懂年少到如今的鬓发花白，时光带走了我的青春年华，却也回馈了我美好秋天的累累硕果。从当初没想当老师，不愿学会计，到如今桃李芬芳，享受着会计教师这个职业的恩惠与荣光。时光犹如一把刻刀，打磨掉年少、青涩和无知，把我塑造成为更好的自己。雕刻时光，让我感恩。

（原载《财务与会计》2017年第4期）

第五篇

2017年（中）

编者的话

近来的阅读中，多次和一个词打照面，即“对抗”。做学生时对抗学校的围墙和家长的规划；初入社会对抗方向的迷茫和生存压力；不惑之年对抗生活的平庸、时间的洪流、心态的衰老。这是集体的无病呻吟吗？我想不是，恰恰相反，在这种情绪的背后，或许正是一种不服输、不服老、不肯将就的生活态度。2017 年第 5 期专栏邀请到的 8 位职业女性想必个个对生活都是很不服气的：不为女子的身份束缚，追求事业和家庭的平衡；不为流逝的时间束缚，不断成长并走向成熟，犹如核桃褪去青涩的外衣，显露出岁月磨砺过的坚硬和纹路。

袁天荣，本科毕业后选择读研、研究生毕业后留校任教，在 20 世纪 80 年代的社会背景下，似乎和别人的期许总是不太吻合，但却是她在从容淡定中摒弃名利诱惑、贴近真实自我的历程，看似“一念之间”，却是本色使然。黄京菁，对网络时代发展变化的敏锐感知和把握使她走在时代前列。她充分发掘网络的互动性、实时性等特征，使其嵌入自己的工作和生活中，成为“工作中的那扇门”“育儿中的那扇窗”，指尖触及的除了冰冷的技术和平台，还有人与人之间的连接。贾宁，立志做“要世界了解中国，要中国了解世界”的践行者，开发出的 30 多个中国企业案例被哈佛和斯坦福学院案例库收录并进入全球各商学院讲堂。她说人生最大的幸福莫过于做自己既热爱又擅长的事，这种幸福让人羡慕。沈国华，工作赋予她作为开拓者的职责和荣耀，同时让她饱尝在异国他乡开展工作的艰辛，回到家中后，她将自己克服困难的经历、见识到的风土人情与家人分享，感受着事业和家庭的和谐二重奏。张苓，要用坚持翻越所有的难。她在顺其自然和不轻易服输之间选择了不服输，在随波逐流和坚持自己之间选择了坚持自己，在事业和家庭之间则要二者兼顾。当别人认为她比较优秀或成功的时候，她觉得自己只是还算认真。孙英，人生轨迹简单而清晰：努力学习、快乐生活、锻炼身体。她认为做女人挺好，3 件事都做到就更好。朴实的观点中透出现代职业女性健康的心态。孙彦丛，从财务主管蜕变成业务财务管理专家，充分运用财务共享服务理念推进公司全球 SSC 业务的实施。虽然工作条件艰苦，但她似乎很享受对自我的考验，生活中依然酷爱强度较大的户外运动，并从中汲取力量。夏泓凌，在公司换用新系统的过程中，顶住压力、稳步推进：在制度建设过程中，用一种持家过日子的态度、一颗无私的心打动人，获取支持。她坚信唯有不断成长，才能在岁月的流逝中不只是变老。

8 位女性事业曲线不同，性格爱好有别，在生活中也少有交集，然而当她们以文字在这里相聚，便为我呈现了一幅完整的画卷，犹如忽然安静下来的水面，映照出清晰的图案。越努力，越幸运；越努力，越幸福。当我们回首往事的时候会发现，生活给予我们的远远超过我们的想象。

袁天荣

袁天荣，中南财经政法大学会计学院教授，博士生导师。主持国家社科基金1项，教育部人文社科研究项目1项，曾获湖北省武汉市武昌区优秀人大代表等荣誉。

唯有淡定　方得幽香

作为一名职业女性，面对绚丽多彩的生活、激烈竞争的职场、长期坚守的事业，我对生活和事业最大的感悟之一是，唯有淡定，方得幽香。

唯有淡定，自会选择。人生的每一步都从选择开始。1985年我本科毕业，那是一个大学生被称为天之骄子的年代，人才稀缺，各重要部门和领域热切期望吸纳大学生，亲友也希望我走仕途之路。但青春年少的我，自信长风破浪会有时，完善提高自己才是最重要的，因此，我选择了读研。研究生毕业时，我可以留校从教，也可以到银行去工作。在收入“造原子弹的不如卖鸡蛋的”那个年代，银行工作炙手可热，留校从教并不被认为是最佳选择。当院领导征求我的毕业分配意见时，我知道，一念之间的选择，带来的将是截然不同的职业发展路径和生活方式。也许是使命感的驱使，也许是因为我骨子里喜欢校园生活的那份幽静和淡然，我毅然选择了留校从教。当有人提醒我可以重新选择时，我毫不动摇。到后来读博士、当教授，都没有离开过学校，也没有中断过教学和科研。30年以后再回想起这些，品味当年做出选择的缘由，不禁欣然。

唯有淡定，方能执着。高校从教，教学和科研相得益彰，无可偏废。面对繁重的教学任务、巨大的科研压力、琐碎的生活杂务以及各种创收的诱惑，唯有淡定，方能专心。要想成为一名优秀教师，需要有高超的语言表达技巧、有效的讲授方法、清晰的逻辑思路及融会贯通的领悟能力。而要做到这些，不仅需要天赋和经验的积累，更需要对授课内容潜心研究，悉心准备，对授课对象的特点认真分析，因人因材施教。认真对待每一节课，充分准备好每一个讲授主题是我的习惯。长久的坚持，不懈的努力，使我成长为一名优秀教师。我的授课得到了从本科生到博士生、从在职培训人员到会计师/注册会计师考试者的普遍好评，多次获得中南财经政法大学教学优秀奖，主持完成的教学科研项目——“财务管理教学方法改革研究”获湖北省人民政府颁发的“教学研究成果二等奖”、中南财经政法大学“教学研究成果一等奖”。

科研是高校教师挥之不去的压力。为了考核和职称晋升的功利目的而科研，科研将变得枯燥乏味。以淡然之心，为探本溯源而科研，科研就会变得富有生趣。我喜欢静静地做研究，研究领域涵盖财务管理、企业并购、管理会计等多个方面。100 余篇学术论文，4 部学术专著，多项课题和研究项目，这些成绩浸染着汗水，也让我享受着研究带来的快乐。

唯有淡定，方能致远。生活似流水，流走的是时光，翻起的是波澜和浪花。我们这代人，生活在一个变革的时代，生活和工作都面临太多的变数，充满各种机遇，也存在诸多诱惑。顺境逆境，难免都会出现在生活中。唯有淡定，方能坚守信念，保持心灵的宁静，摒弃各种杂念，按照既定方向前行。不和别人比职位，不和别人比收入，顺境不张狂，逆境不气馁。不为名所累，不为利所惑。吸他人之长，补自己之短，锁定自己的方向，脚踏实地稳步前行。把每一篇文章每一个研究课题看作一个个脚印；把每一个课堂看作和莘莘学子交心谈心的地方；把每一个学生看作自己的朋友。日积月累，化蛹成蝶。

唯有淡定，方能从容。生活，似交响乐，却比交响乐实在。生活、休闲、教学、科研都需要投入时间和精力。我喜欢家的温馨，希望能把生活安排得井井有条。我喜欢优雅轻松的生活，喜欢在阳光下小憩、在花园看百花青草，也希望把教学和科研做得更好。忙碌时，牺牲掉的是自己的闲暇时光。即便如此，也以平淡之心尽可能把各个方面安排得有序，忙而不乱，偏而不废，时有侧重。忙碌时，加加班，清闲时，散散心，兴之所至，分享一下美食。长此以往，习惯了校园的宁静，喜欢上这种不急不缓、井然有序的工作和生活方式。任时光流淌，我自从容淡定，享受那份宁静与幽香。

（原载《财务与会计》2017 年第 5 期）

黄京菁

黄京菁，时任厦门国家会计学院教务处处长、教授，现任厦门国家会计学院党委委员、副院长。全国会计领军人才（学术类一期），2007 年被评为“厦门市优秀教师”。

网中漫步

闲暇之余，捧一杯清茶，面对屏幕，逛逛微信，读读新闻，收发邮件，聊天问候，开始我一天的网上神游。虽然碎片化的阅读总被认为是没有深度的，但如同拼图一般，初始不知所然，拼得数量到了一定程度，整幅图画的框架轮廓就慢慢显露出来。

工作中的那扇门

网络改变了我的工作方式。我所在的厦门国家会计学院教务部年轻人较多，人员流动性大，工作地点也不固定，因此，我们借助信息技术自主设计完成了教务信息的集成处理系统，通过远程登录控制使部门的工作安排和会议摆脱传统面对面的固有形式，实现工作的快捷到位。此外，我们还通过建立培训客户社区微信群和学院教务处公众号，方便学员和培训单位的沟通，将有限的培训时间和地点扩展为以网络为支撑的日常交流，收集培训需求，反馈培训信息，发布培训动态，分享收获点滴。

网络也拓展了我们后续教育培训方式自身。凭借网络的支持，远程教育方式日趋普遍。网络课堂不仅仅是原来的电视教育在网络时代的简单“投影”，更是一种实时的教育过程，我们可以组织分布在世界上不同地域的师资，共同在网络上为分布在不同地点的学员授课，并实现课堂教学的实时互动。

科技水平日新月异的发展及人工智能的日益崛起，使不少人惊叹而惶惑，担心网络与信息技术将代替人的工作。从历史发展来看，科学技术的进步必然会导致工作内容和方式的改变，与其悲伤和不安，不如顺应时代的潮流尽早把自身打造成符合社会需求的人。通用电气的杰米·米勒从 CFO 成长为公司的 CIO，胡嘉兼任四川长虹电器股份有限公司财务总监和信息总监，都清楚表明未来行业的发展不仅取决于专业的深度，更需要的是不同专业的融合跨界。因此，在我的教学工作中，从专业知识的传授到网络平台工作思维的培养，也是转换的必然方向。

育儿中的那扇窗

互联网不仅是我工作中的必需，也是我这 10 年间陪伴孩子成长的最好“外援”。通过网络即时视频系统，女儿和她在美国马里兰的老师学习美术欣赏已经 3 年多，从莫奈到毕加索、从远古壁画到后现代艺术，从名画欣赏到绘画技巧，课程内容丰富到我已经记不太清楚。这种老师在国外用英语上课的网上的远程教学方式，我们已经坚持了 5 年，课程内容涉及科学、美术、写作。在这里，我找寻到孩子学习的诸多资料，从音频到视频，从文本到经验分享；在这里，我结识了一批天南地北的家长们，大家因为兴趣和观点而聚集，一起讨论孩子习惯的养成、争辩学习的路径方法、分享抚育孩子成长的点滴经验、评点各地教育的长短。网络让我摆脱了地域的限制，真正做到了：在哪里不重要，和谁在一起更重要。

当今的孩子注定生活在互联网的世界里，与其将来让她独自在网络中摸爬滚打，不如现在我就带她“逛”网络。10 年间，女儿参加了网络论坛组织的少儿暑期阅读比赛，我通过网络的“妈妈课堂”开始她的英语启蒙；我们一起尝试着分析什么样的帖子题目更吸引阅读者；我也曾利用一些争论帖子的回复，通过简单的分类让孩子从中理解，只要找到数据和数据之间的那一丝联系，运用分类和汇总，简单的数据分析就是一次“科学”探索过程；我们一起聆听过网络的辩论赛与国学讲座；在孩子的鼓励下，我也曾担任了某个论坛的版主，参加过论坛少儿英语启蒙的征文比赛，组织论坛活动，带着孩子一起面见网友。甚至在网络大争吵过程中，我也会向孩子说明他们争吵的原由，并和她一起分析网上的表达方式和现实的差异。随着时间的流淌，网络里的 ID 不再是冰冷的符号，已经化作一个个熟悉的面孔。

清脆的铃声提醒我网中漫步结束时间到了，穿好运动衣装走出门外，虚拟的网络世界不是生活的全部，还有现实世界。头脑需要锻炼，身体也一样。

（原载《财务与会计》2017 年第 5 期）

贾宁

贾宁，清华大学经济管理学院会计系副教授，中国企业全球化研究中心主任，中国工商管理案例中心副主任，美国斯坦福大学商学院博士，全国会计领军人才，哈佛案例国内领军者，中央电视台英文频道 *New Money*，*World Insight* 等节目长期嘉宾。

追随我心

1997 年 5 月我走出国门，开始了我的美国留学生涯。在旧金山转往明尼苏达州的飞机上，我和旁边的一位美国老人攀谈了起来。当得知我来自中国的时候，老人问我："我在电视上看过关于中国的纪录片，你们现在还是只穿黑灰蓝三个颜色的衣服，出门只骑自行车吗?" 多年过去，我依然清晰记得当时的震惊，那是我第一次真切地感受到美国人对中国的了解有多么匮乏。之后在美国学习和生活了十几年，游历了欧洲和大洋洲，也经常碰到类似的情景。每一次我都会不遗余力地向对方介绍真实的中国：中国不是"黑灰蓝"，中国是"色彩斑斓"的。

介绍的次数多了，逐渐就养成了习惯，我也因此找到了自己的热爱。"要世界了解中国，要中国了解世界"，我要做这句话的践行者。2007 年完成在斯坦福商学院的博士学业后，我选择了回清华经管学院任教。清华作为一所知名的国际化高校，为我实现人生理想提供了更广阔的舞台。在这个舞台上，我和身边的同事共同致力于架起一座东西方交流的桥梁。在经管学院，我负责的一项重要工作是中国企业案例的开发和全球推广。随着中国经济的发展和对外开放的深化，国外商学院研究中国公司及其市场环境已成普遍趋势，然而哈佛案例库中关于中国企业的案例却寥寥无几，仅有的一些也是外国教授撰写的，因此急需一批高质量的、具有代表性的中国企业案例。为此，这些年我和清华案例中心的同事们，每年投入至少 8 个月的时间，深入企业调研，访谈创业者和企业管理者。我们的足迹遍布中国的大江南北，覆盖了各行各业的优秀企业。我撰写的 30 余个英文案例被哈佛大学商学院和斯坦福商学院案例库收录，并在全球各个商学院的课堂上使用。这些案例既满足了国外商学院对中国管理实践的教学和研究需要，又能加深对中国市场和中国公司的客观认知，对提升中国企业商业实践的影响力也发挥了积极作用。

乔布斯在斯坦福大学的毕业典礼上讲过一个关于如何“将生命中的点连接起来”的故事。人生中的点点滴滴如同一颗颗珍珠，串联在一起就变成了一条美丽的珠链。案例开发使我的教学和科研工作也获得了质的提升。商学院的教学需要老师有丰富的实务经验，走访企业、深入了解企业的运作帮助我获得了最鲜活的教学素材，我在平时的课程和海外访团的讲座中大量使用这些案例，教学因此变得更加生动和丰富。而这些案例中提炼的企业管理问题又为我的科研工作打下了良好的基础，使我的研究更加贴近实践，更加“接地气”。2013 年，我开发了某科技公司的 IPO 案例，由于商业模式较为独特，这家企业在赴美上市过程中遇到诸多障碍，在访谈过程中我深入了解了这家企业如何跨越中美之间企业文化和商业模式的鸿沟，其中创始人特别谈到了他们的美国投资人在这中间发挥的重要作用。基于这个案例我撰写了 *Diversification of Pre - IPO Ownership and Foreign IPO Performance* 学术论文。基于创新性和应用性，这篇论文获得了 2013 年美国特许金融分析师协会（CFA Institute）的年度研究奖（每年亚太地区仅有一篇论文会获得该奖项）。

2015 年，我在经管学院成立了中国企业全球化研究中心。中心主要开展并传播中国企业在全球化领域，特别是在经济和金融方面的高水平学术研究和智力活动，帮助中国企业家了解在金融及经济全球化方面最具创新性及优化的实践方法，为中外企业和机构提供一个深入沟通、交流、合作的平台。这为我实现最初要做“要世界了解中国，要中国了解世界”的践行者的愿望提供了更好的机会与施展空间，我会在这条道路上走得更好更远。

人生最大的幸福，莫过于做自己既热爱又擅长的事。我选择了对社会有意义同时又能实现自我价值的工作。在这个过程中，通过不断累积和沉淀，我的生活变得更加充实而丰富多彩。在此我也祝愿大家都能找到自己人生的幸福，“乐享工作，乐品生活”。

（原载《财务与会计》2017 年第 5 期）

沈国华

沈国华，中国电建集团财务有限责任公司总经理、党委副书记，曾任中国水利水电建设集团公司海外事业部财务总监，中国水电建设集团国际工程有限公司总会计师，中国电建集团财务有限责任公司党委书记、副总经理，中央企业青联第二届委员会委员，对外承包工程商会第六届理事会融资财税委员会委员。

忆往昔　品会计人生

我从一名普通的财务人员成长为部门负责人，再到总会计师，走过了20多个春秋，直到2015年，我的职业生涯又一次发生了质的变化，从一名职业会计人转型为企业党委书记、副总经理。一路走来虽然艰辛，但静静回想，感受更多的还是拼搏后收获成功的喜悦和自豪。

我大学毕业后便进入一家建筑类央企从事会计工作，时值集团擘划开辟国际业务“新大陆”，我有幸参与其中。随着公司国际业务的不断开展，我也在实践中得到了历练和成长。在担任海外事业部财务总监期间，我牵头建立国际财务资金管理体系和骨干团队。开拓者的工作虽意义深远、责任重大，却也困难重重。面对不同国家的政策法律，财务资金管理工作难度可想而知。即便如此，10多年间，我带领财务资金团队逐步梳理出与国际业务发展相适应的财务资金管理思路，重点构建了国际财务资金管理、税收管理和筹划以及风险防控体系，主持修订了10多万字的财务资金及税收管理制度，打造了一支国际化财务资金精英团队，为集团国际业务的健康发展奠定了坚实基础。

“不经历风雨，怎么见彩虹，没有人能随随便便成功。”记得在“国际工程项目纳税问题研究”“大型水电企业以集中管控为主导的海外业务管理”等课题的研究过程中，我带领团队奔走于集团内各兄弟单位之间进行调研，并远赴境外艰苦地区采集一手资料，即便在陌生的异国他乡，面对身体不适以及严峻的非传统安全威胁等情况，仍坚守岗位，从未退缩。正是在这种精神的支撑下，我和团队先后完成了集团国际财务、资金管理控制流程再造、境外项目税收管理模式探索、融资担保渠道模式创新等许多重大项目的研究和实施。

我深知，一名出色的企业财务管理者不仅要具备精湛的专业素养，更应具有国际化视野，通晓国际金融理论，熟悉国际资本市场。因此，我一方面不断加强对国际金融产品及工具的研究和学习，尤其是外汇风险规避及策略研究，拓宽国际资本运作视野，引入国际资本运营理念。另一方面，带头参加外语培训，在团队内部建立国际业务英语专业研究小组，坚持每日英语读报、定期对重点国别英文版财税法规研究及讨论，有效提高了整个团队的外语水平。即使在获得国家级、行业重要研究成果奖时，我仍告诫自己和团队，要保持一个执着乐观、坚持学习的心态。

2015 年，我的职业生涯发生重大转折，这次职业转型的成功更让我深深感受到，会计人的眼光不能仅局限于专业领域，还应积极研究公司发展的内外部环境，推动会计专业与业务发展的深度融合和创新协同。正如我目前牵头研究并推动的外汇资金集中管理工作，就是得益于我长期以来对公司商业模式、各国外汇政策及世界经济发展形势的综合研究。如今，即便我的工作与会计渐行渐远，但会计道路上的历练和收获始终是一笔宝贵的财富，支撑着我在更广阔的人生舞台上追逐梦想。

诚然，对于一名现代女性而言，事业成功是实现自我价值、获取成就感的必要因素，但工作之余的多彩生活更能给人生带来无限的新奇和美好。平日里，我总会陪着儿子一起学习外语，阅读名著，有时还会讲述一些异国风土人情，如东南亚旖旎的热带风光、欧洲灿烂辉煌的历史古迹、非洲壮观的动物迁徙，或是与他分享我在异国他乡工作时难忘的经历。旅游是每逢节假日我和家人最期待的活动。为了让儿子开阔视野、增长知识，只要时间允许，我会毫不犹豫地和家人开启说走就走的快乐之旅，这样的温馨陪伴也成为我和家人拥有无尽幸福和欢笑的源泉。

回首流转光阴，作为一名女性会计人，虽然奋斗的路上不免坎坷，但坎坷中孕育着平坦，虽然前进中承受许多压力，但压力中却迸发着激情。我坚信，只有对生活保持乐观的态度和饱满的热情，变压力为动力，才能促使自己放开脚步勇敢地追求自己的梦想。

（原载《财务与会计》2017 年第 5 期）

张苓

张苓，时任中铁建大桥工程局集团房地产开发有限公司副总经理、总会计师，现任中铁建大桥工程局集团财务共享中心主任。注册会计师、高级会计师，全国会计领军人才，中国人民大学商学院会计专业硕士企业导师。

用坚持翻越所有的难

人生的道路是由一次次选择构成的。回首自己走过的路，不乏偶然和被选择，但更多的是性格使然的必然和主动选择。

在顺其自然和不轻易服输之间，我选择了不服输。

大学刚毕业，只因招聘会上有家用人单位打着“只限本地男性生源”的招牌，性格中“巾帼不输须眉”的潜意识被唤醒，凭着自己是大连市优秀毕业生，不需要解决户口，于是上前质问人家为什么不要女生？就这样阴差阳错告别了自己热爱的英语，放弃了做一个外企白领的梦想，来到中国铁建最基层的一个施工项目基地，成了一名非会计专业毕业的财务人员。在后来的工作中，不服输的性格，劳累着自己，也锻炼了自己，成就了自己。别人都觉得困难或辛苦的工作避之不及，我却从中享受着攻城拔寨的成就感和被人尊重、信赖的满足感。面对从来都没有遇到过的问题、自己也不确定能否胜任的工作，感觉到压力的同时也会倍感兴奋，总是想尽办法去获取信息，通过学习、借鉴、思考，从复杂的事情里理出头绪，找到解决的办法；总是想尽可能独立地交出完美的答卷，从不依赖、敷衍和推诿。

在随波逐流和坚持自己之间，我选择了坚持自己。

刚毕业的两年，从东北的项目辗转到西北的项目，工作流动，生活艰苦，抱着学习、体验和随时准备离开的心态，在年轻人嬉闹喧嚣的诱惑中，我坚持考取了注册会计师资格。后来负责集团财务决算时期，刚刚从股改上市的繁重工作中解脱出来，就选择了考研；读研期间，又参加了全国会计领军（后备）人才的选拔，并幸运成为企业五期的一名学员。那时孩子年幼，我奔波在北京、上海的求学路上，有一段时期同时需要完成毕业论文、集团的《会计工作手册》和领军班的读书笔记，压力山大。后来通过努力，毕业论文被评为全国优秀，22 万字的《会计工作手册》在预定的期限成功交印，也顺利完成了领军班的学习任务，通过了考核。最艰难的日子也是最令人难忘的，所有高耸的“难”都被“坚持”所翻越。

在事业和家庭之间，我二者兼顾。

许多人认为追求事业的女性是不顾家的，而我觉得家庭幸福是愉快工作的前提和保障。因为喜欢孩子，哥哥 7 岁的时候我又生了弟弟。事必躬亲、苛求完美的处女座性格，让我在带孩子方面也陷入了异常的繁忙。工作再忙压力再大，我也会像大多数妈妈那样尽最大努力满足孩子对母爱的需要，照顾他们的生活起居，辅导完哥哥功课，给弟弟讲睡前故事；陪哥哥上辅导班的间隙，带弟弟在公园里玩耍……既然很难舍弃对孩子的陪伴而“自我”地存在，我就尽可能挖掘、培养一些与孩子共同的兴趣和爱好。哥哥 5 岁的时候就被我带到羽毛球场，休息间隙就教他打球，现在他已经逐渐成了我的球友，而弟弟则成了最忠实的观众和最卖力的球童。虽然因为孩子，多年难有完整的睡眠，属于自己的闲暇少之又少，想看书、想加班都得在深夜，女同志动辄几个小时的美容、美发、健身，对我来说都是无缘的奢侈享受。家人和同事都觉得我太辛苦，活得一点都不自我，但我却在爱与付出中感受着幸福，不自我的我亦即是另一种自我的呈现。争做全能冠军的妈妈比比皆是，我只是其中一个，或许这一切都是性格使然吧。

愈是成熟的稻穗，愈知低头。回想曾经年轻的自己，骄傲、偏执，现在有了更多的积淀，却懂得了谦卑，当周围的人都认为我比较优秀或成功的时候，我觉得自己只是活得还算认真而已。几个月前，我告别了工作 10 余年的集团财务部，选择从专业迈向综合，一切又是新的开始，未来的路还很长。

岁月无情，人生易老，变化是永恒的，不变的是本心。

（原载《财务与会计》2017 年第 5 期）

孙英

孙英，中国北方工业公司稽查部高级专务，中央财经大学研究生客座导师，曾获国家审计署颁发的“全国内部审计先进工作者”奖章。

女人一生的三件事

记得有位女作家说，一个女人一生要做三件事：努力学习、快乐生活、锻炼身体。我的人生轨迹正是这样的“三位一体”。

努力学习，不断充电提高。干中学、学中干，螺旋上升的阶梯是我的成长之路。

记得刚进入北方公司时，我最先从事的是民品财务工作。万事开头难，那段时间总感觉时不我待，既要把学到的外贸知识用到国际贸易结算中，又要补充自己的经验空白，因此，不断向同事请教、向书本学习。

后来我被派往香港工作，体制、环境、理念迥异，都需要快速学习、了解和适应，于是抓紧时间向知识要答案、从实践积经验，还利用业余时间读完澳洲梅铎大学的 MBA，开阔了国际化管理理念和经营视野。经过 5 年多的管理和经营工作的磨炼，我积累了在不同体制和管理机制环境中的工作经验，增长了应对复杂、多变环境的工作能力。

结束在香港的外派工作回到北方公司，我进入稽查部这样一个新的工作领域，稽查部增加公司价值、改善公司运营的使命及公司培育稽查文化、防范风险的管理要求，促使我学习国内、国外最新的内审理论和实务。

为了提升稽查人员的专业胜任能力，带出一支具有国际化审计视野和能力的队伍，我带头参加国际注册内部审计师的考试，在只能利用业余时间复习的情况下，经过两年的努力，我和部门内部的一些同事先后取得了国际注册内部审计师的资格证书。通过系统学习和不断在实际工作中加以应用，我的内部审计理论水平和解决实际问题的能力得到明显提高，带领的稽查队伍迅速成长壮大，为公司加强内部控制、降低风险、改善运营、实现有效治理作出了应有的贡献。同时，稽查部向公司海内、外机构输送了多名管理人才。

2009 年，我被派往矿产公司工作。矿产行业对我来说是一个全新的领域，要学习的新东西太多了，矿产专业、国际金融、投资法律等知识都是要啃下去的硬骨头。其间，我和团队开展了以下工作：探索投资模式与境内外融资模式相结合，保障了项目收购款、投资款及时安全到位；创造性开展大宗商品贸易和国内外金融产品结合、利率掉期与动态降低资金成本结合、保障收益与锁住风险结合，不断拓宽财务从管理走向管理与增值结合的途径等。财务越来越参与到经营前沿，越来越发挥出资源保障、护航贸易、创造收益的作用。我和矿业财务审计团队为矿产公司实现国际化发展战略贡献了自己的力量。完成了在矿产公司的工作使命，现在我又调回到北方公司工作。

幸福生活，精心耕耘把握。俗话说家和万事兴，家庭和谐是一门学问。在家里，女人决定了上一代人的幸福、这一代人的快乐和下一代人的未来。我的秘诀有三个：一是孝顺好老人，对双方父母多问候、多关心、多敬顺，父母也会尽可能承担起家务，全力以赴解除我的后顾之忧。二是和谐好夫妻。争取丈夫的理解和支持。丈夫偶尔抱怨我照顾家里太少，我就赶紧学点简单菜品、花样面点，给他带来一点惊喜；休息日俩人尽量出去长走聊天、锻炼身体；有时看场电影谈谈感受。三是教育好子女。孩子学习优秀固然很好，成绩一般也不必烦恼，只要孩子心态阳光、身体健康就好。我和孩子像朋友一样，有事情多商量，从孩子那里也能得到收获和提高。

锻炼身体，保持健康活力。健康的女人是最美的，锻炼身体能够放松心情、强壮身体、充满活力。我一直注重锻炼身体，平时喜欢打球、游泳、爬山、长走，这些给我带来了充沛精力、坚持毅力、耐久体力和风华魅力。锻炼是一生的事情，你怎么对待身体，身体就会怎么回报你。

我认为，做女人挺好，三件事都做到就更好。

（原载《财务与会计》2017 年第 5 期）

孙彦丛

孙彦丛，时任中兴通讯股份有限公司全球财务云总监，现任深圳市中兴新云服务有限公司高级副总裁，中国注册会计师协会非执业会员，具有多年高科技行业财务管理经验，在财务共享中心规划与设计、组建与实施、全球财经管理模式、全面预算管理等领域拥有丰富经验。

相信拼搏的力量

2003 年 4 月，我有幸加入中兴通讯，成为中兴财务队伍中的一员。转眼 13 年过去，期间我见证了中兴通讯从一家规模百亿到规模上千亿的高科技企业的快速发展历程，也见证了其在财务领域的重大转型和变革。更重要的是，13 年间，这一广阔的职业发展平台也使我从刚出校园的青涩学生成长为一名经验丰富、沉稳干练的企业财务管理者。

踏实努力　积淀经验

我加入中兴通讯后的第一个岗位是公司技术中心财务主管兼负责全公司研发投入产出分析及科技拨款项目验收，之后还曾先后轮岗至绩效考核主管（负责全公司发货、库存、利润报表出具及考核从手工到 E 化，并参与经营决策支持体系的需求设计和开发上线）、成本战略办公室干事（牵头负责全公司“成本竞争力”项目、参与公司成本管控体系的建设等）。每一次轮岗后面临的工作任务，都会被我视为人生的一次历练，并希望自己能够在热情和努力中得到快速成长，因为我相信只要付出就会收获好运。果然，2005 年，我迎来了进入职场后的第一次机遇。通过竞聘，我成为网络事业部总经理财务助理，2009 年财务组织架构调整，又成功兼任有线财务部部长。当时网络事业部销售额高达几十亿元，产品财务经理团队分布深圳、南京两地，无论从财务团队人数还是业务管理难度，对我而言都是全新的挑战。但我深知，要蜕变成业务财务管理专家，就必须在复杂的情况下通过锻炼不断积累专业经验，为此，我带领财务团队深入市场、商务、研发、物流，对产品项目立项、研发、生产、销售到售后的全价值链进行分析，逐步建立起了事业部业绩推进体系、成本管理机制及预算管理体系。回首这最初的7年职业成长历程，正是在业务财务岗位上的辛勤耕耘、踏实的专业积淀让我对业务财务的探索更加坚持，并逐渐成为业务财务管理专家。

主动拼搏　实现自我

2011年10月，我从深圳调到西安。那时的财务共享服务中心业务稳定。2013年，公司启动海外SSC业务，筹建全球共享服务中心。作为全球SSC项目负责人，如何进行项目整体策划、架构设计、推进计划、质量和进度控制以及实施落地，成为我人生中面临的又一次挑战。面对不同国家政治环境、会计政策、税制、语言、文化等多方面的差异，我们汇集各国方案和实施经验，充分运用财务共享服务的管理理念，在不断接入业务的基础上设计科学、精细管理机制，使全球SSC业务的实施实现了有规范、有系统、有分析、有监控。回首这段不平凡的开拓之路，我带领团队曾面对过肆虐非洲的埃博拉病毒、巴西的寨卡病毒，也曾切身地感受过印度50度的骄阳、俄罗斯零下30度的暴风雪，但不管怎样，拼搏的力量和希望让我和所有团队成员始终坚定地奋战在项目的建设中。正所谓“将组织价值与个人价值相结合”，直到今天，这一理念仍深入我心。

乐享生活　自信前行

工作与生活、事业与家庭之间的平衡，是许多现代职业女性不断追求的最佳人生状态，我也不例外。但和许多职场丽人不同的是，我并不是很热衷于瑜伽、普拉提等室内有氧运动，而是酷爱强度更大的户外运动。借助秦岭得天独厚的自然条件，爬山成了我的首选。在繁忙的工作之余，只要条件允许，我会经常与家人或兴趣相投的朋友结伴去郊外爬山，无论酷暑严寒从未停歇。这种自我意志和耐力的考验，无形中成为促使我在工作中更加勇于直面困难、奋力拼搏的有益因素。

尽管平时工作很忙，但家庭始终是我最温暖的牵挂。我时常因工作外出，但无论在国内还是国外，每到一处我总会记得给年幼的女儿邮寄一张明信片，上面记满我的感悟和思念。我希望这些真切的话语能够像向阳花一样在女儿的心中埋下种子，在她的成长过程中尽情生长绽放。相信在不久的将来，她也一定能同我一样，自信、勇敢地去创造自己的未来。

（原载《财务与会计》2017年第5期）

夏泓凌

夏泓凌，兆科药业（合肥）有限公司副总经理，会计师。

成长起来　不要让自己只是变老

岁月的流逝，让每个人都在一天天变老，唯有让自己不断进步，才能让自己不只是变老。一直清晰于这点，故始终要求自己不断成长，不敢停下脚步。

丰富的专业工作经验并坚持学习，达到业务的领先是作为财务经理必须的。除此，关心时代进步和社会发展，大量阅读丰富自己的学识，通过工作之外的读书、交往和研究，让自己的无形资产不断增值。因为保有进取心，变老，不但没有让人生做减法，相反各方面更游刃有余，工作起来也从容不迫、胸有成竹。

作为港股的上市公司，几年前麾下只有一家公司，这几年已蓬勃发展为拥有几家控股公司的集团公司。集团公司要统一改用美国的财务系统——ACCPAC，从学习到上马，甩掉原系统直接使用新系统，只给了 3 个月的时间，压力大啊，一旦对不上账，出不来上市公司的报表可不得了。老板说，不换思想就换人！只有咬牙上，亲自带队，几次奔赴香港，一边学习一边使用新系统。美国财务软件的思路和我国完全不一样，基础数字录入繁琐，但逻辑性极强。我们成立了 3 个攻关小组，分工去研究。每完成一个小模块的摸索，就编成流程指导公司会计及分公司会计们录入。有赖于前几年在人力资源管理上的前瞻性，几个骨干都是我精心物色并培养的，在此时发挥了挑大梁的作用。汗水裹着泪水，挑灯夜战，困倦到不行时，就钻进车里睡觉，终于圆满完成任务。在2015年年会上，公司董事长将财务部换新系统上升到了这一年成为公司管理年的意义上。我心里倍感自豪。

为了配合新系统的运行，我对部门进行了科学的组织架构划分，已成为一种模式，现在整个集团的下属公司都复制这个模式。而财务团队面对挑战，迎难而上，在工作中也得到了迅速成长。

2016年我被任命为公司的副总经理，分管财务、仓储、发运、采购方面的工作，心有窃窃，但更充满欣喜。因为从中层到高管，我可以有条件进一步实现自己的管理目标了。多年坚持不懈的阅读以及勤奋工作的经验积累和习惯养成，似乎是为迎接新的挑战而做的准备。

配合集团公司的发展愿景加强制度建设，是2016年我全身心投入的工作。有时我需要扮演一个说客，比如制定一项《设备采购管理及维护制度》，一个个部门跑，说明按流程采购的必要性。没有用权势压人，而用一个持家过日子的态度、一颗无私的心打动人，以获得支持。慢慢地，工作顺畅起来了，这一年我们把制度一项项完善或建立了。每出台一项制度就组织各部门学习，在各部门确定一个文员负责跟进管理，诸如报销单据整理、合同审阅、发票跟进等。对文员的培训就是对部门主管的间接培训。如此，使各项制度得到建立并顺利实施。

企业通过制度管事，这和国家通过法制管理社会异曲同工。作为企业管理者，首先是要忠诚企业，没有私心，说话才有分量；其次是要具有执行力，百折不挠才能赢。通过各方面的努力，公司管理更加走向规范化，我们也获得集团公司信任，得到更多的资金和项目支持。

要想成为有成就有见地的人，就需要有足够的勇气面对困难和挫折。每年我都会进行一次徒步远行，虽然肉体有时痛苦不堪，但却领略了日照金山、落日熔金、暮云合璧这些人间奇景。2016年为了欧洲行，我读了几十本西方经典文学作品，还去了解西方古典音乐和西方美术史。现在我能够欣赏肖邦、莫扎特、贝多芬，喜欢俄罗斯文学，为宫崎骏的作品倾倒。有人说，活着是一种修行，看似沧桑，其实告诉我们坚持是一种历练，唯有在历练中才能够成长起来。

真正懂得人生的人，是为了欣赏而赶路的，如此，即便垂垂老矣，也会充满成就感和幸福感。

（原载《财务与会计》2017年第5期）

第六篇

2017年（下）

编者的话

著名作家林清玄在《生命的化妆》一文中曾如此引用一位资深化妆师的总结：三流的化妆是脸上的化妆，二流的化妆是精神的化妆，一流的化妆是生命的化妆。这句话在我们推出的女性风采专栏中得到了最好的印证：这些风采各异又均以实绩赢得尊重的女会计人或已走过了最青春的时光，但岁月的积淀让她们学会了理性而不失激情，事业独立却不偏执，在工作和生活中甘于奉献又乐享其中，她们用女性的柔与韧打破“鱼与熊掌不可兼得”的魔咒，在事业和家庭的平衡中肆意绽放着生命的色彩与美丽。2017 年第 6 期我们继续邀请 8 位智慧女性，一起聆听她们最自信的声音。

黄琛，从集团下属科研所材料会计到下属期货公司财务总监，一路走来，带着一颗“不安分”的心，始终享受着“在路上”的自我挑战。王兰芬，将“工匠精神”视为一种修行，敬业、严谨、专注、坚持是她工作的不竭动力，静随心走、淡泊名利更是她乐品生活的源泉。尼燕，用诗歌记录工作的体会、生活的况味和亲情的温暖，在斑驳岁月的记忆深处回眸，突然发现，诗，不在远方，而就在自己的脚下。石敏琦，创业、学习、家庭、教育、健身，所有元素组成了促使她不断成长的同心圆，作为这个同心圆的原动力，她主动且欢喜地释放着自己的能量。刘丽华，怀着颗感恩的心，牢牢把握人生赐予的每一次机遇，为了成就最好的自己，她活得很认真，很努力。刘凌冰，在“忙并快乐着”的体验中，用超越享受工作，用简单驾驭生活，在“被需要、被爱和奉献爱”的幸福感中营造着自己的多彩世界。汪晓燕，如果说命运使她经历了一次无情的考验，她却用坚强的意志、征服自我的勇气返还生活一个乐观而达的自己。刘君，本不想成为“女强人”，却带着源自家庭的幸福能量在创业职场上从容展示了女性领导者特有的温暖气场。

至此，2017 年的“当代会计职业女性风采”专栏暂划句号。作为编者，我们并不想将目光片面地聚焦到女性的社会身份上，而是更希望将原本生之为“人”的真实情感还原回她们的原始印象中，希望可以通过这些极具正能量、暖心度和感染力的文字，见证职业女性对实现自我价值的不懈追求和对生活的无限热爱，同时也为身处这个时代的“她们”传递更多温暖、更多力量。

黄琛

黄琛，时任中航期货有限公司副总经理、财务总监，现任成都益航资产管理有限公司财务总监，高级会计师，具备银行、证券、期货、基金从业资格，中央国家机关会计领军人才。

变动的岗位　不变的追求

1997年，刚从财经院校毕业的我怀揣梦想，只身从湘江北岸来到首都北京，从大学校园走入商业职场，成为中航工业集团中的一员，时至今日已走过春夏秋冬20载。回想自己的职业生涯，感慨万千。

刚入职时，我在集团下属科研所物资处做材料会计。记得入职第一年年底，在有条不紊地完成库房材料的盘点对账、结账编表整理装订等一系列工作之后，元旦过后上班的第一天，我手捧厚厚一摞成册的材料报表到了领导面前。当时正忙得焦头烂额的领导有些诧异，他翻开报表的那一刻对我的工作给予了肯定，并当即通知我第二天就到财经处帮忙，几天后我便接到了调到财经处工作的人事通知。事后我才知道，因为比预期提前了半个月提交报表和对报表封面做了小小改进，让领导注意到了我。第一次岗位的变动，是“勤劳和认真”给了我机会，让我能进入更好更快提升专业水平和能力的舞台。

财经处工作接触面广、专业性强，在随后几年集团部署的规范成本核算、升级财务信息化、推行全面预算管理等多项财务重点工作中，我都不辜负领导的期望，勇担重担，大胆创新，一边加强学习研究，一边努力从事工作实践，工作成效显著，荣获集团先进会计工作者称号，也得到了同事的信赖和领导的认可。还记得，为了解决二级核算体系带来的成本不翔实、数据不及时的问题，我提出了变二级核算为一级核算的建议方案，取消十几个各研究室和生产单位单独设置的核算员岗位，从中选拔3~5名优秀核算员集中设立核算室，在计划财务部实行统一核算。统一的工时、材料等定额，一致的费用分摊核算方法，信息系统的标准化处理，不仅保证了数据的准确性，也提高了业务处理效率。之后，财经处的工作范围不断扩大，先后增加了下属公司管理、基建财务、审计等职能，人员也由几人扩充至十几人，并更名为财务审计部，成为研究所第一大管理部门，我主持全面工作，发挥着越来越重要的作用。第二次岗位的变动，是“担当和进取”助我成长，让我从“做专业”走向了“做管理”。

2007年，集团组建财务公司，偶然得知的消息点燃了我心中希望的火花。记得上大学时，我在主修会计的同时选修了金融，意识到金融与会计之间有着千丝万缕的联系，并大有发展前景，我决定要把握住这个千载难逢的机会。于是，我放弃了已经得心应手的财务审计部负责人岗位，选择成为集团财务公司计划财务部一名普通的资金计划管理员，开始迎接新的挑战。财务公司总经理曾是集团计划财务部的领导，之前对我的情况有所了解。入职前，他询问我，为什么会放弃研究所处长的位置不干，来新成立的财务公司当一名普通员工。我干脆而又信心满满地告诉他：我看好财务公司的发展前景，金融行业对我而言是一个新的领域，我愿意从最基础的工作干起。我相信自己，是金子到哪儿都能发光。我是这样想的，也是这样做的。又是几年孜孜不倦地业务学习和脚踏实地地工作实践，通过多轮的竞争上岗，我成为集团财务公司计划财务部总经理，并且通过自己的努力，又一次在新的工作岗位上荣获集团先进会计工作者称号。第三次岗位的变动，是“理想和自信”激励了我，让我的梦想成为现实。

2016年，中航期货公司公开招聘总经理，我义无反顾报了名。白天全身心地投入工作，晚上挑灯夜战，在最短的时间内考取了期货从业资格。经过竞聘，尽管没能走上总经理的岗位，最后担任了中航期货有限公司副总经理、财务总监，但我相信，只要方向正确，不断前行就能超越自我。

有人问我，为什么总是在工作最得心应手的时候选择迎接新的挑战。我想要说的是，人生总是要有梦想，我享受着梦想照进现实的那份满足感和成就感，也希望永不停歇追寻自己心中的那个梦。

（原载《财务与会计》2017年第6期）

王兰芬

王兰芬，时任北京国二招宾馆党总支书记、总经理，现任国家机关事务管理局机关服务局局长、党委书记，高级会计师，注册会计师，国家机关事务管理局高会评审委员会委员。

用“工匠精神”雕琢事业和人生

“工匠精神”是一种开拓进取的创造精神、追求卓越的品质精神、精益求精的服务精神。当今时代呼唤工匠精神，事业和人生更需要工匠精神去精心雕琢。

精耕细作成业绩

从1996年大学毕业进入国家机关事务管理局（以下简称国管局），21年光阴如梭，我经历了会计核算、预算管理、资产管理、对外投资、工程管理、酒店管理等多项工作的历练，涉足机关事务后勤管理、房地产业、酒店业等机关事务管理工作的多种行业，从最初的财务技术岗位到如今的一家拥有近50年历史的大型宾馆总经理，一路走来，敬业、严谨、专注、坚持的“工匠精神”是我的不竭动力。

在国管局宾馆管理中心工作的14年，我积极推进中心本级和下属6家大型宾馆的财务工作标准化建设和资产管理制度改革。在宾馆中心本级推行全面预算管理、货币资金管理、对外投资管理、工程项目管理等制度，实现了规范化的财务管理机制；在所属宾馆建立资产经营责任制，健全财务管理指标体系、开展内部审计、推行效绩评价，形成了一整套清晰、完备的资产财务监督体系。

在国管局住宅中心工作的4年，我不断创新工程财务管理的新思路、新模式，从工程的前期论证、施工组织、资金管理、过程审计、竣工决算等方面入手，加强工程建设全生命周期的财务管理。同时，坚持勤俭持家、精打细算的工作原则，在保证工程质量和工程进度的前提下，合理规划、调配资金，最大限度地节约财务费用，为中央国家机关广大干部职工提供质优价廉的住房保障服务。

精益求精创品牌

2016年3月，我调任国管局所属北京国二招宾馆（以下简称国二招）总经理，实现由总会计师到宾馆总经理的转型。在国二招工作的一年时间，我更加深刻地体会到，“工匠精神”之于企业就是不断厚植精益求精的企业文化，以客户优质体验为检验工作的唯一标准，建立符合国二招定位的专属经营理念，实现宾馆服务增品种、提品质、创品牌。

在工作中，紧紧围绕以“政务接待”为主的核心任务，将各项政务接待服务工作做细、做实；精准挖掘以“商务服务”为辅的市场定位，积极开拓营销渠道，推进宾馆服务的供给侧改革，将利润增长点做深、做精。以不断探索创新为动力，在主营业务方面，开拓市场新领域、打造服务新亮点、形成产品新特色；在内部管理方面，以新楼投入运营为契机，以“互联网+”为抓手，更新组织构架、细化管理职能、搭建干事创业平台，切实为宾馆发展提质增效；在队伍建设方面，创新人才培养机制，加大员工培训力度，组织首届精勤杯服务技能大赛，在宾馆形成勤学苦练、争当上游的良好氛围，使员工从工作中得到更多的幸福感和获得感。

精雕细刻塑品行

记得几年前曾聆听于丹教授关于职业女性的演讲，其中谈到现代职业女性具有职业角色、伦理角色、社交角色的多重身份。在我看来，作为一名会计职业女性，要平衡好这些角色，同样少不了静随心走、淡泊名利的“工匠精神”。在日常工作和生活中，无论是业务知识还是生活小窍门，我都细心琢磨。休息日我会陪家人爬山散步畅谈人生，闲暇时我会与孩子如朋友般沟通交流，偶尔我还会亲自尝试制作美味可口的中西餐点与同事、朋友们分享，善待自己也善待他人。

“工匠精神”是一种修行，是一个人的精神之钙。我相信，只要秉承着这种精神，未来的人生中，我还会用更美的姿态相约更美的时光。

（原载《财务与会计》2017年第6期）

尼燕

尼燕，时任河南省人民医院医保办主任，现任南方医科大学深圳医院总会计师。国务院特殊津贴专家，河南省特殊津贴专家，国家政府会计准则首批咨询专家，全国会计领军（后备）人才，全国及河南省先进会计工作者，全国医院医保管理先进个人。

岁月在诗歌的涤荡下馨香

著名作家冯骥才说过：“保存岁月最好的方式是致力把岁月变为永存的诗篇或画卷”。起步护理、涉足财务、做好审计、专注医保、启航运营……当选河南省会计领军人才、成为卫生计生行业首批经济管理领军人、荣膺全国会计领军（后备）人才……我深知，过硬的业务实力是能打胜仗的基础，永不停歇的奔跑是担当大任的储备。在岁月年轮里，无论岗位如何变化，无论人生的轨迹如何前行，我都会用诗歌记录工作的体会、生活的况味和亲情的阳光，并以此来蓄积力量，拥抱静寂的岁月，开出如菊如莲的馨香。

站位全局才能主动作为，一心为公才会自我加压。无论是在临床一线的兢兢业业，还是担任部门负责人的殚精竭虑；无论是院内工作的务实创新，还是政府部门锻炼的视野开阔，让财务知识在多岗位中淋漓尽致地发挥是我的工作方式。我将管理会计理念运用到医保支付制度改革中，完善基金结算、分配考核和分析评价等；利用本量利分析法将管控运用到医院预测、决策、考核和评价中；研究基金支付方式，考虑社会效益和经济效益，制定出三种方案供领导决策，创新性地推进了支付制度改革的顺利实施。

在变换的工作岗位中，在领导和亲友的支持下，我都以各种考试来激励自己永无止境地学习，在数字里寻找快乐，在诗歌中提升幸福感。

“小小成绩丰回报/感激生活多恩赐/戒骄戒躁归零心/回馈社会进行时。”这是我获得全国先进会计工作者时的感受。我常怀感恩之心，尽力回馈。工作中，总能赢来领导同事的信任，也常被大家誉为充满正能量的励志楷模；生活中，家人的温暖给了我莫大的安慰和支持。

2015 年母亲节，为感恩妈妈遵守考前承诺千里迢迢陪我厦门报到，一首《妈妈陪我去上学》诗歌，让老母亲唏嘘不止。因面试和毕业答辩，两次无法参加父亲生日家宴而歉疚，一首《致父亲》（会计领域/您技术娴熟业务精湛/默默守护四十年/是一代会计人的缩影/更是我心目中的典范/尽管没有踏上领军的平台/您却诠释了会计精神的奉献/尽管没有全国先进耀眼的光环/您却编织了言传身教的摇篮/锲而不舍学习不断/执着敬业是一代人的体现）让从事 40 年会计工作的爸爸引以为豪。因工作忙碌没参加女儿国外毕业典礼而写的诗歌，取得了女儿的理解。《我是你的风》是对老公数十年默默支持的真情流露。诗歌，是我和家人分享快乐、沟通亲情的纽带。

“惟书有华，秀于百卉。”在外界眼中，财务人员整天和数字打交道，难免刻板严谨，而我以诗抒情，不仅是陶醉于大自然怀抱和释放压力的方式，也是让自己从繁缛数据图表中放松思维的小小技巧。诗歌也拉近了我和同学的感情，在领军人才拓展训练返程车上快速写了一首《毕业墙》，我的诗朗诵让报到仅一天的同学在开班仪式上泪流满面，同学们亲切地称呼我“燕儿姐”。

积一时之跬步，臻千里之遥程。我常以此勉励自己：归零心态放/空杯意识强/漫漫领军路/自省且自强/做好领头雁/带动勇翱翔。我始终保持不断冲刺的蓬勃朝气和昂扬锐气，因为我深信机会永远是留给有准备的人。在写此稿之时，恰逢医院大部制改革，我竞聘为运营管理部主任，职责涵盖招标采供、医保管理、经济核算、DRGs 管理等，都是新医改中的重要内容，也是我在管理的轨道上迈开探索脚步的新契机。

山高人为峰，泼墨绘诗篇。人生如诗，入于柴米油盐，行至职场打拼，落到心灵隐处，带着细品味道。每一段时光，每一次遇见，每一个回眸，都是诗般的演绎和婉约。风路过，情路过，心路过，借助诗歌在每一处邂逅的风景中体味，在斑驳岁月记忆深处回眸，而对我一个财务人员而言，这就是人生的馈赠、馨香的荣光和甘甜的幸福。

（原载《财务与会计》2017 年第 6 期）

石敏琦

石敏琦，上海秀视智能科技股份有限公司合伙人、董事、首席财务官，具备多年财税管理经验。复旦挪威商学院MBA，美国注册管理会计师，曾参与多项上市及跨国公司投购并业务。

大道至简

刚刚走出“创业之星”采访的录音棚，就接到了《财务与会计》杂志的约稿。

工作日的下午，打开电脑，沏上一壶普洱茶，独坐在落地玻璃窗的办公室里，望着窗外盎然春意，任由思绪如阳光般倾泻。

作为一家创业公司的合伙人和首席财务官，我早已习惯了从单纯的财务角色向商务角色的转化。在日常的公司治理、股权架构梳理和商务规则的制定中，我利用财务这门特殊的语言，和不同背景的人士和机构保持良好的合作。“财务是一门艺术”，一门可以跨越行业、领域和国界的艺术。作为财务人，在实际工作中活学活用理论知识的同时，要不时地归纳总结，对于不同的商业模式，予以区别对待，“对症下药”。对于商务端实施过程中产生的实际问题，需要和业务部门进行深入沟通与了解，知其然且知其所以然，切实帮助企业内部各部门之间的协同合作、推进外部商务合作的实质性进展，真正体现企业管理产生效益的实际意义。我和团队从项目管理入手，制定切合企业实际发展阶段的KPI指标，奖惩有度，在符合法律法规的前提下，推进业务发展和绩效指标的达成。

虽说创业的道路是条“不归路”，但或许因为我天性乐观、喜欢尝试又不轻言放弃的特质，每天都过得异常充实。我很想说，如果你正在做的是自己喜欢的事情，那就超越了“工作”这个概念。工作只是个状态，不会成为你心理上的负担。很多时候，你都不会在意自己是否在休假时回了下属邮件或者致电客户洽谈业务，因为这一切都是你到达既定目标途中的一个过程而已。

在人生有限的时间里，有无数的可能，一旦认准目标，我会义无反顾地付出努力，不达目标绝不放弃，途中遇到问题则解决问题；闲暇之余，不断学习新知识，利用整段的时间投入系统性的学习。事后，阶段性地输出，带着问题不断推敲，进一步提纯升华。这样的学习和教育理念，也是我作为一名小学生家长所秉承的。在学习和工作之余，带着家人一起游历大好河山，了解当地文化历史背景，共同开阔视野。樱花树下，我们一起体会落英缤纷时的浪漫；“天涯海角”边，我们一起直面大海的波澜壮阔；“贡嘎拉山口”，我们相拥在一起，收获一览众山小的壮观。一次次的旅行，让我们在陌生环境里意识到家庭的重要性，感受彼此的信赖，学会相互理解和妥协。

上山下海，徒步旅行，离不开健康的好身体。平日里每周例行的健身锻炼对我而言已经像吃饭睡觉一样必不可少。作为健身教练心目中“痛并快乐着”的女神姐姐，大运动量的器械锻炼结合有氧训练，使我可以自信地和 90 后妹子一起在马尔代夫的沙滩上秀身材。而且，我的实际行动也在感染身边更多的人加入健身行列，他们从“沙发土豆”逐渐迈开腿，甚至转变成健身达人。

都说幸福的家庭是相似的，不幸福的家庭各有各的不幸。而我想说，幸福家庭建立在找对“灵魂伴侣”的基础上，为此，我由衷感谢我的爱人，在人生的道路上支持我、鼓励我、陪伴我。如果说要给广大女性朋友一点建议的话，那就是在遇到你的真命天子之前，需先修炼好自己。

其实，道理大家都懂，只是轮到自己身上的时候就难免有了各种托词。创业、健身、学习、教育、家庭，这些元素组成了让我不断成长的同心圆，作为这个同心圆的原动力，我将自己的能量不断释放，去影响和策动我周边的人同我一样积极向上。

大道至极，则简，大道至极，则通。有道无术，尚可求，有术无道，止于术。祝大家早日明白身边的大道理，赋予自己的小人生不一样的意义。

（原载《财务与会计》2017 年第 6 期）

刘丽华

刘丽华，江苏鱼跃医疗设备股份有限公司总会计师，江苏大学 MPAcc 专业校外实践导师。

努力做最好的自己

从小受家庭的熏陶，我选择了学习财会专业。1997 年开始在国有企业集团从事银行出纳、成本会计等工作，7 年的时间让我夯实了财务基础。2004 年，我加入一家民营拟上市公司，历经开票、纳税申报、应收款管理等多项工作的历练和预算主管、资金主管、财务部经理助理等多个岗位的锻炼，使我对企业经营和财务管理有了更加深刻的认知。机缘巧合，2006 年我加入鱼跃医疗，2007 年 6 月开始担任公司财务总监，全程参与鱼跃医疗 IPO 上市、两次非公开发行股票和多次对外投资与并购整合工作，有幸见证公司发展过程中的许多重要事项，同时也对企业经营和资本市场有了较深刻的认识和理解。从公司启动 IPO 到完成股份制改造用时 7 个月，从完成股份制改造到公司 IPO 上市用时 9 个多月，我们创造了境内 IPO 用时最短纪录。从公司启动 IPO 开始，我和同事们连续加班整整一年半，经常凌晨才回到家，有时甚至在办公室通宵加班。那一阵完全习惯了加班生活，以至于后来恢复正常下班状态反而不太适应。所幸经过大家的不懈努力，公司顺利实现 IPO 上市。上市以来，公司专注于主营业务并借力资本市场，通过内生性增长和外延式并购，实现了经营业绩的持续稳健增长，目前已成为国内大型的家用医疗器械、医用临床器械和互联网医疗服务公司。相比上市前，公司营业收入翻了 9 倍，净利润翻了 13 倍，市值翻了 15 倍。

最主要的是这样的经历太难得，不仅使我对公司的文化和业务有了更深刻的认识和理解，也使我们每个参与其中的人得到了很大的提升和成长。

为进一步提升自己，我在工作之余不断加强自身学习，通过全国会计专业技术资格考试，取得了初级、中级和高级会计师职称。通过了全国高等教育自学大专和本科考试，获得南京大学 EMBA 硕士学位。此外，我还积极主动参加公司业务、税务、外汇、会计从业资格证继续教育等相关法律法规和政策学习，并积极参加江苏证监局、深交所举办的有关上市公司规范治理等职业培训。这些经历中，印象最深刻的是自考本科，前3次考完9门课程，后来因忙于换工作，加上两家公司 IPO 上市需花费大量的精力和时间，被迫停考了 4 年。鱼跃医疗上市后即怀孕，在怀孕期间和生下女儿后坚持考完4门课程并完成了本科毕业答辩。通过学习，不仅开阔了视野，提升了综合素养，在团队管理和业务水平上有了跨步成长，更重要的是使自身保持了积极的上进心和持续的学习能力，让学习融入了工作和生活。

陪伴是最大的关爱。每到女儿放假，我们都会和父母住一起，享受大家庭的温馨，用女儿的话说，“要回家看爷爷、奶奶，不能让他们觉得孤单”。每次出差或出去旅游，女儿都要给爷爷、奶奶带礼物。爷爷、奶奶过生日时，女儿也会提前准备生日礼物。懂得关爱是女儿最可贵的品质，一直感动和温暖着我们。有时陪女儿一起去买书和学习用品，回来便和她约定比赛看谁读书快一点；或者在家学习网课，与女儿一起学习、共同成长。自驾游也是我们家的最爱，平时周末会选择黄山、天上湖等短途自驾游。每年八月的第一周是公司的“暑假”，我们全家一起长途自驾游，一路欣赏沿途的美景，也一路愉悦我们的心情。

一路成长到今天，心中唯有感恩和珍惜。感恩父母的养育和老师的教育，感恩我们生活在这个和平年代，感恩为我提供成长平台的公司，感恩一直以来关心、支持和鼓励我的家人和朋友。目前，公司旗下拥有 2 家上市公司，由 4 家主体公司、50 余家参控股公司组成的庞大医疗产业集群，并开始在欧洲和美洲进行国际化布局，我将以归零的心态，使自己和团队主动参与公司业务、不断学习提升，与公司共同成长。坚持陪伴与关爱，共享美好的生活，努力做最好的自己。

（原载《财务与会计》2017 年第 6 期）

刘凌冰

刘凌冰，时任中国内部控制研究中心常务副主任，副教授，东北暨内蒙古地区高校会计学教师联合会常务副秘书长，现任东北财经大学教务处副处长，教授，博士生导师，中国会计学会会计信息化专业委员会委员。

忙并快乐着

看到很多人写文章谈快乐工作、快乐生活，引发我的思考。究竟什么是快乐，如何寻找快乐，每个人的解读似乎都有不同，每个人获取快乐的途径也千差万别。德国哲学家康德认为："所谓快乐，就是我们的需求得到了满足。"正因为大家的需求迥然不同，因此，所谓的"满足"也就大相径庭了。今天，我也谈谈自己的快乐。

首先，我觉得，要想让自己快乐，就要明白一个事实，那就是"每个人都有烦恼"。但是，有烦恼的人不等于不快乐。比如，我最大的烦恼就是：总感觉时间不够用。大概很多人都和我有同样的感受：常常在深夜不得不去睡觉的时候，还有很多事情没有处理完；常常在周末看着别人在"朋友圈"里晒休闲和娱乐，自己却在办公室加班；常常感叹"要是一天有48个小时该有多好啊"！但是，转念想想，之所以有这样的烦恼，是因为自己"被需要"——学生需要、家人需要、上级需要、同事需要、朋友需要——这种被人需要、被人依赖的感觉，这种自己拥有强大力量和自信的感觉，不正是我快乐的源泉吗？所以，每当忙得不可开交的时候，我会对自己说："珍惜这被需要的感觉吧！"

其次，要想让自己快乐，就要懂得一个道理，那就是没有人是完美的。但是，不完美并不妨碍一个人成为多数人眼中的"好人"。著名心理学家巴达斯曾经说过："人类今天最基本及最深切的心理需要是什么？那就是爱，不限于男与女之间的爱。"所以，在心理学家看来，有爱的人永远是快乐的。我理解所谓"有爱的人"，既包括有人爱自己，也包括有人和事情可以让自己去爱。那些失去快乐的人，可能既没有感觉到别人对他的爱，也没有发现值得爱的人和事。至于我，有人爱我，比如我的家人。我也有很多值得爱的人，包括我的学生，我爱他们如爱自己的孩子，因为他们大多是独生子女，可以说每一个人代表的是整个家庭，他们的幸福是全家人的幸福和希望。我爱我的工作，享受在讲台上"侃侃而谈"的时光，享受在科学研究中不断挑战自我极限、追求真理的激情岁月。说到科学研究，很多同行都觉得这是一个充满寂寞与艰辛的工作：海量的文献阅读，不断地否定，永无止境地创新，你永远不知道下一步将走到哪里，永远不能保证目标能否实现，永远在不断的"推翻"与"建立"中循环往复。我觉得，科研工作最像跳高运动，这项工作的本质就是超越自己和别人，不断地创造"新高"，直到无力再超越。在此，我也有一句话与看到这篇小文的同行们共勉：科学研究中没有终点，我们的目标就是享受过程中的"惊心动魄"。

最后，谈谈我忙并快乐着的法宝——简单。"一切从简"，是我的快乐人生法则。

在生活中，我不追时尚，坚信简单的就是最美的，适合自己的就是最好的。家里房屋装修，采用现代简约风格；衣柜里，每个季节只有不超过五套但足以应付各种场合的衣服；朋友不多，一两个密友足矣；房子不大，两间小窝满装三口之家；不买车，每天步行上下班，顺便实现锻炼和保持身材的目标；在尊重他人的前提下尽可能有话直说，提高沟通效率……这就是我的简单生活。只有简单，才能为忙碌的生活"留白"，省出时间陪伴家人，留出精力亲近大自然。

在工作中，大概"简洁明快"是大家对我最深的印象。走路快、决定快、做事快，少闲聊、少绕弯子、少恭维。但是，唯有一样是不会省的，就是对同事的理解与尊重，无论他们来自哪个部门，从事哪项工作，无论他们年长还是年少。

如果要别人用一个词来描述我，我希望是"阳光"。做一个"阳光"女人，照亮自己的人生，温暖别人的世界。我相信，这个世界阳光多于阴霾，从积极的一面看事情，信任自己，也信任别人——这也是自信的来源。不需要用物质与美貌来肯定自己，用简单驾驭生活，才会拥有一个快乐的世界。我也相信"你相信什么，你就拥有什么"。

（原载《财务与会计》2017 年第 6 期）

汪晓燕

汪晓燕，江西省九江市行政事业国有资产经营有限公司财务部部长，注册会计师。

不忘初心　守住单纯

有这样一个故事。

她出生在一个农村家庭，家境贫穷，没有上过大学，做了10年的一线工人，单位改制后下岗失业。怀着两个月身孕的她即将迎来一个新生命，然而家庭却在一夜之间瓦解了。没有工作，没有依靠，也没有眼泪。母爱是一种力量，腹中的生命让她不得不坚强地面对现实，默默承受，独自照顾自己。2006年4月，孩子健康地来到这个世界。

生下来，给孩子更好的生活。可她，没有学历，没有专长，也没有任何经济来源，生存，谈何容易！她说，能道出来的苦，那都不叫苦。为了生存，更为了有尊严地活下去，她来到一个陌生的城市，一边打工，一边自学。因为经济原因，没有钱报培训班，就凭着自己的努力硬啃书本。已经年过30的她，从会计从业资格证到初级、中级会计专业技术资格证书，再到注册会计师，一路过关，岗位也从仓库管理员到助理会计、主办会计再到财务部部长，一路提升，并入围九江市首批会计领军人才培养名单。

每到一个新单位，对她来说，业务上都是一张白纸，必须从零开始。她不喜欢简单复制前人的工作，遇事习惯于积极主动地思考，寻找优化工作流程、提高工作效率的有效方式。她目前所在的单位，每年与财政部门的对账工作量较大，使用她改进过的流程后，原本大家觉得非常复杂的工作忽然变得轻松自如了。起初，每月对账两个人需花两天时间，结果还不尽如人意，而现在，一个人只需用两三个小时就可以核对得分毫不差。每月出具的各类报表，她也会想方设法优化结构，不但能清晰准确地提供财务分析数据，而且节省了不少工作时间。这样，就能腾出更多时间来学习新知识、加强财务管理工作。

多年的工作经历和学习，让她对于财务工作有了更深的感悟。她觉得，财务工作不只是每月出具几张简单的报表，一份有价值的财务报表，一定是经过了事前合理的业务流程设计、管理制度的制定、凭证合规的审核、风险的识别和防范、数据的归集与整理等，只有当这些事前工作都有条不紊地做到了位，才能及时准确地出具财务报表，从而为经营决策提供参考。

生活、工作、学习的多重压力曾一度让她无法承受，但她凭着自己的努力一步步走了过来。同事们在了解了她的经历后一脸惊诧："你的经历如此坎坷，为什么从来没有听到你抱怨过，也没有看到你表现出来的负面情绪。"她却说："我的心太小，装下了忧伤，就装不下快乐。对于所有的过去，最好的态度，就是不以为然。我只是一个柔弱女子，没有多余的力气来抱怨，唯有把所有的力气使在让自己过得更好、让孩子过得更幸福方面，才不辜负此生。"

这个经历坎坷而又幸运的人正是"我"，现担任九江市行政事业国有资产经营有限公司财务部部长，我的女儿今年 11 岁了，已上小学五年级，每次考试都是名列前茅，自理能力特别强。现在的我，有自己热爱的工作，女儿乖巧懂事，感觉很满足，也很幸福。

好多人说，我的人生这么曲折，写出来一定是个好故事。其实，回首那些艰辛而蹉跎的岁月，我更想说的是感谢。林清玄在《感恩艰难》中写道：困难、折磨、痛苦是多么珍贵！如果一切平顺，谁会静下来沉思，谁会生起智慧，谁又能在平凡安逸的日子中超越自我、登上高峰呢？是啊，对我而言，何尝不是这样，我深深地感谢那些挫折与痛苦，给了我面对风雨、超越自我的勇气和智慧。如果没有那段不努力就会死的日子，我也不会有今天这样的脱胎换骨。

不忘初心，守住单纯。现在的我，内心更加平静从容，对于物质和功利，反倒看得不是那么重。每天阅读和学习已成了我生活中不可或缺的内容。孩子总问我："为什么妈妈已经工作了还要学习呀？"我说："活到老，学到老。"其实，我也想对孩子说，我还有很多目标没有完成，未来的天空一定会更加精彩，让我们一起努力，好吗？

（原载《财务与会计》2017 年第 6 期）

刘君

刘君，北京方诺申财务咨询有限公司创始人，会计师，税务师，为中小企业、创业企业提供财务咨询服务。

左手事业　右手家庭

我从未想过要成为一心只扑在工作上的绝对事业型女强人，因为在我看来，事业并不是女性生活的全部，相反，家庭给职业女性带来的幸福感会使其在职场中展示出更独有的温暖的力量。

2003 年从对外经济贸易大学会计学专业毕业后，我一直从事企业财务管理领域的工作。开始在一家装饰公司做企业内控，从成本控制开始学习工业企业的财务管理流程，然后到一家服装设计公司，成为独当一面的财务经理，再之后与朋友一起合作创办财务咨询公司，成为企业内部财务管理业务的“一把手”，直至 2014 年创建方诺申财务咨询公司。还记得在做成本控制时，为了核算每一种产品对企业利润的影响，我常常下车间和工人们一起讨论和交流，当时很多同事都不理解，认为这些工作让车间负责人汇报数据就可以了，完全没必要自己亲自走访车间。但我认为一个财务人员是需要清楚每种产品的制作特质、生产流程、耗材甚至边角废料如何再利用等问题的。

正是经历了这样 10 多年的专业打磨，我积累了丰富的工作经验，对企业财务管理方面也有了比较深刻的认知和理解。于是，带着“想做一个深挖的财务咨询公司，让每一个创业企业都用得起财务总监，从财务管理层面帮助中小企业挖掘企业价值”的初衷，我和朋友成立了方诺申财务咨询公司。我发现创业初期的企业财务管理意识普遍比较淡薄，但其实财务管理恰恰关乎企业生存，是立足当下对企业未来、对市场动态的评判。作为企业创始人，必须要有很强的财务管理意识，才能把控好企业的成本与收益，进而管理整个企业。

从一个公司的财务经理到如今财务咨询公司的创始人，很多人都在问我，在这样的角色变换中我经历了一个怎样的过程？坦白而言，直到现在，我其实仍觉得自己只是团队中的一个普通员工，遇到业务上的棘手问题，我还是会和团队成员激烈地讨论并解决；在公司业绩大幅提升时，我也会和团队成员毫不掩饰地分享成功的喜悦和自豪，并没有过多在意自己的身份。正是在这样团结和谐的工作氛围下，我和我的团队每天都享受着这“累并快乐着”的创业体验。我时常把企业比作池塘，员工比作鱼儿，因为我相信，只有把池塘做大，才能让不断成长的鱼儿在池中自由、愉快地游动。为了使自己和团队保持不断学习的积极心态，我坚持每周开展一次员工内部业务学习交流活动，通过工作经验的相互分享提升各自的业务能力。同时让每个岗位都能够深入了解企业财务管理的流程和关键点，促使团队成员之间互相体谅、互相尊重。这种活动也成为让整个团队保持探究精神、协作精神的“法宝”。

每个职业女性都会遇到事业与家庭的平衡问题。我认为，做好事业原本就是为了使家庭更幸福美好，如果为了赢得事业上的成功而舍弃家庭，拼搏就失去了本来的意义。因此，左手事业，右手家庭，对我而言同样重要。在我眼中，创业是一个自我雕琢、自我修行的过程。在这个过程中，我需要不断学习，提升自我。而平日里，每当我在学习、阅读时，孩子也会跟着我一起看书、识字、沟通、交流，无形中也就促进了他的学习和成长。一个大朋友，一个小朋友，两人并排坐的可爱而温馨的画面，时常会让我忍俊不禁。工作时我则非常注重办事效率，平常很少加班，也很少熬夜，这样的生活节奏无疑为我留下了更多和家人相处的幸福回忆。

如果用一个词来形容我对待事业与家庭的心态，那就是从容——像水一样，从容地去生活，从容地去做事业，平静而又沉稳地朝着既定的目标奔流。我相信，工作与生活的和谐共处，事业与家庭的相互促进，会让女性焕发出别样的成熟魅力。

（原载《财务与会计》2017 年第 6 期）

第七篇

2018年（上）

编者的话

女性在工作和生活中扮演着多重角色，既可以野火燎原般撼动人心，也可以化身一炉灶火，温暖亲切，闪耀出母性的光辉。在野火与灶火之间，她们将犀利与温柔、理性与感性融于一处，成为最富有烟火气的奋斗者。女性的“顶天立地”或许正寓意于此。《财务与会计》2018 年第 4 期“新时代会计职业女性风采”专栏汇聚 8 位来自企业、高校、医疗机构及注会行业的女性朋友，讲述她们的奋斗历程和生活感悟。希望以此为会计职业女性提供思想汇集交流的平台，透过她们的眼睛看自身、看社会、看发展。

中文专业出身的张克慧成为大型企业的财务负责人并摘得财会行业多项荣誉，她有幸参与组建我国《公司法》颁布后的第一家国有独资公司，也经历过无数挑灯夜战、辗转奔波和已过不惑之年攻读博士学位的辛劳，幸福就在奋斗中酝酿。普华永道的金以文在 20 余年的坚守中努力为我国会计准则与国际准则趋同鼓与呼，参与国际会计准则修订，加强准则制定机构与企业的沟通，同时高效地管理时间，在陪伴孩子成长的间隙里“偷”碎片时间处理工作，以质取胜，平衡兼顾。学术之路上的“迟到者”沈洪涛在近 10 年的公务员生涯后辞职读书，并在转行到高校任教后，继续进行博士和博士后阶段的研究，十几年坚持自己独立的研究方向，“迟到”非但没有让她感到焦虑，反而给了她一份释然和从容。“隐藏”在会计行业里的技术派潘丽靖组建财务共享服务中心并斩获大奖，创新性地提出“财务众包”的概念并开发出自己职业生涯中最骄傲的作品，与此同时，她用心经营家庭生活，在家人支持下做着喜欢的事并体悟到幸福。段绪坤在从财务人员向复合型管理人员转型的道路上不断挑战，她求知若渴地储备知识，在参与公立医院综合改革、探索医院管理新模式等实践中体会成就感，生活中则用一种“为君洗手作羹汤”的朴素表达着对家人最真切的关怀。从小与会计结缘的陈珍红受到父辈言传身教的影响，在心中埋下一颗朴素的羞耻心，毕业后十年如一日地坚持学习，在全国会计知识大赛中脱颖而出，并完成自己职业生涯的转型，她坚信鸢飞鱼跃，必有事焉。中化集团的刘俊茹历经8年艰苦历程使集团免于巨额罚款，为成长为复合型管理者向知识要答案、从实践中积累经验，面对人工智能的冲击勇于接受挑战，认为对工作充满激情，方能走得更远。视学习和运动为隐形翅膀的刘军不断用知识充实自己，感受着学习内在的芬芳逐渐释放，并通过知识输出实现学用、学授相结合，她从一场“会马”爱上跑步，从5公里的气喘吁吁到21.0975公里的半程马拉松，体会到成败的分水岭就在于坚持。

作家龙应台曾回应做女人和做人之间怎么平衡的问题。她说：“我爱极了做母亲，只要把孩子的头放在我胸口，就能使我觉得幸福。可是我也是个需要极大内在空间的个人。”在更大范围内、更高层次上追求自由和幸福如指路明灯一样照亮女性前行的方向。有更多的人在往这条路上汇聚，当有一天荒原变大道，每一位奋斗过的女性都可以骄傲地说：我曾经从这里走过。

用奋斗谱写传奇

张克慧

张克慧，中国神华能源股份有限公司财务总监、神华财务有限公司董事长。国务院学位委员会会计专业研究生教育指导委员会委员、财政部管理会计咨询专家等。曾荣获2011中国经济女性年度发展人物、2013年全球矿业最佳CFO、2016年和2017年亚洲最佳CFO等荣誉。

在2018年即将到来的那个岁末，网络世界里最热闹的当数晒自己18岁的照片了。许多人惊呼“00后”都18了，感叹时光荏苒，岁月如梭，忙不迭地翻箱倒柜找出当年18岁的照片，昭示自己也曾年轻过。我18岁的照片已不知遗忘在哪个角落，端详着镜子里的自己，尽管芳华已逝，但气定神闲、雍容自信，身上没有被岁月碾压的痕迹，有的是在岁月长河中奋斗的精彩。

有人说我是中国会计界的传奇：一个学中文的，一个那么浪漫而感性的专业，却在看似理性而枯燥的会计行当中游刃有余，不仅获得了“年度中国杰出CFO”等多项荣誉，而且还获得了“全球矿业百杰女性”和“亚洲最佳CFO”等殊荣。但我知道，荣誉的背后有机遇更有奋斗。

我一直感恩时代的眷顾，作为一名“60后”，我幸运地赶上了改革开放的好时代。没有多少人可以像我这样，工作伊始便在不到5年的时间，几乎跑遍了全国，了解国情、了解行业，参与制定行业政策，为国民经济的发展献计献策；没有多少人可以像我这样，有机会参与组建中国《公司法》颁布后的第一个国有独资公司，寻求法律与现实矛盾的解决方案；没有多少人可以像我这样，没有一天会计基础工作经历，却有机会作为一家大型子企业的财务负责人，搭建起至今仍然行之有效的财务管理体系，高起点地开启了财务职业生涯；没有多少人可以像我这样，有机会全程参与全球最大煤炭企业的重组上市、A股回归、内部控制与风险管理、流程再造与信息化建设等企业改革发展中的重大事项，并在其中扮演重要角色。

机会不是只为我一个人准备的，我却用自己超常的付出抓住了这些机会。为了拿下管理工程工学硕士学位，挑灯夜战是家常便饭；为了弥补财务会计短板，被誉为魔鬼考试的中国CPA大考，一考就是5年；即使过了不惑之年，仍然不敢有丝毫懈怠，重回课堂，啃下了会计学专业的管理学博士学位。

学习相对于职业生涯的其他挑战总归是轻松的，从开始工作到现在，许多经历都难以想象：一年200多天，坐着绿皮火车出差；远离北京和家人，在外奔波，重新过上如单身一样的集体生活；高龄生子，产假未满便承担企业重组上市的重任，导致疲劳过度，既不能耽误工作，又不想家人担心，心身俱疲……奋斗总会有牺牲，当不能为生病的父母尽孝时，当所有的家务都抛给丈夫时，当年幼的儿子坐在行李箱上问“妈妈，出差的时候会想我吗?”时，我的内心是愧疚的、不安的、崩溃的。如果从头来过，这样的牺牲我还承受得起吗?

“幸福是奋斗出来的”。这是2018年最暖心、也是最励志的话语。在职场上，没有人会相信不奋斗就能成功，尤其是职场女性，要想取得与男性同样的成就，她必须付出更多。今天，我可以自豪地说，我没有辜负这个时代，我努力了，我付出了，我奋斗了。因此，当企业的财务人员由不受重视变为受各方尊重时，我是幸福的；当财务工作从事后记账走向前台，成为价值创造的引领者时，我是幸福的；当财务管理不再是财务部门的工作，而是全员参与的工作时，我是幸福的。当父母眼中闪烁出自豪的神情时，当儿子以他的母亲为榜样时，当员工给予信赖时，当朋友与我交心时，我是幸福的……

回望青葱岁月，从18岁踏向奋斗的征程开始，那些脚步无论是踉踉跄跄还是淡定从容，幸福已在其中酝酿，在工作与家庭的矛盾中、在成功与失败的挣扎中、在奋斗与安逸的选择中漫漫积淀。等到了可以追忆往昔的年龄，最值得回味的，不是奋斗的结果而是奋斗的过程，其中的苦与痛都将成为美好的回忆。而这时，你不再羡慕别人的传奇，而是欣赏自己的故事。

（原载《财务与会计》2018年第4期）

金以文

金以文，时任普华永道中天会计师事务所（特殊普通合伙）大中华地区及亚太地区会计专业咨询服务部主管合伙人，现任会计咨询服务部主管合伙人。财政部第一届企业会计准则咨询委员会咨询委员。香港中文大学会计系咨询会员、客座讲师，上海国家会计学院会计硕士班客座讲师。

为中国会计准则国际趋同鼓与呼

1993 年普华永道成立之初我便是其中一员，回首 20 余年职业生涯，恰逢中国经济进入快速发展的历史时期，中国会计审计行业面临诸多新课题与难题。能够亲身经历并深入参与这一过程，是我作为一个会计人最为自豪的事情。在我的职业生涯中，经历过无数复杂棘手的项目，印象特别深刻的是 2005 年参与制定新企业会计准则的过程。

2006 年财政部发布企业会计准则是中国会计准则和国际会计准则趋同的一个里程碑。准则发布前，我的团队一直和财政部保持密切的沟通合作，协助财政部分析和比对当时的国际财务报告和草拟的企业会计准则。一套完善的会计准则体系的制定涉及的内容庞杂，细节繁琐。企业会计准则作为契合中国国情的会计语言也并不是国际财务报告准则的简单直译，既需要同时考虑国际准则趋同和中国经济环境的特殊情况，又需要确保准则体系的准确性和完整性，这使得整个分析比对过程非常具有挑战性。

在大家的共同努力下，扎实的分析比对结果成为后续技术研讨的基石。2005 年 10 月，我作为事务所代表参加了为期一周的高强度封闭式研讨，和与会成员一起不间断地就任何可能导致准则差异的领域进行反复论证。尽管这项工作艰巨繁重，但我们的确做到了刨根问底、毫无保留。7 天结束时，参与讨论的各方都是疲惫而兴奋的，付出了巨大的努力，经历了透彻的讨论，达成了最终的共识。基于这样的相互倾听和深入理解，中国设定了不断趋同的路线图。

在之后的 10 年里，我们也一直努力将我们的声音传达到国际会计舞台，将中国经济发展中出现的具有广泛影响的特定会计事项及时反馈到国际准则制定机构，并推动国际准则的修订。此外，与国内外监管机构、企业等多方进行沟通是我工作中重要的一部分。我希望把企业的困境和需求更多地传递给准则制定者，同时我也一再疾呼，中国企业一定要在准则制定前就积极参与，以免陷入“事前不参与，事后发牢骚”的窘境。

会计师事务所的工作负担比较重，但得益于良好的时间管理、目标明确的工作习惯、严格自律的生活习惯以及家人的全力支持，我能高效出色地完成工作，并兼顾家庭与个人生活。

各种先进的科技手段在工作和生活中的普及，使我的时间管理愈加高效。此外，我认为对于需要兼顾事业和家庭的女性而言，零散时间一定要充分利用好。我有一儿一女，也会像很多妈妈一样陪伴孩子成长，送他们去踢球、画画、参加运动会等。但我会同时带上工作文件，在孩子参与活动时抓紧时间审阅或修改报告。在这些时间里，看几眼报告或者做一些深度思考，都会有所收获。沟通的价值在于“质”而不在于量”，在送孩子上学的短短十几分钟的路途中，我也会抓紧时间与他们交流生活或学习中遇到的各种问题。现在他们在国外读书，我们会通过视频聊天软件了解彼此的近况或是通过微信分享生活中的趣事。虽然远隔千里，但我们利用科技拉近距离。

我认为特别需要良好的工作习惯与生活习惯将工作安排得有条不紊。我习惯早起，起床后用手机记下昨晚思考的一些事情，然后把案头的工作归类，写一个 to do list，按轻重缓急进行处理，需要构思的放在晚上、周末甚至上班路上。脑袋里始终有一项工作清单，并且高效、限期完成，今日事今日毕。

加班在事务所是家常便饭。但我并不主张天天加班，张弛有道才能带来更好的工作状态。周末时我最爱旅游、摄影，亲近大自然，比如一个人 6 点多到香山看日出与红叶，独享一份“日出‘山’花红胜火”的美景，特别轻松惬意。

回首往事，我感觉自己在工作上是非常幸运的，一直在处理会计准则领域的各种疑难杂症及前瞻性的问题，使我保持新鲜感和激情，不断挑战自己。而生活上，我也感到非常充实。我认为人生的富有与否关键看内心的财富。我愿意将我的经历与感悟与别人分享，并且用积极的态度感染身边的人。

（原载《财务与会计》2018 年第 4 期）

沈洪涛

沈洪涛，暨南大学管理学院会计学教授，博士生导师；暨南大学广州区域低碳经济重点研究基地副主任。在政府部门和国际会计公司工作多年后到高校任教。全国会计领军人才（学术类一期），2017 年入选财政部“会计名家”培养工程。

一名迟到者的学术长跑

《财务与会计》开设“新时代会计职业女性风采”专栏，在我看来，并不只是节日的应景之作，还有着“顶天立地”的深远意境。从“顶天”来看，女性话题契合了当下管理学研究对性别的关注。新近的高阶理论研究将视角转向高管的性别特征，得到了很多有趣的发现，证实女性的影响力已如润物细雨，悄然影响到社会的方方面面。从“立地”来看，女性占据大半江山是会计职业一个重要的特征，探讨会计职业女性话题很接地气。

我进入会计行业比较晚，本科就读的是当时热门的世界经济专业，毕业时被分配到国务院直属机构，后被组织调入省级政府部门。在体制内朝九晚五地度过了近 10 年，觉得自己在机关事务中一点点地失去功力，感到心慌和不安，而立之年终于下了决心辞职，继续读书，并选择了更加实用的财务与会计专业。后来转行到暨南大学会计学系任教，再兜兜转转读完博士，已经人近中年。

在会计学术界，我显然是一个迟到者。当我的同龄人已是教授、博导或知名学者时，我还是一个求学的博士生和小讲师，不过这非但没让我感到焦虑，反而使我有了一份释然和从容。同事胡玉明教授曾开玩笑说：本次列车已经晚点，再晚几个小时又何妨？

我虽是一个迟到者，却又是一个幸运者，很多机会都在最后一刻赶上了。2005 年财政部启动会计领军

(后备)人才培训项目，我刚好博士毕业，符合基本报考条件，但年龄几乎接近上限。当时的系领导宋献中教授极力鼓励和推荐我报考，我最终得以入选第一批学术领军后备人才。如果要用一个词概括我在领军班的感受，那就是“压力”。从2006年参加第一次集中培训起到2012年毕业的整整6年间，我时时刻刻处在压力之中。也正是不断的压力迫使我努力进取，明确了自己独立的研究方向，学术兴趣从公司财务转向公司社会责任和环境会计领域。10多年前，这还是一个很新的研究领域和非主流的小众话题，从理论体系到数据来源都存在很多争议。幸运的是，领军人才项目提供了难得的交流和展示研究成果的平台，领军班优秀同学的不时指点和鼓励帮助我坚定了自己的方向。今天，当社会责任与环境会计开始成为热门话题时，我也没有感到得意。学术研究不是时尚，不存在流行和过时，凡是真问题都值得研究，凡是能增进人类认识的研究都是有价值的。

领军班的同学戏称领军项目的6年相当于又读了两个博士项目。而我似乎意犹未尽，在领军项目第一阶段结束后，又申请到北大光华管理学院工商管理博士后流动站做研究。在领军班同学姜国华博士的引荐下，王立彦教授同意担任我的合作导师，并积极向学院和学校争取，接收了我这个超龄博士后。

在光华的两年中，与监管部门、企业和社会机构中关注企业社会责任和环境问题的人士有了较多的接触。他们的分析视角、思考方式和关注话题常常让我对原本熟悉的领域有了新奇感，真切地体会到科斯所说的，正确的或好的经济学是研究真实世界而不是头脑中想象的世界。王立彦教授在参加了业界的年度社会责任报告发布会后与我聊起社会责任报告的可信度问题，这启发了我对社会责任报告第三方鉴证的思考，并开始研究。至今这个话题也依然少有人关注。在北大期间，我旁听了很多专业之外的课程和讲座，目睹了不少年逾古稀的学术大家的风采。从他们身上看到，学术之路可以走得很长很远，既不必只争朝夕般焦灼，也不用在意一时得失。

现在回想起来，虽然是迟到者，但找到了自己适合并喜欢的学术之路，冥冥中是渴望学习的动力在驱使自己前行。非常幸运的是，在这个折腾的过程中，无论是我辞职转行，还是离家读书，都得到了家人充分的理解和支持，孩子更是跟着我辗转南北地求学，至今最好的朋友是在北大附小读书期间的同班同学。因此，我最大的人生体会是，无论是选择职业还是与人交往，比“门当户对”更为重要的是价值观的认同。

(原载《财务与会计》2018年第4期)

潘丽靖

潘丽靖，中融人寿保险公司副总裁。澳洲注册会计师，税务师，国际内部审计师，财政部第一届企业会计准则咨询委员会咨询委员，中国会计学会会计信息化专业委员会委员。

充满幸福的工作与生活

2018 年是我参加工作的第 20 个年头，曾经以为入错行的我，一不留神在会计这个岗位上坚守了 20 年。作为一个隐藏在会计行业里的技术派，信息技术的发展一直非常吸引我。从最初的会计电算化到 ERP，再到后来的财务共享，我沿着财务信息化的道路一路向前，不忘将理论与实践相结合，将财务与技术相结合。

大学毕业初期，我在会计师事务所从事审计工作。2001 年，中国加入 WTO，保险业逐步对外开放，北方第一家合资寿险公司在天津筹备，我很幸运地加入其中，并在这家外资保险公司工作了整整 10 年。这 10 年，是我了解寿险行业、提升财务管理能力非常重要的阶段。我不仅学到了外资公司先进的管理经验，也养成了处理事情井井有条的习惯。从审计转向财务，从事务所转向外资保险公司，艰难的转变过程历练了我坚韧的性格和勇往直前的决心。

这份长达 10 年之久的工作让我步入了“事业稳定期”，但我希望寻找一份更具创新性和挑战性的工作。加入阳光保险后，我有机会从 0 到 1 组建集团层面的财务共享服务中心，为集团化运营贡献了自己的经验和心血。在被誉为财界“奥斯卡”的 CGMA 年度颁奖盛典上，公司荣获“CGMA 2014 年度最佳财务共享服务中心奖”，我也被评为首届“阳光年度人物”，得到了公司和行业的认可。

在财务共享服务中心不断优化的过程中，我和我的团队创新性地提出了“财务众包”的概念，将传统的会计作业与新兴的互联网结合，用不到一年的时间成功开发出产品，开创了“互联网 + 会计”的共享经济新模式，为公司开辟了一条创新之路。可以说，这是迄今为止我职业生涯中最值得骄傲的作品。因为在此之前，我们都是在学习他人的先进经验，而财务众包的实现则证明了我们自己的想法是对的。对于我们团队的每一个人而言，这份自豪溢于言表。

6 年的时间“忙并快乐着”，这期间付出很多，收获也很多。但是当工作逐渐步入正轨的时候，我开始思考，我还能为公司做点什么、还能发挥多大的价值？带着“挑战自我”的心态，我告别阳光保险，加入一家正在转型阶段的寿险公司负责财务工作。对于公司在转型过程中面临的问题，我希望通过我和团队的共同努力，为公司带来变化，这是自身价值的体现，也是我努力工作的动力所在。

身处于竞争激烈的职场环境以及快节奏的生活环境下，我被多次问及是如何缓解压力的。音乐、看书、跑步是我缓解工作与生活压力的调剂品，当我的工作整体节奏不能得到很好调整的时候，还会以旅行来放空自己，因为旅行所带来的眼界上的开阔会让身心始终保持愉悦的状态，对工作、对团队、对家庭都非常有益。

作为一名职场女性，工作与生活之间的协调是无法回避的话题。在我看来，事业的成功固然是职场女性所追求的目标，但这并不与幸福的家庭生活冲突。因为家庭是我们的大本营、是心灵的港湾。经营家庭就好比开车，一定要做到防患于未然。这就需要发挥我们女性细心和耐心的特质，定期为家庭做好安全监测和保养。遇到困难是正常的，积极乐观地看待困难其实就已经解决了一半的问题。当然，这样的心态离不开身后父母、先生强有力的支持，更离不开来自孩子的无私的爱。是家人这座“靠山”，让我无论是在顺境还是逆境，都能够遵从自己的内心，做自己喜欢的事。

著名心理学家 Campbell 在其“幸福平衡理论”中提出，人们的幸福感来自人生三件事的和谐平衡：有意义的工作，有你热爱的事情；有意义的关系，有你所爱的人；有梦想，有你所信仰的事情。此刻，我可以自信地说我是一个幸福的人，我也希望职场的每一位女性都可以拥抱属于自己的幸福。

（原载《财务与会计》2018 年第 4 期）

段绪坤

段绪坤，重庆市中医院副院长，全国会计领军（后备）人才行政事业类四期学员，重庆市百千万工程领军人才，重庆市首批正高级会计师，重庆市卫生经济学会副会长，重庆市正高级会计师、高级会计师评审委员会委员。

让激情赋予人生无限可能

微软公司总裁比尔·盖茨有句名言：“每天早晨醒来，一想到所从事的工作和所开发的技术将会给人类生活带来的巨大影响和变化，我就会无比兴奋和激动。”诚如所言，每天一睁眼，想到自己所从事的医疗卫生事业将会极大地改善病患的痛苦，深感责任重大的同时，亦能从心底激起一份动力与热忱。

回想自己的生命轨迹，成长历程起步于学习财务会计专业，进而开启了“财务人员—财务管理人员—复合型管理人员”的事业发展之路。自 2012 年担任重庆市中医院副院长以来，分管工作涉及财务、行政、基建、后勤、医技、人事等多个部门，虽身份多重，但无论岗位如何改变，角色如何转换，岁月如何变迁，我始终怀揣着孜孜以求的赤诚与激情，保持着源源不竭的动力，在挑战中不断塑造新的人生可能。

求知若渴的激情
助我增长智慧与力量

身处科技日新月异、知识更迭不断的时代，需要始终保持着一种本领不够的危机感。活到老，学到老，真正把学习作为一种追求，一种爱好，一种健康的生活方式，才能做到学习的动力和激情永不枯竭，从而不断增长智慧与力量。从心底迸发出来的求知渴望，督促我不断提升自己的学历层次，完善自己的知识和技能体系。尤其是经过层层选拔和严格考核，成功入选全国会计领军（后备）人才培养工程。在领军班学员们营造的勤学敏思的良好氛围下，我系统学习了一系列当前宏观经济政策、医药卫生体制改革、行政事业单位财务管理理论、医药绩效管理知识和“互联网+”服务模式，在如何优化医疗资源配置、创新医院运营模式、提高医院运行效率等方面都储备了相应的经验与知识，让我不断适应新的岗位、职能、任务和环境带来的新挑战和新要求。

干事业的激情
让我有勇气攀登事业的新高峰

记得习近平总书记的箴言：“对工作对事业要富于激情。激情是一种可贵的工作状态和工作品质，往往能最大限度地发挥创造潜能”。正值新一轮医药卫生体制改革进入攻坚克难的关键时期，我配合医院领导班子积极为全面铺开的城市公立医院综合改革打基础、铺路子、建队伍，勇敢探索医院管理的新模式。担任财务管理系列制度与工作职责“总设计师”，充分发挥高端复合型财务管理人才优势和专业素质，牵头制定了全面预算、成本管控、科研经费管理、价格监管、招标采购等一系列财务管理制度、业务操作规范及岗位工作职责，促进医院财务管理规范化、制度化和科学化。尤其是在今年重庆市公立医院综合改革全面启动阶段，我积极参与全市公立医院物价政策咨询、决策听证等活动，为全市医改工作重点、难点问题建言献策，并和全院干部职工一起加班加点，通宵达旦，只希望把医改启动各项工作做得更扎实、更细致、更到位，确保医改顺利启动与平稳实施。每完成一份高难度的工作，成就感扑面而来，让我真切地感受到生命的律动和价值，从而激发出工作的主动性和创造性，立志将工作做得更出色。

热爱生活的激情
令我不懈追求最好的自己

不同于雷厉风行的职业形象，生活中的我显得恬静而安然。“自此长裙当垆笑，为君洗手作羹汤”，在柴米油盐酱醋茶中熏陶一种最具烟火气的真爱，表达对家人最真切的关怀。“采菊东篱下，悠然见南山”，在摆弄花草、栽果种树中洗尽铅华、享受质朴、回归自然，汲取岁月静好的正能量。甚至愿意静守在家，伴着明媚的阳光和悦己的音乐，轻松愉快地整理家务，待一切收拾干净之后，心也随之豁然开朗。我开始坚持练习瑜伽，通过静观和冥想来修饰自己滋养自己，恢复内心的清净，细品人生的况味。

劝君莫惜金缕衣，劝君惜取少年时。愿我们每个人始终洋溢着求知若渴的激情，干事创业的激情，热爱生活的激情，让生命不断绽放光彩！

（原载《财务与会计》2018年第4期）

陈珍红

陈珍红，杭州投资发展有限公司副总经理。全国会计领军人才（大赛类）。曾担任杭州师范大学计财处、校园建设处处长，工作中敢于创新，在全国高校首开支付宝收学杂费先河，与浙江省交通集团财务部门合作的管理会计案例荣获浙江省财政厅优秀项目。

鸢飞鱼跃　必有事焉

说起与会计结缘，似乎千头万绪。

我可能天生注定就是会计，我的爷爷是乡村会计，他的耿直和仔细遗传给了我父亲。父亲是渔民，在船上也是负责会计和后勤事务。印象最深的事是，在我小的时候，母亲希望父亲趁休渔期将船上的收音机带回来听听，遭到父亲的拒绝，当时就听到母亲埋怨父亲傻，因为收音机又不会听坏了，也不会有人知道，而父亲则认为这样做是一种羞耻。由此，我朦胧地知道了羞耻一词的意思。参加工作后，我从出纳做起，也逐渐明白了会计工作与羞耻心之间的关系，因为“跑冒滴漏”在当时待改制的科研院所那种弱规范内控下，经常是难免的。最初的自律主要源于那颗朴素的羞耻心。

2007 年第三届全国会计知识大赛，是我人生中的一次大的转折。我当时已是杭州市财政局的一名公务员，也是一个两岁孩子的母亲。参加大赛，既是挑战自我的尝试，也是毕业 10 年来从未放松学习的一次检验。毕业后的 10 年间，从初级会计师开始，注册会计师、中级会计师、硕士、公务员，几乎每年的“五一”“十一”和春节都是在准备考试中度过。上下班时，我的包里有本书内心才是踏实的。三天没学习，就如同犯了大罪般不安和难过。怀孕期间正面临硕士统考，有次竟晕倒在卫生间。

一开始，会计大赛比我想象的要简单，我轻松获得市直机关第一名，去参加杭州市的比赛也获了奖。但进展到后期，信心、能力和耐心都受到了挑战，再加上孩子刚入托即生病的无助，几乎让我停止了继续前进的步伐。但最后坚持参加了全国决赛，也是对组织和个人的一种责任心使然。功夫不负有心人，结果是超乎意料的圆满。在写选手个人感悟时，我激昂地写下了《成功不是偶然》。

2008 年，我从一名会计实务人员转型成了高校财务处长。对于这次组织调动，我身边许多公务员给予了褒贬不一的评价。我勇敢地接受了挑战，因为我看中的是杭州市大力支持下的综合性大学大发展和重大机遇。在大学当财务处长乃至被领导委以重任当校园建设处处长的那段经历，是我会计人生丰满的 7 年。我意识到仅有简单朴素的羞耻心远远不够，不能简单地将财政监督思维用于大学各项管理工作，也不能再以简单的会计知识结构与鸿儒学者谈笑风生。这 7 年，我还拥有了会计领军（后备）人才培养的经历。“鸢飞于天，鱼跃于渊，言其上下察也。”在这 7 年中，有团队信任的亲密感，有被人质疑甚至发难的无助感，有自恃主持公道的正义感，也有怀疑人生的委屈感，但从来没有妥协过。在每次的审计和检查后，监督部门的肯定让我坚持正义的心弥加坚定。

我现在工作于一家市属国有企业，分管财务工作和人事工作。因为是新设企业，我有幸可以与企业一同成长，企业的未来也是我的未来。我把企业当成自己的家，里里外外精心呵护，规划战略立意高远，干得不亦乐乎。从机关到高校，再到企业，知识结构中也经历了重大调整，我最大的幸运就是身边有一大群爱学习、对未来充满好奇、愿意创新的人。这些人中的大部分是会计领军班的同学们，可以为一个业务问题讨论到深夜，也可以为一项疑难杂症的税务问题电话沟通两三个小时而其乐无穷。

回顾既往，我很幸运自己拥有这些：一群热爱知识的朋友——“博学而笃志”；一种会计思维——“中孚诚信”；一颗好奇的心——“日日新”；一颗敬畏的心——“必有事焉”。时间之河川流不息，我将更加珍惜拥有，把握机遇，创造美好。

（原载《财务与会计》2018 年第 4 期）

刘俊茹

刘俊茹，时任中化集团农业事业部财务管理部副总经理，现任先正达集团中国财务副总监。曾参与教育部人文社科重点基地重大项目“企业创新（体制创新、技术创新、组织创新）与管理会计创新的相关研究”，全国会计领军（后备）人才企业类十三期学员。

致广大　尽精微

2006 年，我从厦门大学博士毕业后加入中国中化集团公司（以下简称中化集团），成为集团财务队伍中的一员。期间，我见证了中化集团多元化高速发展的历程和财务领域重大转型与变革，更重要的是，在这样的职业平台上我从只识书本的学生成长为经验丰富的财务管理人员。

在接触会计实务之前，我从书本中学会计，感性的认识会计是一种管理活动，用于单位生产经营的管理和服务。经历了实践中的摸爬滚打，从最开始的出纳工作磨炼耐性，到从项目管理中学核算、报税和财务分析，透过数据看运营，看管理。期间在国外打拼 5 年，一人多岗，担任 5 家公司的财务经理，从新项目财税尽职调查、项目交割财务交接，到不同会计系统对接，亲历了税务审计和外部审计，参与了资产管理、天然气价格谈判等工作，甚至还做过保险索赔、原油销售信用证跟单乃至工资核算等。国外多岗位的历练给了我很好的锻炼机会，开阔了我的国际化经营视野。

在国外工作期间印象最为深刻的一次，就是几乎在同一时点收到挪威和突尼斯两个国家对油气业务的税务稽查报告和税务罚款通知。面临突发情况，我沉着冷静，一手翻阅着数年前的账本，一手查阅现今的会计、税法，了解国际税务诉讼和税务仲裁的相关知识，组织跨部门的项目小组从最初的并购、核算、生产运营到报税进行全面梳理。历经 8 年的艰苦历程终于得到了回报，为集团避免了巨额的税务罚款。在拿到挪威税务局返还的资金利息时，我深刻体会到海外公司的财务作为公司职能部门不能只是“自娱自乐”，需要融入业务和生产运营特别是国际运营，更需要熟悉国际财税政策、国际会计准则，充分遵守国际惯例与国际法律，维护公司利益。

2016 年 5 月，我调到中化化肥有限公司工作，恰逢总部中化集团战略转型，此次转型让我体会到从单一的财务管理者向复合型管理者转型需要具备的综合素质：要有较强的心理素质、高度的责任感和团队协作意识、融会贯通能力、迅速处理各种疑难问题的能力；较强的沟通能力、决策能力、管理能力和逻辑思维能力等。这次转型对我来说是一次严峻的挑战。基于此，我抓紧时间向知识要答案、从实践中积累经验。转型期间，我有幸成为中央国家机关会计领军企业类三期学员，两次跨越会计专业边界的系统性集训，交流、碰撞、裂变、提升，拓宽了我的视野，成为我人生新的起点。

2017 年 6 月，我调到中化集团农业事业部财务管理部担任副总经理。时光进入 2018 年，中化集团农业事业部提出智慧农业赢未来的战略，即利用物联网、大数据、云计算和人工智能技术，建设线上智慧农业平台，实现线上线下相结合、相促进，打造核心竞争力，提升效率和推动创新，实现智慧农业平台的持续快速迭代和现代农业服务平台的快速复制。创业路上，我认为，财务不是旁观者，也不是指手画脚的评判者，而是要以时不我待的紧迫感、责无旁贷的责任感、舍我其谁的使命感，成为战略落地的参与者和建设者。

作为一名会计职业女性，有事业的追求，也要有生活的平衡，学会经营生活，不同时期工作和生活要有所侧重，保持身心的平衡。既要有向前一步充分发表自己想法和切实推行想法的勇气和决心，又要有想得通透、活在当下豁达的积极向上的人生观。基于此，我在读书中净化自己，在工作中修炼自己，在运动和冥想中放松自己，在助学圆梦中升华自己。

尊德行而道问学，致广大而尽精微。经济的新常态，战略的转型与信息技术快速变革——人工智能来了，为传统会计的终结敲响了警钟，财务转型势在必行。未来财务发展始于财务共享，业财融合、产融结合是路径，作为财务管理队伍中的一员，我唯有培养善沟通、多技能、会管理、有远见、敢担当的基本素质，不断挑战自我，对工作充满激情，方能走得更远。

（原载《财务与会计》2018 年第 4 期）

刘军

刘军，时任中国铁路上海局集团有限公司，上海铁路股份有限公司筹备组副组长，现任中国铁路南昌局集团公司总会计师。正高级会计师，注册会计师，全球特许管理会计师。上海交通大学安泰经管学院、上海国家会计学院等校外硕士生导师，全国会计领军人才，全国高端会计人才培养工程特殊支持计划学员（第四期）。

带着隐形的翅膀逐梦

记得《财务与会计》2015 年第 5 期曾发表过我的一篇文章，标题是《追梦永远在路上》。此时此刻，我要再次为自己的逐梦之旅写上续篇。

《隐形的翅膀》是一首让人耳熟能详的流行乐曲，其中那句："我知道，我一直有双隐形的翅膀，带我飞，给我希望……"曾经感动着无数为了自己的梦想执着追求的人，我的心绪随着歌中隐形的翅膀一起向着梦想翱翔。因为，与我的工作、生活经历而言，恰有一双隐形的翅膀一直陪伴我左右，那就是学习和运动。

选择会计职业，就是选择了终身学习。作为会计工作者，面对一个变化的时代，唯有不断用知识充实自己才是恒久不变的智选。我深感自己并非天生聪慧之人，要想不输给这个时代，只能多下功夫。我始终坚信一万次规律：任何一件事重复做一万次，定成高手。简单的事情重复做，你就是专家；重复的事情用心做，你就是赢家。大学毕业后，我先是通过考试取得了注册会计师证书，随后在上海财经大学进修获得管理学硕士，接着在清华大学工业工程系脱产学习一年，获得工业工程硕士。但我并没有满足，而是一鼓作气又参加各种考试，入选全国会计领军（后备）人才培养项目学习，历经 6 年努力，于 2015 年获得全国会计领军人才证书。接下来通过参评被聘为正高级会计师，此后还担任上海市会计系列高评委。时光如同一架咖啡碾磨机，慢慢地将学习内在的馥郁芬芳释放出来。也许自己一开始学习更多地是为了职称、证书，到后来，学习慢慢就成为一种融入自己生命的习惯，内心深处对学习的感受也在不知不觉中发生变化。由最开始的品味艰辛，到后来成为心灵的需求和精神享受，个中滋味，只有付出了、经历了才得以知晓。当然，学习也让我收获颇丰。伴随着学习的过程积累，我也一路从最基层单位的会计人员成为集团公司财务负责人。也许，在常人眼里，我已是孜孜不倦、事业有成，然而，在这个瞬息万变的新时代，我仍感到知识的恐慌、本领的恐慌。我为自己寻找到了一种独特的学习方式，就是输入输出相结合——网上的课程学习和教学，进行碎片化加油充电，同时还担任上海交通大学、上海国家会计学院等高校校外硕士生导师，实现了学用、学授结合。此外，我还有写日记的习惯，记录点滴、整理思路、深度思考，用有限的精力和时间体验学习的无限精彩。

如果可以把学习比作隐形翅膀的左羽，那么运动则是为我生活助力的右翅。记得第一次参加的运动比赛是由上海国家会计学院组织的“会马”——会计人的马拉松。5公里的赛程，我跑得气喘吁吁，途中多次想停下酸痛的双脚，但还是在同伴的鼓励下坚持跑完全程，并由此与跑步结下不解之缘。慢慢地，我参加了6公里的欢乐跑比赛，到10公里，再到14公里，循序渐进到现在参加21.0975公里的半程马拉松比赛。长距离的跑步，往往在行进过程中会遇到各种预想不到的问题，无数次的想放弃，最终成功与失败的分水岭就在于“坚持”二字。寻找一种让自己乐在其中的运动方式并长期坚持，会使人在增强体质的同时精神上也保持愉悦。每天忙碌之余，锻炼也成了一种难得的放松。除了跑步，我还打打羽毛球和太极拳，动静结合的运动方式，既培养了自己的耐力，又增强了对技巧和柔韧性的掌握。我常常想起在清华求学时那句激动人心的口号——为祖国健康工作五十年，这句浓缩了清华体育精神的话语，深深铭刻在我的心中，体会到健康工作需要努力争取，我也正向着这个目标努力进发。

海阔凭鱼跃，天高任鸟飞。人生的乐趣不仅在实现某个目标的那一瞬间，更在于不断拼搏的过程之中，生命的意义、人生的价值也由此在进取中熠熠生辉。而我则是带着自己隐形的翅膀，更加努力地在人生逐梦之旅上向着更高更远的目标奋进……

（原载《财务与会计》2018年第4期）

第八篇

2018年（中）

编者的话

在《现代汉语词典》中，“魅力”一词被解释为“很能吸引人的力量”。那么，把在岁月磨砺中不断绽放“她力量”的女性称为“魅力女性”，也许再恰当不过。“她力量”，是女性自身内在的力量，可以温柔如溪、静水流深，也可以坚韧勇敢、奔腾入海。在第108个国际劳动妇女节到来之际，我们邀约8位来自企业、高校、金融机构、注会行业的魅力女性，将其心路历程和人生感悟凝成文字，分享有温度的奋斗故事。她们有经历、有思考，懂付出、愿承担，以独特的柔美和智慧平衡工作与生活，彰显自身价值并驱动自我提升。

中国人寿的胡志军，奋斗20余载，横跨过行业、专业、地域，从事过财务、行政、内控、销售等多个岗位，曾是所在公司全国系统中最年轻的负责总账的财务人员，也曾带领团队创造了全国考核四连冠的闪亮业绩，一路秉持“勤学、勤事、勤勉”的初心，收获了人生的充盈。充满力量的杨了，从一名普通会计人员成长为集团董事、总会计师，期间从零推进适合企业发展模式的全面预算管理、研发并推行内部银行系统、成功引进战略投资完成改制，是对事业的精益求精、对温暖家庭的呵护、对美好生活的追求赋予了她无限能量。信永中和的李杰，认为一名注册会计师的人生是有趣的：生活的有趣，在于情真意切；学习的有趣，在于苦尽甘来；工作的有趣，在于“明白”。无论作为会计师事务所的金融业务合伙人，还是财政部企业会计准则咨询委员会委员，她从未停止过努力和尝试。高校园丁王卫星，曾带领团队将会计专业建成省特色专业和品牌专业，也曾在贷款压力下尽全力确保新校区建设的资金需求。时光流逝，变化的是岗位，不变的是会计人那颗积极、坚韧、务实、求真的初心。非会计专业出身的刘桂芝，却由衷热爱会计，因全国会计知识大赛成为全国会计领军人才；助力集团总部成立财务共享服务中心并构建资金管理中心模式，提高了资金效益。无论工作还是生活，大赛精神一直激励她微笑面对挑战，不断追求卓越。执着奋进的向明，在父母的耳濡目染下开启会计追梦之旅，从国内会计师事务所到外资会计师事务所再到企业，在职业轨道上竭力挖掘智慧与能量，不断踏出舒适区，奔赴心中的梦想。懂得坚持的曹丹，用日记记录成长与感悟，在每个职场转角处，日记的意义于她而言更多是提醒，是总结，是行进途中的思考：坚持做一个传承与创新并重的会计人，才有价值。中国农业银行的赵佳佳，高强度工作压力下也不曾放弃学习，并开设微信公众号，定期撰写书评。她坚信：保持年轻的心态、保持学习的状态，是一个人、一个家庭、一个团队保有正能量的关键。

蓬勃的新时代，我们对于美的认知，早已不再停留于表面，但让我们铭感于心的力量，却始终不曾改变。开设“新时代会计职业女性风采”专栏，目的不在于为职业女性贴上近乎完美的标签，而是希望通过不同的奋斗故事展现不一样的“她力量”，让更多女性朋友深入到她们的“精神成长”中，照见自己，获得奋斗的勇气，找寻幸福的路径。春日葳蕤，唯愿“她力量”迎着春天尽情绽放，所到之处满是沁人芬芳。

胡志军

胡志军，中国人寿保险股份有限公司资产管理部总经理。高级会计师、注册会计师，全国会计领军人才（企业类一期），全国会计领军特殊支持计划学员。

守望初心　勤勉务实

通过《财务与会计》的“会计职业女性风采”专栏，我品读了多位优秀同仁分享的心得感悟。透过她们的笔触，我看到了自信、自强、自尊、自立的新时代职业女性的努力与风采，受益良多，感触很深。我也非常感谢这个平台给我提供了一个机会，让我对自己过往的职业生涯、学习与生活经历，有一个全景回望、内观自我、系统梳理的过程。撷取点滴，与大家分享。

我认为，从社会属性来看，新时代职业女性应该以职业担当为核心，叠加个人社会价值、自身修为、家庭属性等方面，集成职业女性的内涵与外延。从告别校园奔入职场开始，在 20 余载的职业生涯中，我从一线员工成长为目前全球市值最大的寿险公司资产管理部总经理，横跨过行业、专业、地域，从事过财务、行政、内控、销售等多条线岗位工作。较丰富的职场经历使我真切感受到，工作上的一次次调整变化带给自己的，除了责任与挑战，更是视野的拓展、经验的积淀、专业的复合、格局的提升，并进而带来事业的精进和人生的充盈。期间，支撑和激励我奋力前行的，是那份始终不渝的初心：勤学、勤事、勤勉。

秉持初心，让我内生动力、自觉完善、主动思进。清晰记得，满怀忐忑激动的心情初入职场，有强烈的愿做事、想做事、做成事的激情与动力。在从事财务工作中我虚心学习、肯于付出、不计得失，正是抱着这样的劲头和持续的努力，我成为所在公司全国系统中最年轻的负责总账的财务人员。得益于同样的干劲，我涉足保险行业后，在天津分公司主持人力资源部3年工作期间，圆满完成了人力资源深化管理体系改革、推行全员绩效考核、规范员工管理、强化党建工作等各项工作。分管销售工作期间，我深入基层，下沉一线，在基层单位经常能够见到我的身影。我的手机号码营销人员都知道，全天候保持畅通，随时处理工作。大家都说，见到我就有了底气、有了信心、有了力量。由此，我带动身边的同事们，创造了全国考核四连冠的闪亮业绩。38岁时，我被推选进入省级公司班子，成为当时全国系统最年轻的班子成员。从基层公司进入总部主持资产管理工作时，我通过有效发挥资源管控职能，助推公司战略落地，得到多方认可与赞誉，同时也深刻感受到科技应用领域热点频发，区块链、AI、云计算等新技术已经开始切切实实地影响到实际工作，思考着如何融合新技术实现革新。我把每一个新领域的工作内容、每一个新的工作事项带来的挑战都当作是学习积淀的宝贵契机，当作享受人生与经历成长的美好旅程。

我很欣赏这样一句话，人的一生都是一个学习的过程，假如能够做到“无时不学，无处不学，无人不学”，就达到了学习的最高境界。多年来，我坚持边干边学、学干相长，力求做个工作中勤于学、敏于思、成于行的有心人。

大学毕业时，我被分配到一家外贸单位从事财务工作，为了熟悉业务，更好地实现业财融合，发挥财务管理的效能，我利用休息日到大学进修外贸课程，在财务管理实践中创新了跟单核算的方法，有效促进业务效益的提升。凑巧的是，参加财政部全国会计领军（后备）人才企业类一期学员选拔面试时，就有分析汇率变动的问题，正因为对业务熟悉，我顺利通过答辩，成为当年天津市唯一的入选者，让我真切体会到了“机会是留给有准备的人”这句话的含义。

“一易千难”是人生的常态，人生其实就是一个克服“千难”的过程，并在这个过程中享受生命的快乐。在职场中打拼，不确定性很多，我觉得保持好的心态是关键。好心态能够使人冷静客观，积极从容，爬坡过坎，应对有方。工作中，我有取得阶段性成绩的时候，也有遇到困难和压力的时候。每每困惑时，我便通过自省自励强大内心，做到“保持好心态，运用好方法，达到好效果”。因为我始终相信，只要做好每一项工作，一以贯之、持之以恒，幸福之花就会在努力勤勉的沃土中自然绽放。

（原载《财务与会计》2018年第5期）

杨了

杨了，时任中国兵工物资集团董事、总会计师，现任中国兵器工业信息中心总会计师。注册会计师、正高级会计师，中央国家机关会计领军人才，国家机关事务管理局高评委委员。

奋力成长的力量

回想我的从业经历，头脑中浮现最多的是“力量”二字。财务会计这一整天与数字打交道的工作，不需冲锋陷阵，不需劳苦耕作，何来力量一说？我认为，实则不然，要干好财务会计工作，除了需要超强的体力，在工作和持续学习方面付出比常人加倍的努力，还需要具备过人的责任心和担当精神，以承担起企业安全运营以及持续发展的重任，而这一切都需要力量的支撑。

自大学毕业与财务会计结缘，至今已走过30个年头。虽然工作单位没有变，但工作岗位、工作责任、工作能力、职业视野、管理幅度、面临的挑战等都在循序渐进地发生变化。期间有成功的喜悦：从零开始推进适合企业发展模式的全面预算管理；内部银行系统研发成功并顺利推行；企业成功引进战略投资并完成改制；个人以及带领的团队获得企业及上级的高度认可（曾获得国资委授予红旗班组等殊荣）等。也面临巨大的困难和压力：企业的第一次转型，从计划经济的养尊处优转型到市场经济激烈竞争的生存环境；企业的第二次转型，从2008年前的高速发展到受经济增速减慢，大宗商品产能过剩以及移动互联网、大数据等高新技术运用带来的影响，企业赖以生存的盈利模式需要从赚取价差到创造价值的转变。企业面临的每一次转型都需要从管理到业务再到内部流程的彻底改变，过程是非常痛苦的，但我都能以高度的专业性、责任心和敏感性顺势而为，用自己弱小的肩膀去扛起巨大的责任。伴随企业的转型和发展壮大，我也从普通会计员走上财务会计部门领导岗位再到成为集团董事、总会计师，一路走来一路奋力成长。

经常有人说我就像一个充满斗志的战士，有着无穷的力量，在困难面前总是给人以正能量，激励自己，也能激励团队取得成功。那么，这种无穷的力量来自哪里？

——来自对事业精益求精的追求。自参加工作以来，不管在哪个岗位，对事业精益求精的追求成为我执着的信念，并引导我夯实基础、锤炼能力、坚定信心。特别是在岗位提升的初期，由于能力与岗位匹配需要一个过程，以及一时还适应不了外部环境的变化，困难超出以往，但我对待工作依然精益求精，力求做到“没有最好，只有更好”，因此常常把自己逼得非常痛苦。我认为，只有精益求精，通过加倍努力、提高能力、适应环境，才能成功完成角色的转换，也才能得到不断成长。

——来自团队成员的信任和支持。从刚参加工作的第一任领导悉心教育和培养开始，到成为部门领导后团队成员的齐心协力，其他部门的大力配合，以及成为企业高管后，班子成员之间的相互信任，形成合力，一路走来，我是幸运的，也是幸福的。不管面临的环境有多么复杂，企业的发展有多少难关需要攻克，团队成员始终给予我信任和支持。

——来自家庭的温暖。我的工作非常忙碌，加班加点是家常便饭，但家人从来都没有抱怨过。每当我在工作方面遇到困难、情绪低落时，爱人总会耐心倾听我的想法并进行开导。由于我工作比较劳累，有时天还比较早就睡着了，女儿小小年纪就学会了自己的事情自己做，还无数次给我轻轻搭上滑落的被子……这些温暖的画面时常萦绕在我的脑海里，并支撑我勇于接受挑战、战胜各种困难，努力成长为最好的自己。

——来自对美好生活的追求。在紧张繁忙的工作之余，我喜欢在电影院里身临其境感受跌宕起伏的故事情节，喜欢伴随着或快或慢的美妙音乐独自起舞，喜欢体验瑜伽带来的心灵沉静……所有这些让我充分感受到了生活的快乐和美好，并赋予我无限的能量，让我“满血复活”地投入全新的挑战当中。

有人说，生活就像一个向导，你虔诚奋力地追随它，它就会为你打开一扇又一扇的门，而门外的世界各不相同，无比精彩。我就是一个虔诚奋力追随生活的人，而且用自己独特的方式书写着属于自己的精彩故事。

（原载《财务与会计》2018 年第 5 期）

人生越活越有趣

李杰

李杰，信永中和会计师事务所金融服务合伙人。管理科学与工程学博士，中国资深注册会计师、美国金融风险管理师，全国会计领军人才（注会类首期）及特殊支持计划首期毕业学员（首批领军后），财政部企业会计准则咨询委员会委员，中国银行间市场交易商协会会计专业委员会委员。

我发现，作为一名注册会计师的人生，越来越有趣了。

有趣之一在于“自己之内”。没有哪个专业技术工作，像注册会计师职业这样，需要走这么多路、见这么多人、判断这么多真伪、公布这么多结论。层云密布、千锤百炼之后的柳暗花明，能让人茅塞顿开、脱胎换骨。行万里路，从大漠孤烟、长河落日到江南采莲、细柳斜风，对一城一地的得失就看淡了；读万卷书，从摘句寻章、门前风景到名著锦轴、天高海阔，对一思一念的纠结就想开了。一言以蔽之，内心越大，烦恼就越小。

烦恼小了，就懂得从长春到深圳，日行千里、四海奔波之时，并无妨从3000米高空飞机的小窗欣赏沧海月明、大江东去；内心大了，就懂得从审计到咨询，客观公正、超然独立之态，并无妨修炼腹有诗书、秀外慧中。

有趣之二在于“自己之外”。渐渐懂得珍惜人生美景、美人、美学、美事。闲时停车驻马，笑看枫林霜叶；忙时南北驱驰，招展吹角连营。心内的美景多了，心外的美景也就多了。春风十里，醉于林花似锦、江碧鸟白；月黑风高，也无妨暂歇在寂寞深村、看雪中残雁。

除了美景，还有美人。因为我自己天性使然，遇见趣味相投的人，总忍不住的寸草春晖；遇见有潜质的“徒弟”，总忍不住的倾囊相授。曾有一位与我共事10年、我视之如姐妹的下属在某一天发微信给我，说她已经找好了新的工作，薪资高于事务所，她决定辞职。我无法面对的想法是，最近她称家中老幼需要照顾的频繁请假，是否只是用于寻找新的工作？而我心心念念的牵挂问候，是否只是被她视作愚钝无能？被伤害之后的怀疑茫然，像是一把很钝的刀，在我对朋友的信任之心上，慢慢切割。直到有一天，断绝音讯数月的她，忽然发来一个微信链接，题目是《致当年引我入门的老大》。她没有说更多的话，我却已潸然泪下。随着热泪一同化解的纠结是，世间每个人都有自己的选择和谋生的艰难，她对我来说过于突然的转身离开，自然有她无法言说的无奈。我还是继续做一个有情有义的人，继续按照自己的本性去欣赏和热爱他们。我依然会兢兢业业地引领专业团队、依然会认认真真地发现培养新人。于我，斤斤计较、步步为营远比坦坦荡荡、光明磊落要费心劳神。偌大世界，相识已是不易，更何况他们曾与我结伴而行，或血脉相连、休戚与共，或锦瑟和鸣、高山流水。他们，依然是我生命中的美人。

四美之三，在于美学。学习的有趣，在于苦尽甘来的过程。从万里层云、千山暮雪的迷茫，到游鱼细石、直视无碍的通透，哪有不经过秉烛夜读、三更灯火？我自己最辛苦的两段学习，一是写博士论文，二是完成财政部会计领军人才特殊支持计划的研究课题。前者让我在理论上突飞猛进，后者让我在实务上日益成熟。这些辛苦，甚至冲击了我最引以为豪的遗传基因——我的祖辈年过古稀依然满头青丝，但为了这两项成果，我竟然每隔数日就要从头上拔除几根华发。好在书卷多情、晨昏相亲。每当吹尽狂沙、思如泉涌之时，便是对心智最好的犒劳了。不再把学习与荣誉、金钱捆绑在一起的时候，就真正能够体会到学习让人耳聪目明的惬意了。

收官之美，莫过于美事。做事的有趣，在于“明白”。以讲课为例，10年前，我讲复杂的衍生品和金融工具会计准则，自己明白、听者未必明白；坚持下来，慢慢做到自己明白、大部分听者也能明白。而再回头看10年前的“明白”，发现如果只能用晦涩的语言转述晦涩的原理，那说明还是没有真正明白。至今，无论是作为会计师事务所的金融业务合伙人，还是作为财政部企业会计准则的咨询委员，我从未停止过努力和尝试。我向往能够将一门技术、一项事业做到“明白”，在理论与运用之间、在具体与规律之间，举重若轻、游刃有余。由简至繁，是理解；由繁入简，才是顿悟。

至今，万里佳期、四美相伴，我觉得人生越活越有趣了！

（原载《财务与会计》2018年第5期）

王卫星

王卫星，时任常州大学副校长，商学院教授，管理学博士。江苏省品牌专业和特色专业负责人，江苏省教育会计学会常务理事、苏南分会会长，曾获中国教育会计学会优秀会计工作者和江苏全省先进会计工作者荣誉称号。

清江画面石随想

阳光暖暖地照进书房，给桌上的清江画面石涂上一抹金黄，使这块“百里山水之势浓缩于一石”的画面石显得更加斑驳古朴、气韵生动。清江画面石是清江石中最具美感的一种，据专家考证，它的形成可以追溯到1亿8千万年以前，地壳的剧烈运动、风雨的四季浸蚀、水浪的翻滚冲击，将粗砾山岩磨砺成异彩纷呈的妙画奇石。

有人说，选择了会计，辛苦与繁忙就成为你的人生常态。而我却认为，会计职场的艰辛曲折，更能打造出会计人百折不挠的品质和以简驭繁的能力，就像大自然的无情锤炼成就了清江画面石的传奇。

我大学毕业后进入高校成为一名会计教师。记得我担任会计教研室主任不久，遇到我国财会制度的重大改革，1992～1993年间财政部发布《企业会计准则——基本准则》和《企业财务通则》，以及13项行业财务制度和10项行业会计制度，会计的记账规则、记账方法、核算模式、报表体系都发生了巨大变化，会计教学工作遇到前所未有的困难和挑战。我带领教师们边学习、边应用，不分昼夜编写辅导材料，以最快速度将新会计内容融入课堂。适逢会计改革之初，会计人才极为缺乏，我们所教的会计学生不仅掌握了新老会计的核算体系，还学习了新旧账务体系的转换方法，很受用人单位的欢迎。回忆当年，正因为拥有会计人磐石般的坚韧精神，才支撑我们战胜困难，守得云开见月明。

时光荏苒，1999 年，我从教学岗位转到学校财务处主持工作。这一年高校开始扩招，高等教育走上了规模扩张的快车道，学校有限的资金来源与日益增长的各种经费支出矛盾凸现。2003 年年底，银行突然收紧银根，将高校列入高风险行业，严格限制对高校的贷款业务。此时，我们的新校区建设工地正热火朝天地赶进度，银行突然间的限贷使财务部门措手不及。那年冬天的境况至今仍记忆犹新，年关时节，施工单位的老板们天天守在学校讨要工程款。急需而又筹措不到的资金使我心急如焚，我每天在各银行之间奔波，踏破铁鞋、裁心镂舌，终于在大年二十九的那天贷到了所需资金，解了单位的燃眉之急。

接下来，一揽子解决贷款额度是我们面临的重要事项。经过努力，终于与一家国有银行达成了贷款意向。然而，几个亿额度的贷款必须要去银行总行贷审会审批，总行专家认为，不少高校存在违规建设问题，风险较大。如何证明我校的建设合法合规，成为一大难题。那时我突然想到，就在不久前，省发改委牵头对我们大学城几家学校的建设进行了检查，没有问题。几经周折，我找到省发改委检查组的负责人，详细向他汇报了学校面临的建设资金困难状况，这位负责人十分理解和感动，经请示领导批准后给我们出具了检查结果证明。正是由于我们拼尽全力的工作，才使数亿元贷款额度顺利通过银行高层审批，确保了学校新校区建设的资金需求。再后来，我走上学校领导岗位后，分管财务，仍然与财务会计有着不解之缘。

在教学岗位的 20 年来，我坚持实务与教学工作“双肩挑”，将理论和实践相结合，在做好工作的同时，带领团队将我们的会计专业建成了省特色专业和品牌专业。辛勤耕耘带来秋的收获，近年来，我将理论知识和实务经验加以总结和提炼，出版了两本专著，在《管理世界》《会计研究》《财务与会计》等知名期刊上发表学术论文数十篇，获得江苏省哲学社会科学优秀成果奖 2 项，主持完成省部级以上课题 7 项，2017 年还获得 1 项国家社科基金重点项目。

岁月流逝，岗位转换，但我始终保持的是一颗积极、坚韧、务实、求真的会计人之初心。

收住纷繁思绪，欣赏这秋草掩映着河流沧桑的清江画面石，愈发感到其韵味深邃。赏石悟道，正像大自然的磨砺造就了清江石历尽千秋的永恒之美，财务工作的艰辛，也练就了会计人恪尽职守、坚忍质直的品质。

（原载《财务与会计》2018 年第 5 期）

刘桂芝

刘桂芝，武汉体育发展投资有限公司财务资产部部长。高级会计师、注册会计师、注册房地产估价师，武汉大学等3所高校校外客座副教授，全国会计领军人才（大赛类）。

有一种精神激励我前行

虽然我所学的是非财务会计专业，但会计学所特有的科学平衡之美、严谨缜密的逻辑思维深深地吸引着我。出于对该专业的热爱，工作之余自学通过了会计师资格考试，初尝喜悦的我从此生活中少了很多悠闲的时光。之后通过努力，先后通过了注册会计师、注册房地产估价师、高级会计师资格考试。2007年，我参加了武汉市第十五届职业技能大赛，获得了好名次。同年，因我参加全国会计知识大赛排名靠前，经财政部审批，于2008年被录取为全国会计领军（后备）人才（大赛类）学员，同时被共青团湖北省委、湖北省劳动和社会保障厅评为湖北省青年岗位能手，2009年又被武汉市财政局评为武汉市的先进会计工作者。我深知，自己的进步和成长离不开社会各界的关爱，因此，我通过各种途径回馈社会，先后成为武汉大学等多所高校的客座副教授，将积累的会计理论和实务知识传授给在校大学生，助力他们更好地走向社会这所大学校。

自参加工作以来，我先后从事过金融、外部审计、企业财务管理、企业财务管理咨询等工作。完成了公司即建设——经营——转让（BOT）高速公路项目的融资；全程参与了华烁科技转改制后的综合管理咨询项目，参与组织设计、薪酬体系设计、绩效管理体系设计、总分部管理模式设计、主要业务流程梳理等工作，完成了对华烁科技财务管理体系诊断并进行优化，同时推进整个项目的实施；将集团资金纳入资金池管理，在集团总部成立财务共享服务中心，建立了在财务共享服务中心模式下相对集权的资金管理中心模式，合理配置公司的资金资源，减少资金沉淀，提高了资金使用效益，节约财务费用近千万元；参与公司整个IPO过程，完成财务核查，满足上市规范要求，为公司在创业板成功上市奠定了坚实的基础；负责对公司境外融资整体方案进行综合筹划，完成了“车来了”可变利益实体（VIE）架构的搭建、三轮融资及VIE架构下财务管理体系的建立，积累了多行业多维度的管理知识。除此以外，我坚持学习投资学、经济学、金融学等方面的跨学科知识，增强处理兼并重组、境外架构、境外投融资等复杂事件和复杂关系的能力，并对所学知识持续更新。参加全国会计领军（后备）人才的联合培训后，和同学们的一次次碰撞、交流，让我从思想品德、专业素质、综合能力等方面不断提升自己：从最初的偏业务型财务人员到复合型企业财务负责人的转变，从单一专业知识结构向综合知识结构的转变，从内向型性格到能展现自己、起好带头人的作用方面转变等。全国会计领军人才培养工程这个平台让我在各个方面都得到了很大的提升。同时，在当今这个全球化时代，懂业务、懂英语、有国际业务经验是对国际化视野人才的需求。基于此，尽管自己身处管理岗位，平时工作非常繁忙，但我仍挤出点滴时间来学习英语。

作为一名会计职业女性，既要面对高压力的工作，又要不断学习新的知识，同时还要兼顾家庭。那么，如何才能缓解压力、保持内心的放松？我认为，跑步是一种有效的好办法。因为跑步不仅能锻炼体质，更能磨炼意志。刚开始跑步时会心慌气短、肌肉酸痛难忍，简直就是一种折磨，多少次都想放弃，但坚持了一段时间之后，酸痛的感觉慢慢消失并开始享受跑步这个过程了：忘却了工作压力，忘却了烦恼，感受着轻松舒畅。现在跑步已成为我生活中不可或缺的一部分，同时跑步也带给我一些感悟和启示：无论遇到多么困难的事情，只要你一直坚持下去，战胜自己，总会渡过难关，到达胜利的终点。

“能看内心有多远，就能看未来有多远。”大赛精神一直激励着我，我养成了一种微笑着面对挑战的自信和勇气，也保持着一股不断向前冲刺的志向和锐气。曾经有过的感受、感悟、感动、感激，依然那么清晰深刻。未来，我将一如既往保持大赛精神，追求卓越，以自己独特的方式拥抱这个美好的新时代。

（原载《财务与会计》2018年第5期）

向明

向明，武汉邮电科学研究院集团财务管理部财务经理。高级会计师、注册会计师、国际内部注册审计师。

在追梦的道路上永不停歇

回想起来，我这一生和会计注定是有缘分的。我的父母毕业于原中南财经大学会计系，从小就经常听见他们下班回来伴着锅碗瓢盆的烟火气讨论着“折旧”“费用”“账平不平”等会计方面的内容。耳濡目染，高考填志愿时我自然而然选择了父母的母校，在同样的校园学习会计知识，在弄懂了从父母口中听到的专业术语的同时，也开始了我的会计追梦之旅。

大学毕业后，我认为作为一名会计从业者，如果有在会计师事务所的历练，在未来就可以从容面对各种会计工作。基于此，我为自己规划会计职业路径：先到国内会计师事务所学习、积累工作经验，之后到外资会计师事务所提升，然后再到企业谋求发展。可就在我获得梦寐以求的外资会计师事务所工作机会之时，适逢我生完孩子休产假，面对期待已久的工作机会，我难以取舍，抉择了很久。最终在家人的理解和鼓励下，我选择继续追寻自己的梦想。在外资会计师事务所的 4 年中，多少个挑灯夜战的夜晚，站在客户大楼的窗口望着远处的万家灯火，想念家中小儿的欢颜稚语，心里很是不舍和内疚。作为一个年轻的母亲，在追逐梦想的道路上会面临许多难以想象的困难，但常言说“不怕路长，只怕心老”。只要心怀梦想，勇敢地走下去，就会迎来阳光。回想起来，那几年的工作虽然辛苦，但收获巨大，不仅是工作内容和方式的转变，更是观念和环境的转变。外资会计师事务所的国际化管理和国际化审计经验等，还有一道工作的具有专业底蕴的同事们，所有这些，让我每天都有新的收获，这也为后来我回归会计行业奠定了坚实的实务基础。

在外资会计师事务所工作几年后，我走向职业规划的第三步——企业。从会计师事务所高强度的工作转换到安稳的工作环境中，我并没有让自己就此进入舒适区，而是尽快融入企业的文化、氛围，充分利用专业知识和工作经验体现自己的价值。初到公司就负责全面预算管理工作，一切都是新的领域，但处处又都透着熟悉。我在工作中不断探索如何才能发挥自己的优势，尝试用审计的思维从预算目标开始在各业务单元间进行层层分配和推导，将全面预算和会计核算做到对应结合，使全面预算更能有源可追、有据可查。由于工作出色，一年后我调至集团总部，负责集团的会计核算工作。在新的岗位，我以最快的速度转变工作角色，同时，利用各种时间如饥似渴地学习，提升自己各方面的素质。几年间，随着集团不断发展壮大，下属公司上市、并购、剥离、重组等业务层出不穷，我积极参与其中并不断创新求变，收到了较好的成效。在这里，我终于拥有了一个可以实现会计梦想的舞台，让我尽情地展现自己的独特风采。

人到中年，才知晓人应该以清净心看世界，以欢喜心过生活，以平常心生情味。基于此，我除孜孜以求追逐会计梦想外，也开始学会用从容之心体味生活的乐趣。利用业余时间我学会了烘焙，当看着亲手做的糕点色香味俱全时，我体会到了一分付出一分收获的喜悦；当看到家人在一起兴高采烈地分享我的劳动果实时，心中的欢喜不亚于考试得到满分。或者，在周末的阳光下，品一杯茶，读一本书，和家人畅谈一下对书中内容的感悟，都是无比的快乐和放松。

追逐梦想的道路，从来都充满崎岖和诱惑，多少次我曾考虑过在舒适区停步，享受既得的鸟语花香，但是对梦想的向往又激励我继续前行。回首来时路，通玄峰顶，满目青山，我心中充满坦然。但使人生充满意义的，绝不是朝某一目标的奔赴，而是每一步都得到心安与落实。未来，我将继续追逐我的梦想，因为只有梦想才能让我保持一颗永远年轻的心，也才能让我迸发出无限的活力和激情。

（原载《财务与会计》2018 年第 5 期）

曹丹

曹丹，四川工程职业技术学院经管系专任教师。高级会计师、注册会计师、四川中税网立华税务师事务所高级讲师，曾在某大型上市央企从事财务工作多年。

老丹日记

我有一个简单而朴实的习惯，每天坚持写日记。从业20年，这个习惯一直保持着，从开始的手写版到后来的电子文档、备忘录、照片、视频、微信。朋友们很感慨我多年的坚持，戏称“老丹日记”。岁月如歌，日记就像一串串脚印，或深或浅，记录着我的成长和感悟。

日记的起点

第一篇日记写的是上班第一天的故事。

师傅让我开一张金额为壹万元的现金支票。我心里暗笑：这也太小儿科了！落笔之前，我还特意观察了一下，大写金额栏前印有“人民币”字样。我迅速而端正地在大写金额栏正中间写上“壹万元整”。师傅接过支票瞟了一眼，一丝浅笑划过嘴角。他随即在“人民币”和“壹万元整”中间加上了“贰拾”两个字，在小写金额前添了“￥2”——天啦！我居然忘了写“￥”符号。师傅一句话也没有说，只是敲敲桌子，看着我：“懂了?!”我目瞪口呆地点点头：大写金额需紧挨着人民币写，不能留空；小写金额前必须加上“￥”符号，免得被人篡改。看着师傅在那张支票的多个位置盖上“作废”章，然后登记支票登记簿……我心里感到非常惭愧。

万丈高楼平地起。我很庆幸初入行的时候，有机会进入正规企业，从最基层岗位做起，接受传统的师带徒教育。上班第一课，感受颇深，也开启了老丹日记的首页——因为它温和而严厉地告诉“菜鸟”，会计工作无小事，基础工作要规范。

职业伊始，我是记录者，也是忠实的追随者。

日记的受益者

从业20年，我流动了近20个工作岗位，每一项工作我都当作一份事业来经营。

每个岗位，每种流程的某个节点，每段期间，每个项目，每种方案似乎都有故事发生。心到的地方，就有日记的痕迹——有时是日记文档，有时是手边的几句话，有时是工作报告，有时是论坛上发布的各种帖子，有时是发表的文章……岁月如梭，日记不再是简单的记录，更多的时候是提醒，是总结，是行进途中的思考……

时光荏苒，职场转角处，我转行做了一个会讲故事的会计老师。往事随风而逝，而那些日记却像一张张照片，留住了曾经的过往，成为课堂上信手拈来的话题。

深夜，我在备课。为了编制某个案例，我打开了原来的日记。时隔多年，透过薄薄的纸片，还能感受到，当年的我工作有多么地用力。

“有借必有贷，借贷必相等”——于我而言，所有的付出，原来是为了在不惑之年，为我不愿放弃的会计人生留一扇窗，为我的工作和家庭创造一个盈亏平衡的契机。我很庆幸，多年传统教育赋予我的坚持和不计较。付出一定会有回报的，对的请坚持，譬如日记。

职业成长路上，我是时光的记录者，也是梦想和坚持的受益人。

成长的日记

2015年，管理会计全面推行。应企业的邀请，我运用自己多年的工作和行业经验，为小微企业建立一个预算与决策快速反应的模型。彼时，财务机器人正如火如荼地产生，基层财务人人自危。某个会计朋友了解到我接手的这个项目，很是不解：“你不是总说换位思考吗，这个模型会让多少会计失去饭碗啊?”行业的巨大变革让我感到惶惑与担忧，朋友如是，财务人如是——那一刻，我觉得自己仿佛做了一件错事。千头万绪，心乱如麻。于是，我打开日记文档，混乱的大脑在行文间逐渐清晰，多年的思考在文字中逐渐有了层次。抬头时，已是拂晓时分。与其自怜自艾，不如面对挑战。此时，我在日记的结尾处写道：管理会计，早安!

无论你乐意还是不乐意，该变的依旧会变。做一个传承与创新并重的会计人，才有价值。我想，不管怎样，我会一直坚持下去，就像每天写日记一样。

（原载《财务与会计》2018年第5期）

赵佳佳

赵佳佳，时任中国农业银行总行机构业务部副处级资深专员，现任中国农业银行总行机构业务部副处长。曾获中国农业银行优秀员工、优秀青年、山西省金融青年服务明星、第三届全国微书评大赛三等奖等多项荣誉称号。

心存温暖　做最好的自己

十几年前，我从家乡来到北京求学，本硕 7 年的会计专业学习练就了我的钻研精神和专业素养，此后的从业经历又培养了我严谨细致的工作作风，提高了我的职业素养，这些都给了我热爱生活、热爱工作的力量。

硕士毕业后，我进入中国农业银行总行对公客户部门工作。这个部门的主业是客户营销管理及相关风险防控，同时还担任着对系统内各级行的培训等工作。刚开始工作时，我很担心自己就要跟会计专业说再见了。没想到，正因为我会计专业背景的缘故，部门内与会计和内控相关的工作自然而然落到了我的头上。近年来，监管部门不断缩减银行业的收费项目，我负责各类中间业务收入科目的梳理、缩减、优化，这要求我既要站在监管机构和广大客户的立场，尽可能减少收费项目，提高普惠金融的覆盖面，又要站在银行自身的角度，满足银行业“脱媒”的要求，在可能的情况下尽量减少利差收入的占比，保持中间业务收入的稳定增长。这无疑是一个巨大的挑战，既要换位思考，又要立足本位；既要在部门内部充分酝酿，又要在全行范围有效沟通。在这个过程中，我的沟通协调能力、思考问题的层次、把握全局的能力、具体操作的方法论等，都得到了较大的提升，获益匪浅。

在总行的工作节奏很快，但我没有放松自身的学习。这些年来我自学考取了保险理财规划师等多项执业资格，通过了农业银行四项不同门类的岗位考试，还在农行系统内外的报刊上发表了数十篇论文。同事们都戏称我为“考霸”“学霸”“问不倒的机器猫”。通过学习，我迅速成长为业务能力强、知识技能全面、文字水平高、综合素质过硬的优秀员工，获得了总行和银行业协会的多项奖励，也促进了我的职务晋升和事业成长。

2016 年，根据农业银行总行的统一安排，我来到太原农行的一家支行挂职，我非常珍惜这个工作机会，把它视为宝贵的学习和成长经历。在外挂职最大的愧疚是对于我的家人：丈夫忙于工作、为了更好的生活而辛勤打拼，父母则放弃悠闲的退休生活来到北京帮我接送和照顾孩子，孩子正值无忧无虑的年纪、在一家人的呵护下快乐成长——每当看到家里温馨的场景，我的心里也是无限温暖，我知道我不是一个人在奋斗。

太原素有“龙城”的美称，汾河穿城而过，为这座城市增添了不少情趣和韵味。我爱在清晨和傍晚漫步在汾河公园的堤岸上，任清风吹拂脸颊，尽情呼吸泥土和花朵的芬芳；我也爱骑车穿梭在太原的大街小巷，品尝各种精致的面食，感受三晋大地人民的淳朴和热情；我还爱逛著名的晋祠、双塔寺（永祚寺），去观赏有几千年树龄的古树和明代流传下来的紫霞仙牡丹花……不仅如此，时常往返在“北京——太原”这条高铁路线上的我，对于沿途的风景和每一个车站都已经熟谙于心：无论是黄土高坡的苍凉、崇山峻岭的恢宏，还是平原腹地的广阔、京冀之交的丰腴，在我眼里全都是不可多得的美丽风景。而沿途各站的历史沿革、地方故事，也都成了每次坐车时增长知识、增加乐趣的宝贵素材。

曾经一个偶然的机会，我读了马可·奥列留的《沉思录》，深有共鸣，于是信手写下了读书感悟。没想到从此便一发不可收拾，每读罢一本书，就会不由自主地想要记录、评论或感慨点什么。2016 年，在朋友的鼓励下，我开设了个人公众号“一书一世界”，从此更加规律地平均每个星期看一部书，并撰写一篇书评发布在公众号上，也经常有朋友让我推荐阅读的书目。大家的关注和鼓励令我十分欣慰，也成为我继续读好书、写书评的强大动力。

收回思绪，我又瞥了一眼窗外，整个大地沐浴在暖阳下，温暖、灿烂、催人奋进。我想，有钟爱的人，有钟爱的事业，有钟爱的兴趣，便是十分幸福的生活了吧！我相信，因为温暖，因为爱，因为正能量，生命将更加美丽，生活将更加美好！

（原载《财务与会计》2018 年第 5 期）

第九篇

2018年（下）

编者的话

古往今来，有太多的文字描写女性之美。古代多注重女性外貌之美，故《诗经》中以“手如柔荑，肤如凝脂，领如蝤蛴，齿如瓠犀，螓首蛾眉，巧笑倩兮，美目盼兮”的文字描摹女性的外在美；伴随着时代进步，又有了《红楼梦》中“气质美如兰，才华馥比仙”的内外一致的气韵美；工业时代来临，1908 年纽约街头近 1.5 万名妇女喊出“面包加玫瑰”的口号后，职业发展和事业成功逐渐成为衡量现代女性之美的标准；而能够完美兼顾事业与家庭的新时代职业女性，更是将女性之美升华到了新的高度。2018 年第 6 期的 8 位女性，人生经历各有不同，所展现出的新时代职业女性之美也不尽一致。

有一种充实叫郑温雅，28 年间从不见经传的小会计成长为上市公司的总会计师兼董事会秘书，在忙碌的工作中保持着一份怡然自得，伴随着数字音符演奏的乐章“一路忙碌一路歌”。有一种纯粹叫王峰娟，多年前许下的“当老师”的愿望使她对三尺讲台始终心存敬畏、对教书育人始终满怀热忱，对职业的由衷热爱使她的人生更加丰盈和柔软。有一种从容叫张静，她在工作中修行、在学习中积淀，也在与家人的良好沟通和温馨愉快的家庭氛围中感受生活的美好，相信“每个人的人生都有不同的精彩”的她，在人生赛道上飞扬着汗水与激情。有一种传奇叫马莹，她曾为公司成功规避金融危机带来的货币贬值风险，也曾在毅然踏上海外求学之路后出于对家庭的责任放弃国外永久居留权，多年间她游走五大洲多个国家，并将旅行所带来的独特体验融入血液，在工作和生活中开花结果。有一种勇敢叫汪萍，作为2015年“全国先进会计工作者”，她丰富的职场履历中透露出的是一位职业女性不断寻求蜕变的决心与勇气，是改变让她拥有了更美好的未来。有一种专注叫汪丹梅，不管是在基础的出纳岗位，还是在成本核算、绩效管理以及管理会计岗位上，她始终怀着“用心耕耘，静待花开”的心态，用心品尝工作和学习带来的快乐和幸福。有一种坚持叫袁家红，工作中的她积极参与股改、上市、流程再造与信息化建设，生活中的她也用努力生活的态度和行动引导孩子收获成功，不懈努力终使梦想照进现实。有一种逆袭叫樊影菡，自小酷爱文学、梦想成为一名文学家的她最终成为澳洲大学一名会计学老师，从开始的英文表达不清、学生越来越少的困窘到被学院评为优秀老师，面对生活给出的Hard模式，坚持尽心尽力和勇敢担当的她收获了更多的惊喜与成长。

文字能承载和传播力量。转眼，2018年“新时代会计职业女性风采”专栏落幕在即，品读着这些由心而生的或优美、或从容、或坚毅、或温暖的文字，感受着24位职业女性对于工作和生活的热爱，心中荡起点点涟漪，激发出些许共鸣、些许羡慕、些许向往，以及由此引发对人生的思考和行动上的小小改变，便是本专栏的意义之所在。就让我们感受着这份“她魅力”、怀揣着这份“她力量”，一起期待明年花开。

郑温雅

郑温雅，冀中能源股份有限公司总会计师兼董事会秘书，河北金牛化工股份有限公司董事长。河北省国资委系统2008年度“先进会计工作者”，中国煤炭经济研究会2010年度“全国煤炭经济研究优秀个人”。

一路忙碌一路歌

岁月不居，时光如流，转眼间我从事财务工作已近28年。28年来，我坚持学习财务理论知识，不断攻克一个又一个工作难题，完成一项又一项艰巨任务，在助推企业发展的同时也实现了自身职业价值的升华，从不见经传的小会计逐步成长为上市公司的总会计师兼董事会秘书。

忙碌是财务工作永恒的主旋律，每日与枯燥的数字打交道，在一般人看来一定是乏味无趣的，但对我来说，那些数字却似一个个跳跃的音符，演奏着一曲曲动听的乐章，让我在繁忙的工作中享受着无限的乐趣。

1990年6月，大学毕业步入企业会计岗位，从材料核算员做起，第一次上手工作时的情景现在回想起来仍是历历在目：供应科的同事把前一天发生的一大堆材料单子放在我的办公桌上，我看到后既惊讶又兴奋，惊讶的是一天的材料单子就那么多，兴奋的是我所学到的知识终于有了用武之地。我认认真真地逐笔核对入账，做完后已是晚上9点，月亮早已悄悄地爬上了树梢，仍记得那晚的月亮又大又圆又亮，在月光的陪伴下，我一路哼着小曲往家走。随后的几年间，我先后轮换了销售核算、税务核算、成本核算、总账会计等财务部门所有岗位，不论在哪个岗位上，都是以积极乐观的心态，认真细致地开展工作。不懂的、不会的就向老师傅求教。工作4年后，我顺利地一次性通过会计师考试，是全公司具有会计师资格的人员中年龄最小的一个。

2002 年 4 月，我被提拔为公司财务部主任会计师，成为一名中层管理人员。职务的提升是组织和同事对我工作的肯定与认可，更是鞭策和激励我为公司发展贡献更多力量的动力。除了组织好日常经营的财务工作外，我还参与了公司可转债发行、股权分置改革、资源整合、整体上市等资本运作项目，其中整体上市这个项目记忆尤为清晰。2008 年 6 月冀中能源集团成立，随之成立上市小组，制定了以收购资产发行股份方式实现冀中能源集团公司煤炭业务整体上市的计划。我作为小组成员之一，负责对所有收购矿、厂、分公司的财务审计和资产评估工作，包括纳入资产范围的界定方案、剥离报表、备考报表的审核和上报材料的制作，涉及范围特别广（收购 9 矿、4 厂、6 个分公司）、工作量相当大。我和小组其他成员一起迎难而上，经过整整 1 年零 1 个月的艰苦鏖战，终于圆满完成了此次发行股份收购资产工作，我和整个财务团队的业务和能力也得到了很大的提高。除此之外，我主创的管理成果获全国煤炭系统奖项 8 项，省级奖项 10 项，发表了 6 篇论文，获得了河北省国资委系统“先进会计工作者”等数十项个人荣誉称号。

2015 年 7 月，我被任命为公司的总会计师兼董事会秘书。步入公司级领导岗位后，工作任务更重、工作责任更大了，但我保持谦虚谨慎、戒骄戒躁的心态，以勇于担当、勤勉敬业的精神去开展工作。我充分利用上市公司融资平台，积极与券商沟通，组织财务部、证券部协同作战，收集和整理相关材料，从 2016 年开始，连续两年分三期共发行 50 亿元公司债，利率都为同时期煤炭行业最低，确保了公司资金链安全，有效降低了财务费用，优化了融资结构，为公司生产经营提供了充足的资金保障。这些工作成绩得到业界的一致认可，2017 年，我被河北省财政厅聘请为“河北省管理会计咨询专家”，荣获了“金牌董秘”称号。

奔波在外的我常常被人们认为是一个工作狂人，但在乐享工作的同时，我也乐品生活。每天下班后，我都会尽量推掉一些应酬，回到家中陪在家人身边，做做饭，陪父母聊聊天，伴孩子做做功课，工作生活有张有弛。

伴随着数字音符，一路忙碌一路歌，我将继续微笑面对未来的各种忙碌和挑战，用自己不懈的努力去谱写更加绚丽多彩的诗篇。

（原载《财务与会计》2018 年第 6 期）

王峰娟

王峰娟，北京工商大学教授，博士研究生导师，中央财经大学博士。北京市第十三届政协委员，前财政部会计资格评价中心专家、兼任财政部资产评估师协会专家、上市公司独立董事。2005 年入选“北京市中青年骨干教师”，2011 年入选“教育部新世纪优秀人才”支持计划。

因为爱　所以爱

接到《财务与会计》的约稿，我迟疑很久都未动笔，因为这篇约稿的主题把我难住了——乐享工作，乐享生活。工作和生活是两件不同的事情，但在我这里似乎没有了界限。我想了很久，甚至一度怀疑我是不是没有生活？但最终欣然发现，我把工作过成了生活，把生活当成了工作，并且乐在其中。我开心地笑了，内心升腾起谢霆锋的一首歌：因为爱，所以爱。

1996 年是我当老师的第一年，那个夏天那个暑假至今仍历历在目。天气很热，屋子很狭小，没有空调，也没有电风扇。我挥汗如雨，翻阅资料，奋笔疾书，为我教的第一门课《管理会计》备课，写下厚厚一本读书笔记，精心设计了一套完整的教案。我怀着敬畏的心走进课堂，怀着忐忑的心走下讲台，每天都温习一下教材和教案。直到有一天，当时的系主任张绪鹏教授跟我说：“你天生就是当老师的料”，我知道这个讲台我站住了。1997 年我参加了青年教师教学基本功比赛，刚从教一年的我获得了特等奖和优秀教案奖。回想起来，当时一点都没有觉得苦，因为爱，内心充满欢乐。

1997 年儿子出生，由于既要照顾孩子又要工作，一度过得一团糟。特别是 1999 年北京轻工业学院和北京商学院合并，面对新要求和新同事，猛然发现，当个好老师，仅仅把课讲好是不够的，还需要“以科研促教学”。短暂的混乱之后，我重新调整了生活、工作节奏。一天疲倦的劳作以后，10 点钟跟孩子一起入睡，4 点钟起床学习、工作。那时候的住房条件很差，一家人住一间房子，根本没有放书桌的地方。幸运的是，那间房子有一个小壁橱，去掉隔板刚好可以坐下一个人。那个小小的空间满溢着暖暖的、柔和的灯光，周边除了爱人、孩子均匀的呼吸声，世界一片静谧，我常常沉浸在做科研的世界里，时间一晃而过。功夫不负有心人。慢慢地，我竟然成为科研能力强的年轻老师，2003 年第一次申报副教授就成功通过，2006 年开始攻读中央财经大学的博士研究生，2009 年顺利毕业，2010 年评上了教授。

教书、做科研是大学老师的基本工作，这个工作的根本目标是“育人”。从本质上来说，我喜欢教书、做科研是因为我爱我的学生们。我当了 18 年的班主任，看着学生们从青涩到成熟，从对专业一无所知到自信地走向职场，内心由衷地欢愉。看他们，胜过看任何的山水盛景。当老师，是个多么美好的事业！这 20 余年的教师生涯中，无论何时何地，只要是学生联系都尽快回复；无论是学业问题还是生活抑或情感，只要需要我的协助和支持，我可以立即放下手中的饭碗、关上正在炒菜的炉火，奔赴学生身边。有些事可能无能为力，那就做个倾听者，给她一个拥抱，陪她一起流泪……

我欣赏那些能够把工作和生活分开的人，甚至是羡慕他们。可我就是做不到，其实很多老师都做不到。我们没有上班时间，也没有下班时间；假期里，我们可能在旅行、在休闲，也可能在写论文、辅导学生、备新课……我的幸运在于，当老师不仅是我的职业、我谋生的工具，还是我的梦想、我的爱！我深切感受到做自己喜欢的事是多么重要。因此，在 2018 年 1 月北京市政协会议期间接受媒体采访，针对网友提出的大学生报考热门专业这个话题时，我说在选择热门专业的同时还要更多关注自己的爱好，喜欢什么专业、未来愿意去做什么就选什么专业，而且我立即就找到了一个佐证。市政协会议期间，与我同住一个房间的委员是北京服装学院材料学院的院长王锐教授，她 10 年间拿到 2 个国家科技进步二等奖，高精尖重点课题经费数千万元。这在一流大学已属不易，何况在一个市属院校。凭的不仅是智慧、刻苦，还有她对科学研究深深的热爱。繁忙的会议期间，她还在昏暗的宾馆房间写论文，没有疲倦，没有抱怨……整个人看起来那么干净和纯粹，我眼里满满都是欣赏。

因为爱，所以爱，或许有因果！

（原载《财务与会计》2018 年第 6 期）

张静

张静，时任北京国家会计学院远程教育中心负责人，现任北京国家会计学院教务部主任。江西财经大学博士后工作站兼职研究工作，主要研究方向为互联网+时代商业模式研究；英国AIA国际会计师公会会员。曾负责北京国家会计学院的全国会计领军（后备）人才培养和财政部总会计师素质提升工作。

遇见最好的自己

接到《财务与会计》杂志的邀请，和行业内的各位女性同仁们共同分享如何平衡工作、学习与生活这个话题后，我一直在思考，自己哪些状态可以分享？少女时代的我，希望自己未来能够做一名独立、自信、优雅的女性，这也是我矢志不渝的目标。如今已过不惑之年，蓦然回首，欣慰自己没有蹉跎岁月，还好仍然是年轻时想要的样子。

工作是最好的修行。我在北京国家会计学院做人才培养工作，在这个团队里，学习是常态，因为我们面对的是部委、大中型企业、各省市财政厅局、会计师事务所等各行各业的培训需求。虽然都是聚焦于财会人才的培养，但是行业特点不同、人员层次不同，培训需求亦不同。要做好这项工作，就要持续追踪、学习最新政策和热点问题，研究不同行业的特点，才能制定出符合需求的培养方案，体现国家会计学院的专业价值。工作中最具挑战的是会计领军人才培养工作，我从2011年年底开始负责该项工作，从摸索到逐渐完善的过程中遇到很多困难和挑战，但更多的是收获。财政部对人才培养高瞻远瞩的规划，作为委托方的相关部委财务司和各省财政厅领导求真务实和开拓创新的工作作风，领军学员孜孜不倦、求知若渴的精神风貌都让我受益匪浅。现在的我已轮换到新的岗位，负责互联网教育工作，如何利用新技术更好地宣传贯彻财政部政策法规和服务广大财务人员，成为我的新课题。经过一年半的努力，我们团队创新了一系列新项目，O2O混合式培养、集团高端定制、管理会计师岗位能力培训等都受到行业好评。从工作的成就中我意识到，接受工作中的挑战，实现自我持续发展，才能遇到最好的自己。

让学习相伴一生。一日不读书，尘生其中；两日不读书，言语乏味；三日不读书，面目可憎。人可怕的不是年龄，而是精神上的腐朽气。会计行业政策法规不断推陈出新，在学习这条道路上我从未敢停歇。身怀六甲考取会计师，评高级职称，读硕士、博士，现在兼职在江西财大博士后工作站做研究工作，一路走来，欣慰自己从未落队。得益于国家会计学院这个平台，我有机会和各行各业的大咖们学习和交流，有幸不断让自己浸泡在学习的环境中，汲取知识，开阔视野。思想让人鲜活，女人的睿智来自于日积月累的底蕴，而学习是最廉价且最有效的营养品。

生命在于运动。运动可以让女性有健康的身体，匀称的身材，年轻的心态。我最喜欢的运动是网球。非典时期，我最大的收获是和网球结下了不解之缘，如今网球已伴随我15年，每周我都会花3个小时在球场上挥汗如雨，网球弹在场地上“砰砰”作响的声音是最美妙的音乐，双反直接得分总会让我兴奋不已。常年坚持锻炼使我成为同事们眼中的“钢铁侠”。网球运动对礼节、球具、着装和击球姿势都有较高的要求，它不仅仅是一项体育运动，还是一种生活方式，更是一门艺术。因此，我经常向我的女性朋友们推荐网球运动。

幸福是奋斗出来的。职场女性如何平衡工作和生活的关系是大家共同关心的问题，我认为愉快的家庭氛围和良好的沟通方式是幸福的秘籍。我们的家庭规则是工作日忙各自的学习和生活，周末则是全家人欢聚的时光。我会提前策划丰富的活动，骑自行车、看电影、看话剧、旅行、滑雪、游泳、打球，等等。我们也会一起劳动，春天来了，一家人在小院里种上各种花草和蔬菜，秋天爬到梯子上采摘高挂树上的金黄柿子，小院里总是充满欢声笑语。良好的沟通一定基于相互匹配的精神层次和能力，工作的历练让我充分理解企业的压力，我和爱人经常一起讨论与工作有关的话题，彼此相互理解和支持。我生长在科尔沁大草原，草原人民的淳朴和热情赋予了我良好的沟通能力，这让我在处理工作和生活的问题时能够游刃有余。

我相信，每个人的一生都有不同的精彩，祝愿各位女性朋友都能在自己的赛道上飞扬汗水与激情，遇见最好的自己。

（原载《财务与会计》2018年第6期）

马莹

马莹，时任首都机场集团公司资金管理业务经理，现任河北省资产管理有限公司总会计师。全国会计领军（后备）人才企业类十二期学员，正高级会计师，澳大利亚 CPA，目前还担任财政部内部控制标准委员会咨询专家；中国民用航空局科技专家；财政部、工信部及人民银行等五部委产融合作试点城市专家；工信部供应链金融专家；河北省财政厅管理会计咨询专家；河北省政府投融资平台咨询专家。

旅行之乐在工作中开花结果

我是职场女性，同时也是女儿、妻子和母亲，我希望自己能扮演好每个角色，在单位让领导放心，在家庭中也不缺位，并兼顾自己的兴趣爱好：健身、旅行、读书、交友、插花、娱乐……我认为命运是特别眷顾我的，我并没有如别人付出那么多，收获的却总是让我受宠若惊。

与会计的缘分或许早已注定。在大学填报志愿时，我本意在报考外语专业，但最后还是遵从父母的意愿清一色地全部填报了会计专业，会计就此走进了我的人生，尽管在我脑海中会计就是从电影里看到的老式“账房先生”的形象。我是个没有什么特别爱好的人，却又是个喜欢尝试的人，因此，大学 4 年我获得了 40 多本不同的获奖证书，也正是这看起来闪光的经历，让我毕业后顺利进入了航空公司工作。

由于突出的工作业绩及良好的外语成绩，我工作两年后被公司选派到海外担任财务经理，成为最年轻的驻外财务经理。带着初生牛犊不怕虎的热情，25 岁的我独自扛起驻外财务经理的重任，也正是这段经历让我有了凤凰涅槃般的重生，让我真正懂得了一个优秀会计人在公司管理中举足轻重的作用。在体会成功喜悦的同时，我渐渐喜欢上这份职业。期间，我以会计人特有的敏锐及专业，为公司成功规避 1997 年亚洲金融危机带来的货币贬值风险；努力促成了由民航局牵头及驻外使馆参与的联合谈判组，最终将当时以各国货币计价的航空票价改为美元计价，不仅减少了汇兑损失，也维护了国家利益。任职期间，我参与的各项谈判不计其数，每当看到总经理那赞许的目光，在感受责任的同时，更多感受到的是作为会计人的骄傲……因在国外的优异表现，我在中国驻外大使馆加入了中国共产党，成为驻在国使馆有史以来发展的唯一一名中国公司的党员，或许这是对我驻外经历最好的认可。

在航空公司，我有幸与国内外各色精英并肩为伍，也深感自己知识的不足。强烈的学习愿望让我在结束国外任期后谢绝公司的挽留，毅然踏上海外求学之路。留学期间，为了开阔眼界，我选择了会计和金融专业攻读硕士学位，并最大限度地选择选修课程。重返校园，让我如久旱逢甘霖，如饥似渴地汲取知识的营养，空余时间大多在图书馆度过。勤奋努力换来的不仅是导师的好评，我还获取了澳大利亚 CPA 资格及永久居留权，并在硕士毕业后通过导师举荐被名校录取为全奖博士生。出于对家庭的责任，我选择放弃澳大利亚永久居留权及全奖博士生的学习，决定回国工作。

有人说："人生至少要有两次冲动：一场奋不顾身的爱情和一段说走就走的旅行。"我算在自己最美的年华里经历了奋不顾身的爱情，而从 20 多岁开始在 3 个国家工作学习的经历，又让我比同龄人更早有机会了解外面的世界，有了说走就走的旅行机会。每年的假期就像我的加油站，每当在工作中感觉疲倦或遇到瓶颈无法逾越时，我常常会选择通过旅行的方式来放松自己，在欣赏美景、品尝美食的同时，思考人生，积聚力量，再次前行。

多年来，我游走了五大洲的多个国家，旅途中的所见所闻让我对亲情、友情及爱情都有了全新的认识。安徒生说："旅行对我来说，是恢复青春活力的源泉"。旅行让我在工作中越来越能保持一颗平常心和积极向上且喜欢猎奇的年轻心态；旅行也激发了我对新知识的渴求，能在与同事、朋友的交往中充分学习他们身上的优点，同时也养成了在工作中遇到弄不懂的问题绝不放过的习惯。正是旅行带给我的独特体验，让我在相夫教子的同时，在回国后的几年时间里不仅取得了工作上的突出业绩，获得了全国民航优秀财务工作者等荣誉，获评高级会计师等职称，2016 年又走进了全国会计领军的大家庭，在不惑之年重新开启了又一段"炼狱般"的鹰的重生。我相信，旅行带给我的积淀早已融入血液，在工作中开花结果。不论春夏秋冬，旅行都让我乐在其中。

（原载《财务与会计》2018 年第 6 期）

汪萍

汪萍，时任横琴人寿保险有限公司副总裁、财务负责人、首席风险官。高级会计师，注册会计师，注册资产评估师，湖南省会计系列高级职称评委。2015 年被财政部授予“全国先进会计工作者”称号。

改变　让未来可见

时光荏苒，过去的日子，感动而充实。从银行证券从业者转型为执业注册会计师，而后又有幸筹备了两家保险法人机构，不惑之年来到横琴自贸区再次开启新事业。我的每次改变总是让周围的亲人朋友大感意外而又习以为常并报以祝福，因为每次改变背后都有份不变让人心安，那就是对学习、工作的热爱。

改变　看见更美好的未来

已经从事财会工作 25 年的我起点其实并不高。1989 年初中毕业考入湖南省财会学校，从此与财会结缘。毕业分配到银行基层支行从事财会工作，因为对学习的热爱，我一边工作一边抓紧充电，1996 年通过自学考试取得湖南财经学院会计专业本科毕业证，1997 年通过中国注册会计师执业资格考试。

注册会计师执业资格帮我获得了湖南开元有限责任会计师事务所抛来的橄榄枝，这让我更加坚定学习提升自我。我又陆续取得了中国注册资产评估师资格和高级会计师资格。2012 年，在吉祥人寿保险股份有限公司筹备工作紧任务重、根本抽不出时间备考的情况下，我依然克服各种困难和压力，又坐到了久违的考场上，并成为湖南省首期会计领军人才培训班学员。

改变　遇见更美好的未来

对财会事业的执着追求让我放弃了银行的“铁饭

碗”，1999年我进入会计师事务所工作，成为一名执业注册会计师。在这里我由一名审计人员成长为项目经理、高级经理，为30多家公司提供咨询服务，让我接触到不同行业不同公司的财务工作。在客户眼里，我是能解决疑难问题的专家；在领导眼里，我是值得信赖和依靠的工作伙伴；在同事眼里，我是思路清晰、精力旺盛的领头人。

事务所的经历使我的财会专业技能有了大踏步的提升，2011年我决定再度回归金融业，去更好地发挥专业优势。我率领团队完成了湖南省首家保险法人机构吉祥人寿保险股份有限公司的各项财务筹备工作，顺利通过中国保监会的开业验收。担任吉祥人寿总会计师后，经过5年的艰苦努力，吉祥人寿的大财务战略初现雏形，集中财务管理模式初见成效，财务核心团队初具规模，财务信息系统日趋完备，我也于2015年被财政部授予“全国先进会计工作者”称号。

年龄的增长让我变得稳重、成熟甚至老练，却没有让我失去不泯的意志和探索新事物的勇气。2016年我离开工作、生活了40多年的家乡，怀揣着在粤港澳大湾区创立一家保险3.0时代标杆企业的梦想，带着正读小学四年级的儿子单枪匹马到了珠海。一年多来，我与一群有愿景、有情怀、有能力的志同道合之人一道，筹备创立了横琴人寿保险有限公司，以科技应用为支撑，推动商业模式创新，助推粤港澳保险业融合发展。人到中年，开启新事业很辛苦，付出也很多，但坚持梦想，心中便是满园春色。

改变　拥有更美好的未来

一直以来我都是父母的骄傲，直到2006年因为怀孕我突然辞职。我知道虽然父母嘴上不说，但我选择回家当全职妈妈确实让他们有些许失落。

但我要感谢我的孩子，是他带给了我第二次生命。陪伴孩子成长的这5年，我终于有时间让曾经浮躁的自己静下心来认真思考人生，放慢节奏享受生活。从天使般的孩子身上我感悟到了善良真诚、无私无畏的力量，学会了爱人和被爱。曾经骄傲任性、咄咄逼人的女孩成熟了，懂得了性格决定命运，健康心态才能创造幸福人生。2011年再入职场时，我在自己的博客中写下了：“虽然妈妈已经不再年轻，但现如今的妈妈比以往任何时候都充满力量，都更加强大。”

和不一样的人在一起，就会有不一样的人生。爱情如此，婚姻也如此；家庭如此，事业也如此。但人以群分，想和优秀的人在一起，你就得优秀，努力学习和工作，才能实现自己的梦想。

虽然起点不高，但是我一直没有放弃梦想，也正是一次次角色转换的成功给了我更多的机会。改变，让我拥有了一个更美好的未来！

（原载《财务与会计》2018年第6期）

汪丹梅

汪丹梅，时任江苏省人民医院资产处处长，现任江苏省人民医院副总会计师。正高级会计师，全国会计领军人才，财政部内部控制标准委员会咨询专家，入选全国大中型企事业单位总会计师培养（高端班）项目，南京大学、东南大学等高校的专业学位研究生校外导师。

用心耕耘　静待花开

时光荏苒，如白驹过隙，回首当年，往事历历。悟得，财务管理犹如园丁劳作；懂得，用心耕耘方有春华秋实。

1989年，我大学毕业来到江苏省人民医院（南京医科大学第一附属医院）计财处工作。第一个10年，我用心积累。一开始是最基础的出纳岗位，每天面对的是数百笔零星费用报销。每付出一笔现金，我就在报销凭证右上角记录付款金额，这是当年我琢磨出的一个方便查错追溯的有效方法。如今，这个小技巧一直被计财处作为惯例延用。后来历经会计核算、预算、财务分析等岗位，我用心跟前辈学习，不会的问题只问一次，然后用心积累、分析和总结。这10年，我对医院整个的财务会计流程有了完整的认识与掌握。

第二个10年，我用心成长。通过自荐去了成本核算、绩效管理岗位，开始进入管理会计领域，拥有更为广阔的专业平台和视野。在工作中，我领悟到过去从事的财务会计是严格执行制度，强调规范；现在担任的管理会计是满足医院内部管理需要，强调价值创造。新的领域、新的使命，伴我走上了开拓创新之旅。我深刻感受到实现财务管理的目标迫切需要业财融合，因此，将财务视角延伸至业务前端，深入对临床科室开展各类调研，并以宣教医院绩效政策为切入点，引导临床科室医务人员学习成本管理。在这个过程中，我带领团队用心了解临床需求，掌握各个学科特点乃至关键业务流程。付出总有回报，后来许多医务人员都称我是医院的“全科医生”。这10年，我用心播下了业财融合的种子，用心培养了财务思维，用心锻炼了管理能力。

随着财税体制改革的稳步推进，国有资产监管日趋严格。2012年，江苏省人民医院在全国公立医院中率先成立资产处，其职能主要是负责医院国有资产管理与医疗服务价格管理。听从单位安排，我承担起资产处处长这个重任，全面负责该处室的所有工作。

5年多来，迎接新挑战、带领团队努力创新一直是我的追求。首先提出新理念：引入全面质量管理思想，提出“全员、全过程、全方位”的全面管理理念。其次在全面管理理念下建立新模式，具体包括：建立分级管理、分级核算的管理体系；制定资产与价格质量文件体系及资产目录；设计基于资产全寿命周期的流程管理；从源头规范医用耗材收费规范化管理等。再次利用新手段：以信息技术为支撑，搭建资产管理信息平台，探索基于药品供应链的价值创造，实施高值耗材条形码管理，启动新型固定资产移动盘点系统，实现基于建筑空间的固定资产位置管理。最后创立新机制：建立常态化、规范化的经济运行协管员培训机制，建立定期下科室调研机制。

时光不语，春去秋来，我当用心耕耘，静待花开。这些年来，我如饥似渴地学习，取得了硕士学位，成为医院第一个正高级会计师，并有幸入选全国会计领军（后备）人才培养项目。这些年来，我带领处室人员，加强人才梯队培养，营造“团结、奋进、使命、担当”的处室文化，努力使我们的资产管理会计团队成为连接业务部门和财务部门的桥梁，实现从财务会计向管理会计转型。这些年来，我带领团队开展课题研究，举办继续教育项目，在国内公立医院资产与价格管理领域打造一定的影响力。现在，医院的资产管理日益规范化、精细化，资产效能逐步提升，资源配置逐步优化，在保持公益性的前提下，实现了国有资产的保值增值。未来，医院资产管理将继续向基于资源观的价值创造转变。这些年来，在财会领域里，我用心辛勤地耕耘着，也用心品尝着工作和学习带给我的快乐和幸福。

身处在这个发展的时代，太多的变化乃至革命性的颠覆，不是已经发生，就是走在发生的路上。有人彷徨，有人迷惘，有人掉队。但现在的我却信心满满，因为我明白，在变化的时代要做不变的自己，只有在一片片平原、一座座山丘的土地上用心耕耘，静待花开，方能迎来金色的秋天，收获累累硕果。

（原载《财务与会计》2018年第6期）

袁家红

袁家红，优德精密工业（昆山）股份有限公司董事、副总经理、财务总监。2012 年至今连续两届获得昆山优秀人才津贴奖励。

越努力　越幸运

时间如逝水东流，岁月匆匆而过。转瞬间，已与优德精密共同走过了 18 个春秋。

刚进优德精密时，我只是一名普通的财务人员，公司规模较小，总共也就 20 多人，一间不算大的办公室，但当时大家都抱着一个坚定的信念：我们的舞台决非仅此而已。“至优用于工，上德施于行”的价值理念诞生于 30 多平方米的办公室中，并引领优德精密像一枚种子，生根发芽，长成参天大树——于 2016 年 9 月 30 日在深圳证券交易所挂牌上市，而我更是有幸参与并主导公司股份改制及申请上市的工作，并伴随着公司一同成长，从一名基层财务人员到财务主管，再到财务总监、副总经理、董事。

人生何时最美好？有一个理想，然后坚定上路。为了美好的目标，付出辛勤的努力。而我正是用辛勤努力书写着自己的美好人生。

带着对财务工作的热爱，每天我第一个到公司，最后一个离开公司。记得公司在创业初期，因规模较小，筹集资金比较困难，扩大发展受限，作为公司的财务人员，面对此种情形心急如焚。但我初生牛犊不怕虎，与银行贷款部门的人员反复沟通，介绍公司产品及经营效益，描绘公司的未来发展前景……记不得经过了多少次的努力，也记不得遇到过多少次的挫折，但最终为公司赢得了贷款，缓解了公司在资金方面的燃眉之急，为公司的发展贡献了一个财务人员的心力。

当我晋升为公司财务课长时，因工作量加大，人手不够，新招聘的财务人员又没有工作经验，帮不上什么忙，感觉工作压力特别大。为了尽快帮助新来的员工进入工作状态，我手把手亲自教，并对自己和新员工提出要求：今日事必须今日毕。因此，常常工作起来就没了时间概念，华灯初上也未能下班。记得那时每天下班到家，儿子已经熟睡，而小手里竟然还紧紧抓着妈妈的围巾。看着这一幕，心里很是愧疚，但更多的是感到温暖和幸福，因为我被需要着，被公司需要、被家人需要……而当我感到被需要时，肩上的担子就更重了。尤其是公司筹备上市的那几年，时间紧，任务重，很多时候我的决策直接影响着公司的发展，因此每一个重大决策及建议，我都是参考了大量数据，查阅了大量资料，由此耗费了大量的时间和精力。得益于我扎实的财务基础工作的积累，一切都取得了预期的效果，我倍感自豪。

当今会计知识日新月异，面临的经济环境更加复杂，会计已成为一个需要不断学习的行业。基于此，我利用一切业余时间学习专业知识，并通过自学取得审计专业、计算机专业的专科学历以及法学专业的本科学历，通过学习不断提升自己的综合素养。

也许正是因为自己的努力给孩子做出了榜样，孩子从小乖巧懂事，从小学到大学，我们始终是良师益友的关系，在学习上我从不给他施压，而他也尽自己最大的努力朝着预定的目标一路前行。记得2014年他参加高考，此时我所在的公司也正筹备上市，因此，我没有像其他的父母一样对他有特别的照顾，也没有办法抽出专门的时间给他做营养餐。但非常默契的是，他和我一样始终保持一颗平常心，认真做到最好，而且还主动和爸爸一起为我分担家务，让我全身心地投入工作当中。如今，孩子很快就要大学毕业了，经过他的努力，已取得国外一所心仪大学的Offer，准备继续深造读研，全家人都为孩子感到开心和自豪。而我也通过努力让梦想照进了现实：从基层财务人员晋升到财务总监，搭建起至今仍然行之有效的财务管理体系；全程参与公司股改、上市、流程再造与信息化建设等公司发展中的重大事项，并在其中扮演着重要的角色。

如今的我，已过了不惑之年，如果要让我总结多年来的职场心得体会，我认为：越努力，越幸运。也唯有努力奋斗，才会拥有精彩的人生。

（原载《财务与会计》2018年第6期）

樊影菡

樊影菡，澳大利亚科廷大学（Curtin University）会计学博士，会计学院全职教师，博士生导师。曾在云南财经大学任教8年，在深圳信德会计师事务所从事审计工作近7年。

用感恩和承担回馈生活

我从小酷爱阅读，喜欢文学，希望长大以后成为文学家。可是高考之后，父母帮我选择了会计专业，由此我和会计结下了不解之缘。如今我仍然喜爱阅读，但从读会计、教会计、做审计，到在澳洲学习注册会计师课程，攻读会计学硕士和博士学位，以及从事会计学术研究，我深深地爱上这门专业和我的工作。这一路上有过几次转折，考验和体会最深的莫过于在澳洲大学里当老师的经历。

当时，我已在会计师行业做了10多年，感到自己需要进一步的提升。于是在2005年，我开始攻读会计学博士学位。当时我的导师年事已高，加之我的研究方向、方法和她的不大相同，所以只能自己探索研究，吃了不少苦，最终在3年内提交了论文，于2008年拿到博士学位。相对于其他同学，我是比较幸运的。经会计学院院长推荐，学校给了我一份3年期限的合同。当时我无比兴奋，充满着喜悦和期待。但我并不知道，接下来的工作远非这么简单。

我承担了会计硕士学位的一门基础核心课程。我不知道商科、工程学和人力资源管理的硕士生都要学习这门课，所以第一天上课时看到台下300多位学生盯着我，真是吓坏了。我虽然在国内当过老师，但还从未用非母语的英语上过如此大课。回忆那时，真不知道自己是如何讲完这一个半小时课程的，只记得自己除了紧张，还是紧张。

除了课程难教，其他工作也不容易。作为课程负责人，我要设计教学大纲，准备其他与课程有关的材料，例如每周的授课材料、课内课外的作业、期中和期末考试试卷等。我还要负责找助教来教授辅导课，同时管理协调他们的工作，甚至他们的薪水也需要我来汇集报送给人事部门。其中，最难最繁复的日常事务是应付和处理300多位学生的邮件和问题，其中有不少学生有多年工作经验。作为高校教师，我还必须做出科研成果。这对于我来说，实在是太难了。

由于缺乏经验，而且我的英文表达也不十分清楚，来上课的学生越来越少。开学4周之后，校方邀请学生评估我的教学，结果大部分学生强烈要求校方撤换我这位主管老师。看了学生的评估报告，我的心情很沉重。但我没有埋怨，因为我明白，我太缺乏在西方大学的工作和教学经验了。

起初我想要辞了这份工作，可又觉得如果这样一走了之，辜负了院长的心意，自己也没有颜面。但如果留下来，又不知道要怎样面对学生？后来我想起佛经有一句话“缘起承担”，于是我调整自己的心态，勇敢地面对我的学生。对他们的建议表示欣赏，对合理部分加以采纳，但对不符合校方规定的建议，耐心地解释。此外我也改进了教学方法。

怀着一颗诚恳和努力的心，我终于度过了那个学期。记得学期末，院长发邮件给我，说她在我身上学到不少东西，希望我能继续努力。对我而言，这是一个极大的鼓励。当然，我的同事和家人也时常给我安慰和鼓励。就这样，我继续用心地努力工作，上天果然没有辜负我。一年之后，2010年和2011年，我的教学评估结果都是会计学院第一名，还代表学院参加了澳洲两届高等学校教学研讨会；2012年被评为学院优秀教师。这几年时常有学生来询问关于选我的课的事情，还问我是否还教授其他课程。因为我的努力和成绩，学校在合同未满之前，就给了我一份永久性的职位。

如今，我在大学这块天地找到了自己的位置。我非常喜欢我的工作，爱我的学生。现在我时常有机会回国，与国内一些大学的师生一起研究学术，为会计行业做一些贡献。回想当初，如果我辞了这份工作，怎么会有今天呢？

这是我人生中的一段重要经历。其中，最大的体会就是感恩和承担。感恩就是：不辜负别人对我们的心意，尽力做该做之事。承担就是：懂得应对生活中遇到的一切，尽心负责。对尽心尽力和勇敢担当的人，相信上天一定不会辜负。

（原载《财务与会计》2018年第6期）

第十篇

2019年（上）

编者的话

1919 年 10 月，由李大钊等人创办的《少年中国》杂志上有一篇文章这样写道：“凡有觉悟的女子，切不可再藏名隐姓、含羞怕辱，不敢出来与黑暗势力奋斗”。100 年过去了，从昔日“女子无才便是德”的封建枷锁牢牢禁锢着女性的思想，到如今女性摆脱“出得厅堂，入得厨房”的定位迈向更宽广的天地，新时代的女性拥有更多的机会和选择，她们拒绝被定义，不断追求自我价值的提升，以饱满的激情发挥干劲追求家庭与事业双丰收，她们随时代而行，与时代同频共振。“迟日江山丽，春风花草香”。2019 年第 4 期的 8 位会计职业女性，果敢地抉择，顽强地拼搏，自由自在地向阳生长，书写了一段段精彩人生。

财政部会计名家培养工程入选者宋建波，接触教学 28 年来谨记学则不固的鞭策、保持乐此不疲的态度，选择终身学习、从实践中学习、学习中共享，在学习、求索、传播中不待扬鞭自奋蹄。坚信“有规划的人生才是蓝图”的龚如峰，锚定成为一名优秀总会计师的目标，从内部审计工作的“跑马圈地”到“曲线救国”回归财务，有序地为蓝图做好准备使她在工作和生活中淡定从容、不慌不忙。自认“平凡”却始终坚持打磨自我的张建华，追随会计改革进程不断锤炼专业技能，在改革大潮中配合财政部研究制定体育事业单位财务制度等，“人一能之，己百之”的信念与抉择使她始终心怀清欢、做本色自己。喜欢种花的郭军，多年来努力浇灌事业的花儿，她主导建立起具有传化集团特色的小核算体系，并一路攻坚克难跟随企业共同成长，她还像养花一样用心浇灌着家庭，在她“精心种植”下，幸福像花儿般绽放。“心有执念”的夏登梅，参与构建了行业首创的“1+4”资金管控模式并取得了可喜的成绩，创新了团队管理模式以促进财务转型，工作之余，充满爱和温馨的家庭使她放松心情、享受生活的泰然和温情。河北省胸科医院的赵桂琴，把认真、执着当做工作30年始终不渝的基本态度，面对“非典”突袭医疗秩序被打乱、医院HIS系统上线、城市公立医院综合改革等挑战毫不气馁，通过周密谋划和调动团队智慧、能力，把现代财务管理制度运用到位。用“热爱”把“忙碌”写成诗的牛变珍，通过逐一分析银行特点、加强与银行的沟通和对接最终获取银行资金支持，在“有办法”的背后其实是她的不断反思、化繁为简、不懈学习和矢志坚持。坚信“早起三光，晚起三慌”的罗敏，高度自律与用心沉淀使她在工作中如鱼得水，无数挑灯夜读下她修得了硕士学位，她说遇到困难不放弃总能守得云开见月明。

肩负着社会、工作、家庭的重任，兼顾着母亲、妻子、女儿等多重身份，这些优秀女性也曾经疲倦、迷茫、徘徊过，但都以柔韧的双肩扛下了责任，以不懈的努力诠释着“她力量”。正如鲁迅先生所说，“有一分热，发一分光。就令萤火一般，也可以在黑暗里发一点光”。愿这些优秀女性的心灵之光能够给前行中遇到坎坷的职场女性们一点慰藉和共鸣、一点羡慕与期许、一点决心和勇气，这也是“新时代职业女性风采专栏”推出的初衷与信念——去点亮心灵的亮度，哪怕只是微光，也要烛照一方。

宋建波

宋建波，中国人民大学商学院教授，博士生导师。2017 年入选财政部会计名家培养工程，教育部、国家社科基金、国家自然科学基金评审专家。出版著作（含教材）8 部，发表学术论文百余篇。

学则不固　乐此不疲

村上春树说："活着就意味必须要做点什么"。在我做出高校教师的职业选择时，我想我知道该"做点什么"了，而日后我对"做点什么"的认识却在或兜兜转转、或勇往直前中不断改变。

回答"如何做好会计教师"这个问题势必要经过细密的思考，幸而从接触教学工作 28 年的经验或教训中，我对"如何做好会计教师"有了一些浅见，我想如此而行至少能谈得上"合格"了。我将我的答案概括为两点：一是学则不固，这个词出于《论语·学而》，意思是学习能避免变得固陋，它很好地概括了我的想法。二是乐此不疲，通常做好一件事要以热爱为前提，更不用说是终身职业。其实，乐此不疲恰恰是"活着就意味必须要做点什么"的下一句——"请好好努力"的最好表达。

学则不固要求终身学习。硕士毕业后我成为一名教师，知识储备的不足使我决定继续深造，这是我第一次认识到终身学习的必要性。在博士阶段，我对会计理论、内部控制理论有了更深刻的认识，也更认识到会计与经济、社会发展的密切联系，世界在变，会计就要跟着变，因此，我就必须要学习，这是我第二次体会到终身学习的必要性。博士毕业后我继续从教，此时我国经济社会的巨大变化、会计制度的不断变革、实证研究方法的广泛应用都对会计教师的终身学习提出了更高要求，终身学习从软约束变成硬约束，跟不上要求，就有被淘汰的风险，这是我第三次体会到终身学习的必要性。想要脱颖而出，就必须学得更多，有了这种信念，我选择激流勇进、一往无前。

学习要从实践中学。会计的很多问题和变革是企业先于学术发现和提出的，企业财务建设的经验和问题远超我们的想象，书本只能描绘，却永远不能像实践一样传授会计知识，因此，我经常带领学生去了解企业实践。同时，我作为财务会计领域的专家，担任企业咨询顾问和上市公司独立董事，也为我的教学、研究提供了很多实践知识储备。我主要的研究方向——企业内部控制，尤其要求我深入实践，不知道企业内部控制中存在的实际问题，又何谈做研究、提建议。从实践中学习反过来也给我一个警醒，那就是我讲授的知识也必须服务于实践，因此，我认为研究首先要有实践意义。基于此，我始终坚持从实践中找选题，带领学生做问题导向的研究。

学习要讲究共享。我认为共享是加速知识传递效率的好途径，也是突破行业、专业壁垒的好方法。我在知识共享中有三点经验体会：一是从课堂到课外，与学生保持亦师亦友的关系，互相学习。年轻学生对新知识、新事物的敏感性，同时对于新接触的知识也有初来乍到者大胆、独特的见解，这些见解、思维对于久在学问中的我来说特别诱人，对于维持知识生命力特别重要。二是有幸入选财政部会计名家培养工程，借此机会举行了多场公益讲座，将我所学到的知识、所做的研究分享给同行和学生，并在沟通中加深对问题的认识和理解，为我开展更好、更深的研究提供了保障。三是为西部地区的企业、教师和学生们服务，扩大专业影响力。社会科学学者必须有使命担当，我秉持这种责任意识，以先进带动后进的方式贡献自己对社会科学传播、经济平衡发展的绵薄之力。

每位会计教师都在寻求研究、教学和实践三者的平衡，我亦如此。秉持“活到老学到老”，保持知识常新、思路宽广，因为信念而不疲；坚信“实践出真知”，在感兴趣的领域深耕细作，因为喜欢而不疲；乐于交流共享，思想传播渐行渐远，因为责任而不疲。同时，我常以三问自省：一是研究成果有没有解决实践中的问题；二是有没有在教学中将学术思想传递下去；三是有没有让学生在了解实践的基础上掌握会计知识。我认为答案正寓于学习中，谨记学则不固的鞭策，保持乐此不疲的态度，则可自信地徜徉于会计知识的海洋。

学习、求索、传播，永远在路上，不待扬鞭自奋蹄。

（原载《财务与会计》2019 年第 4 期）

龚如峰

龚如峰，中国北方车辆研究所总会计师。正高级会计师、注册会计师、国际注册会计师（ACCA），国际注册内部审计师（CIA），全国高端会计（后备）人才企业类十一期学员。

有蓝图　悦生活

每一个职场女性，都有一个梦想：既要在工作中投入十分努力、果敢强悍不输任何同事，又要在生活上心细如发、面面俱到照顾家庭和孩子。奔波变换在事业和家庭之间，职场女性面临着更多的压力，精致的妆容下往往是掩盖不住的焦灼和憔悴，纤细的高跟鞋踏出的是难以抑制的急促和忙乱。如何才能做到淡定从容、不慌不忙，大概是每一位有追求的职场女性思考最多的问题。

20 多年的职业经历，我越来越感受到，其实从容的生活并不是降低期望值、放弃职业理想，更多的是源于对生活、对职业生涯的提早规划和布局。在大学和研究生期间我学习的都是管理专业，毕业后先后担任过教师、会计、团委书记，又阴差阳错从事了近 10 年的人力资源管理工作。应该说，在早期更多的是职业在选择我，虽然也算是别人眼中成长比较顺利的，但我越来越有危机感，想象不出 10 年后、20 年后生活会有什么样的变化，我渴望自己能业有所专，成为某一个行业的专家。经过慎重思考，我锚定了财务方向，目标设定为一名优秀的总会计师，并“预谋”先从事审计工作、全面唤醒并积累财务会计知识储备、“曲线救国”回归财务的行动路线。于是，在别人的不解中，我通过笔试、面试、层层选拔，竞聘成为集团公司的一名审计处长。在近 3 年的内部审计工作中，我与团队一起“跑马圈地”，拓展了集团公司内部审计工作领域，建立了较为完备的内部审计制度体系、组织体系、工作体系和人才队伍发展体系，在防风险、队伍建设等方面做出了较为突出的贡献。3 年后，我又在别人的诧异中，再次通过公开竞聘成为集团所属小型高科技事业单位的总会计师。我以单位经济运行体系为核心，融合精益管理、质量体系、制度和流程建设等工作，规范管理、防控风险；同时，加强自身学习和提高，积蓄发展能量，静待花开。基于我的工作表现，6 年之后，我被调整担任集团所属一家大型总体科研院所的总会计师，这是一个极具挑战性的岗位，我一方面支取着前期的“储蓄”，同时又为以后的职业生涯做着新的筹划和积累。

并不是说，有了对未来的规划，设计了蓝图，就可以坐等实现了，还需要为实现它而准备、行动。回想走过的路，之所以敢于锚定财务方向，有机会接触审计工作，是源于在校学习期间因专业恐慌而考取的注册会计师，源于即便是在从事人力资源管理工作期间，我依然坚持会计专业的学习，参加会计师资格考试，参加会计继续教育，有了一定的知识储备；之所以能够成功竞聘集团所属子企业的总会计师，是源于在审计工作期间，我如饥似渴地对审计报告蕴含信息的挖掘和对每一次现场学习机会的不放过。为了让自己常保知识的及时更新和完善，每年我还会给自己制订一两个考试计划，人力资源管理师、国际注册内部审计师、高级会计师、证券从业资格、基金从业资格、全国会计领军人才项目……于我而言，证书是副产品，更重要的是因为要参加考试所制定的系统学习计划。一切经历，都是财富。当有序做好了为实现蓝图目标的各种知识、技能、资格等准备时，就好像从容地在岸边行走，当机会如小花一朵朵随溪水飘过，你所需要的只是伸出手采撷起来。

我把“有蓝图”的行为模式也用在生活中。比如，对孩子的养育，我希望他未来成为一个拥有健康体魄、音乐素养、有趣灵魂的人。因此，我会在他不同的年龄段，有意识为他提供学习篮球、足球、钢琴等的条件，让他可以从容不迫、潜移默化地对这些领域有一定的接触，在积累知识的同时培养他的兴趣和爱好。因为有了蓝图，我能够比较清楚地知道各个阶段最重要的事，拉长时空，把这些事项安排妥当之后，我还能有足够的时间健身、旅游、读书等。

没有规划的人生只是拼图，只能拿着环境或者别人塞给的图片被动拼接；有规划的人生才是蓝图，可以主动选择、从容筹划。有蓝图的生活，多了许多的从容淡定，也多了许多的悦活空间。

（原载《财务与会计》2019 年第 4 期）

张建华

张建华，国家体育总局体育彩票管理中心党委委员、副主任。高级会计师，中国注册会计师，全国会计领军（后备）人才行政事业类五期学员。

清欢的心成就平凡的我

冬日的清晨，推开办公室的门，一室阳光瞬间明媚了双眸，心顿时温暖起来，忙碌的一天在阳光下展开画卷，如同每一个全力以赴的昨天。

大学时，我十分不情愿地接受了会计专业，却在教授会计基础知识的老师的教导下坚定了干一行爱一行的信念，毕业后开始了会计职业生涯。因为一直自认平凡，所以“人一能之，己百之”，不断自我更新，十年磨一剑。

大学毕业时，适逢我国会计制度改革，与国际惯例接轨的《企业会计准则》和《企业财务通则》及其配套的企业财务会计制度发布实施，实现了财务会计核算模式的转换。刚出校门，学校所学的会计专业知识就发生了巨大变化，而我工作中负责审核的原国家体委所属企业决算涉及的企业，既有独资企业，又有外资企业和中外合资企业；既有新闻出版印刷、轻型飞机制造企业，又有体育设施建设和服务企业。为了做好工作，我开始了追随会计改革进程不断锤炼专业技能的历程，先后通过考试取得高级会计师职称和注册会计师资格。备考的过程虽然十分辛苦，却收获了不断拓展的知识面和不断提升的专业能力、职业素养，无论是编制企业财务分析报告为领导决策提供依据，还是整合资产筹划公司上市，或办理行政机关与所属企业脱钩，我都能用自己所学所思所长更好地服务于工作需要。

轮岗从事行政事业单位预算管理时，部门预算改革已经拉开帷幕，财政国库管理制度改革随之推进，从权责发生制到收付实现制，需要学习的知识、查阅的资料、掌握的政策太多，常常在晚上把孩子哄睡之后，我继续挑灯夜读。也是从这个时候开始，在全面系统掌握财政政策的同时，我对所在行业的主要业务及其规律有了更深刻的理解和把握。为了提高预算的精细化水平，我跑遍所属所有类型运动场馆和设施，带领团队收集资料，研究制定了运行支出标准；走遍所属事业单位，调研地方体育行业特点，配合财政部研究制定体育事业单位财务制度；不断深入训练一线、比赛现场，游泳馆、速滑馆、射击场……都曾留下我的脚印，国家队训练经费核定办法应运而生。围绕国家队备战奥运会的训练和各项保障工作，我在学中干、在干中学，对每一个运动项目的特点、管理体系和支出规律能如数家珍、信手拈来，每一个环节的财务政策规定和会计处理要求能心中有数、了如指掌。正因如此，我才能带领团队在预算、国库、收支分类、项目库、绩效等改革时，结合体育行业特点制定适合的管理程序和管理规定，并且考虑行业廉洁自律和管控风险点的要求，不断健全完善制度体系，服务保障事业发展需要。

作为改革开放40年的亲历者，一路走来，虽不断面临困难、面对挑战，但工作都能够得到领导和同事的认可。我想，是因为秉承了干一行爱一行的初心，倾尽全力谋划服务事业发展的制度设计、实务操作、流程规范，紧跟财政改革步伐；是因为始终坚持“人一能之，己百之”，坚持凡事积极面对、热情相待、换位思考，做到事事有回应，件件有着落；是因为做到了在坚持底线说“不”的时候，能通过有效沟通获得理解，找到合规解决问题的渠道得到真心支持；更是因为把父亲“得之坦然，失之怡然”的教导融入思想和行动，对人对事善良坦荡不苛求，只问耕耘，做本色自己，回到最单纯的初心，在最空的地方安坐。

先生常对女儿开玩笑说，我们柴米油盐的简单快乐，幸福指数不输比尔·盖茨！一路走来，我们互相扶持，在磕磕绊绊的日子里共同成长。一路走来，我将青春奉献给了体育事业，体育也以她独特的魅力教会我强健体魄的手段，给予我健全心智的历练，她以自强不息、战胜自我、超越自我的奥运精神激励我在日常学习和工作中全力以赴，在不断进取中充分享受身心和谐的健康状态。

唯愿心怀清欢，以清净心看世界，以欢喜心过生活，以平常心生情味，以柔软心除挂碍。

（原载《财务与会计》2019 年第 4 期）

郭军

郭军，传化集团有限公司总裁助理，兼任集团财务管理部总经理。正高级会计师、注册会计师、特级管理会计师，浙江省国际化会计高端人才，浙江省管理会计咨询委员会专家，浙江财经大学、浙江工商大学等硕士研究生社会导师。

有心种花　花儿已芬芳

业余时间，我喜欢种花，家里名贵的、不名贵的花卉都有。我了解它们的喜好，掌握它们的习性，该浇灌时浇灌，该呵护时呵护。花开时，阳台上姹紫嫣红，满室芬芳。

多年来，我在浇灌着花儿的同时，也努力浇灌着自己。我没有上过全日制大学，高中毕业后就走上了工作岗位，先后取得了经济专业、会计专业的大专、本科文凭。1997 年，我一边工作，一边带着还只有一岁多的儿子，通过两年的自学，取得了注册会计师资格。有一句名言：勤奋可以弥补聪明的不足，但聪明无法弥补懒惰的缺陷。我深以为然。曾国藩说：天下古今之庸人，皆以一惰字致败；天下古今之才人，皆以一傲字致败。我也一直铭记在心，在工作、学习中一再提醒自己要谦虚、勤奋。

我的事业也是我的花儿。1999 年我加盟传化集团，最初只是集团财务部的一名会计人员，那时传化集团还只是一家拥有千余名员工、年收入 4 亿元的小型民营企业。我对自己说：我来这儿工作，不只是为了赚钱，我还要与企业共同成长，实现自我价值。双休日，有一半以上的日子我在工作，而且从不年休，许多人觉得一天到晚从事财务管理工作很枯燥，但我不觉得。我喜欢做有挑战性的工作，每当完成了较大难度的工作，并取得了显著的成效，就觉得很有成就感，而且特别享受这种感觉。

记得2008年，公司决定由我来主导“大集团战略，小核算体系”的管理会计创新，为此，我阅读了大量相关专业书籍，又专门研究了国内一家标杆公司，并深入车间开展调研，划小核算单元，设计经营管理报表，最终建立起具有传化集团特色的小核算体系。2009年公司业绩逆势上扬；2014年该项目被浙江省财政厅列入浙江18个管理会计试点课题之一，并于2016年被评为试点优秀项目。

一路走来，类似的攻坚克难不胜枚举。20年间，传化集团已发展成为涵盖布局传化化学、新安化工、传化物流、传化科技城四大产业。名列中国企业500强232位，中国民营企业500强66位，2020年集团营业总收入超千亿元。我跟随企业共同成长，先后被提拔为集团财务部部长助理、副部长、财务管理部总经理、集团总裁助理等职。职称也从会计员一直到正高级会计师。我深深感恩传化集团给了我一个好的事业平台，也感恩集团企业文化的熏陶。工作中，我始终坚持以公司和股东的利益为第一的标准。在传化集团与世界物流巨头普洛斯项目合作过程中，我参与合作协议的撰写、洽谈及签约。2011年，基于对营改增政策的研究和预判，我坚持将相关政策变化建议纳入战略合作框架协议，切实维护了企业和股东的利益。

我也像养花一样用心浇灌着我的家庭。作为一个女人，我始终觉得家庭和事业一样重要。夫妻之间要互相体谅，还要努力把孩子培养好。我的儿子从小学习都很自觉、勤奋，但在他读初二时，成绩一度下滑得很厉害。我弄清楚原因之后，尽可能采取一些比较柔软而有针对性的方法和措施，帮助他走出困境。现在我的儿子已长大成才，找到了自己心仪的工作。丈夫一直以来都很体贴我，我们一家三口各尽所能，生活和谐幸福。

我可以欣慰地说，我曾经精心种植的花儿，现在都已芬芳。即便有时工作压力会很大，但我也会很好地调节。工作的时候，我可以全情投入，绝不会受其他因素的干扰，快乐工作；休息的时候，我可以完全放松下来，喝茶、聊天、唱歌、散步等，乐享生活。

梁启超在他的家书中说：天下事业无所谓大小，只要在自己的责任内，尽自己力量做去，便是第一等人物。祝愿新时代的会计职业女性都能平衡好工作、学习和生活之间的关系，充分展现出新时代会计职业女性的魅力和风采。

（原载《财务与会计》2019年第4期）

夏登梅

夏登梅，安徽中烟工业有限责任公司财务管理部部长。全国会计领军人才，正高级会计师、中国注册会计师（CPA）、英国特许公认会计师（ACCA）、国际内部审计师（CIA）、英国管理会计师（CIMA）、全球特许管理会计师（CGMA）。

心有执念　细嗅蔷薇

20多年前，我在大学第一次接触会计学，学到的第一个公式是最基本的会计恒等式："资产 = 负债 + 所有者权益"。从此，我一直在思考，人生是不是也有恒等式，如果有，恒等式的左边是人生，那右边又是什么？是付出和成长吗？或许努力付出后获得的成长才是我们心驰神往的最终归宿，不管再苦再难，心有执念，不忘初衷，不负韶华。

2016年，我开始担任公司财务负责人，这一年，公司面临的市场竞争更加激烈，财务部作为最重要的职能部门之一，必须肩负起更大的使命担当，与公司同心同德谋发展。2017年年初，我所在的部门名称从"财务部"改为"财务管理部"，预示着公司对财务工作的期许从"会计核算"向"战略管理"延伸，时间不等人，财务转型迫在眉睫。财务要转型，就要弄清楚要成为什么样的财务，怎样才能达到预期的目标，短期规划又是什么。基于此，我和我的团队召开了6次专项讨论会，最终确定了根据公司管理需求和战略发展方向构建"核算——业务——战略"三个财务层级框架的思路。在这个过程中，财务管理部要围绕"规范管理、创新驱动、业财融合"等主题，打好内控体系建设、创新资金管理模式、上线运行新系统、完善团队管理机制等组合拳。

财务转型的关键在于管理创新，而资金管理又是财务管理的核心。针对公司的高负债问题，我根据财政部政策导向积极推进管理会计工具在公司的应用。通过对多家大型央企的调研，我了解到“资金池”业务的应用益处，觉得天降“法宝”。但在公司准备上线“资金池”业务之时，反对之声不绝于耳，因为“资金池”业务一旦启动，资金管理范围、银行账户架构、日常管理方式、存量资金使用以及法人透支金额都会发生较大变化。此时，我告诫自己一定要坚持信念，在公司做管理创新的先行者。那段时间，我几乎变成了公司“资金池”业务的代言人，到下属单位逐一拜访各单位的负责人和财务总监，介绍“资金池”的情况和益处。最终，“资金池”业务在所属各单位正式上线，我们同时辅之资金“流入、流出、存量、成本”等4道关口谋划，构建了行业首创的“1+4”资金管控模式，取得了可喜的成绩：贷款规模自2014年以来创历史新低，2017年财务费用同比降低5500万元。

财务转型的另一个关键在于团队管理。我所负责的财务管理部是公司较大的几个职能部门之一，人数多、事情杂、压力大、年龄结构偏高，与日新月异的财税知识以及公司对部门财务管理工作质量的要求相比矛盾较为突出。在这种情况下，我开始思考新的团队管理模式。首先，我培养团队成员们的三种思维——全局性、战略性、前瞻性，帮助他们将企业愿景融入每个人的工作中，将企业战略融入每个人的具体事务中，将财务的事后监督转变为事前预测。其次，我打造一支核心团队并充分授权，解决“战略财务”和“业务财务”层面上的问题。再次，我为团队争取更多的培训和调研机会，坚持开展各种财税知识培训及“走出去、请进来”活动，丰富知识、拓宽视野。最后，我提出了“课题工作法”，即通过组织财务课题攻关、成立项目小组，以课题带动财务人员的工作积极性，开展财务探索与创新。

家是工作之余放松心情的所在，我有一个充满爱和温馨的家。母亲一直和我居住在一起，我们相互照料，她给了我母爱的力量；爱人一直支持着我的工作和学习，我们相濡以沫，他给了我爱情的力量；孩子听话懂事，我们彼此鼓励，她给了我温柔的力量。这些力量给了我源源不断的成长养分，也让我更加热爱生活。特别喜爱英国诗人西格夫里·萨松《于我，过去，现在以及未来》中的一句经典诗句：In me the tiger sniffs the rose。诗人余光中将其翻译为：心有猛虎，细嗅蔷薇。我觉得这句话特别适合努力打拼的职场会计女性，愿我们都有努力打拼的能力，又拥有风雨彩虹后生活给予自己的泰然和温情。

（原载《财务与会计》2019年第4期）

赵桂琴

赵桂琴，河北省胸科医院总会计师、党委委员。中国总会计师协会卫生分会委员、中国卫生经济学会卫生服务成本与价格专业委员会常务委员、河北省会计学会副会长，河北经贸大学硕士生导师。

有一种态度　让工作和生活乐在其中

列夫·托尔斯泰说："人们活着完全是靠爱"。我从事医院财务工作整整30年，相夫教子20余载，每每品读这句话，不免思绪万千。细细思来，爱是一种来自内心的情感，而这一情感的主观表达和重要表现就是态度，严谨的、积极的、向上的、乐观的态度，决定了工作和生活的状态。

1988年，会计专业出身的我进入河北省胸科医院财务处，历经科员、副处长、处长等岗位，于2016年担任总会计师职务。或许是性格、职业使然，认真、执着，成为贯穿我工作30年始终不渝的基本态度。无论是在一线会计岗位，还是担任财务工作负责人，对一个数字、一个小数点都格外敏感，不允许有半点偏差和失误。这一素质积累于平时的一点一滴，而每当"大考"之时更能体现出其价值和意义所在。

2003年"非典"突袭，我所在的医院成为河北省唯一的省级定点救治医院，正常的医疗秩序被打乱。医务人员顽强抗击病魔的同时，作为后勤保障的医院财务工作也面临极大考验，从各项治疗费用到消费用品采购再到捐赠的记账，都需要执行日报制度，但又没有任何经验可以借鉴。彼时，我刚担任财务处处长不到一年，但财务工作者的品格指引我不能稀里糊涂，也不能害怕任何困难，于是果断制定了"非典”时期系列财务有关规定。这样一来，全院业务工作捋顺了，账目清楚了，财务工作效率也提高了。每当第一时间进入隔离病区为医务人员发放津贴、补贴的时候，对“非典”的恐惧全然抛在脑后，职业的神圣感也油然而生。后来，河北省审计厅、财政厅以及原国家卫生部对“非典”时期财务工作进行了多轮审计，充分肯定了河北省胸科医院的做法。

财务工作千头万绪，医院财务工作也是事关救死扶伤的大事，因此，在严谨不出错的同时，还要讲究方式方法。从事医院财务管理多年，我最大的心得就是：凡事要周密谋划，并积极调动每个人的智慧和能力，把现代财务管理制度运用到位。

2009 年，医院 HIS 系统上线，繁琐复杂的住院信息系统要靠人工切换到位。当时有人就说：“工作量这么大，一天时间也很难完成。”困难是有的，但就怕用心动脑。我打破原有作业组合，把与这项工作有关的 10 名财务人员分成 5 个组，相互间既有分工又有协作，并采取流水线作业的方式，取得了良好的效果：仅用两个小时就顺利完成了所有工作，且各项账目分厘不差。系统最终顺利上线实施，方便了医护人员和患者。

2017 年，医院又发生了一件大事，那就是城市公立医院综合改革启动实施。这项工作牵扯到全院上下，财务、医保、信息系统等更是重头戏。作为医改工作的牵头人，要承担大量的协调工作，面对前所未有的挑战，我提前谋划，既做到宏观考量，又不忘微观检视，把相关部门、人员的积极性和能动性全部调动起来，理顺流程，分组实施，找准节点，各个突破。记得当年 8 月 26 日零时，检验的时刻到来了，仅半个小时后，全院各个系统全部顺利切换成功，为后续工作奠定了坚实的基础。那一刻，紧张，激动，自豪，感觉一切付出都是值得的。

走上领导岗位后，站得高了，也看得更远了，我重点围绕医院发展战略布局，做好预算管理、成本管理和内部控制几大核心工作，并瞄准“互联网 +”“业财融合”等前沿动向做到融合发展。

曾有人问我，担子重了，责任大了，会不会忙得焦头烂额，甚至影响到生活。其实，工作和生活完全可以良性互动。工作严谨点，勤动脑，质量和效率就提高了。今日事今日毕，就不用带着包袱回家，就可以无忧无虑地享受生活。很多同事和朋友都知道，我是个运动爱好者，乒乓球等项目让我受益终身。身体好，心态佳，又有家人理解和支持，工作起来就干劲十足、信心满满。

总之，人生充满热情，工作全身心，生活有热心，时刻保持积极的心态，自然乐在其中。

（原载《财务与会计》2019 年第 4 期）

牛变珍

牛变珍，山西省文化旅游投资控股集团有限公司财务副总会计师、财务管理部部长，山西省投资集团有限公司党委委员、副总经理。山西省第二期会计领军人才班学员、山西省财政厅管理会计入企服务专家，太原理工大学政法学院公共管理专业硕士生（MPA）指导老师。

用“热爱”把“忙碌”写成诗

那天是2013年的6月7日，初夏，阳光很好。这个日子对于我来说永生难忘，因为发生了两件大事：一件是我的儿子参加高考，我这个当妈妈的没有理由不陪；另一件是去银行提取巨额贷款，因为这件事一直由我操办，我最熟悉情况，所以也没有理由不去。我当时答应儿子：“让爸爸送你，妈妈中午赶回来给你做美味午餐犒劳你！”

殊不知当时提款流程比较繁琐，我不仅没能接送儿子考试，甚至连事先承诺好的午餐也没能兑现。我在银行整整待了两天，在搞定所有细节之后，我为山西省投资集团有限公司（下称山投集团）提回了15亿元的贷款。回到单位，等待我的自然是领导的表扬、上级的肯定、同事的赞赏，但我怎么也高兴不起来。我知道，在儿子人生中最重要的时刻，我这个妈妈永远地缺席了。

如果放在电影里，这个桥段一定显得有些“老套”，可当它真的发生在你身上时，你才会切身体会到什么叫“光鲜背后，冷暖自知”。

2011年9月，我正式入职山投集团。对于一家刚刚成立的企业，资金是关键。当时，财务部的20多位同事出去积极与各大银行接洽，但由于种种原因，资金都没能顺利落地。一天，领导找到我，跟我说：“我看你的简历里提到你原来融过资？”我回答：“做过一点，但也只是皮毛。”“咱们集团目前急需资金，你再去试试。”临出办公室门，背后又传来领导的声音：“小牛，不要有压力。”

领导的话语很温暖同时也是鞭策。对于天生是个完美主义者的我来说，既然答应了，就一定要竭尽全力把事情办好。接手以后，我开始分析之前资金不到位的原因，发现不同银行对于项目的接受程度有着天壤之别，比如，工农中建交对于手续齐全的“标品”比较认可，而集团当时的项目大多属于“非标”，这可能更适合股份制银行。之后，我又逐一分析了各个银行的特点，经过多轮洽谈，最终取得了民生银行 8 亿元的授信额度及 3. 5 亿元的提款额度，要知道，当时山投集团一年的销售额也不过 5 亿元。这笔资金最终于 2012 年 8 月到位。而在此期间的半年时间，我利用每天下班后的时间（因当时还在审计部工作）把集团下属十几家公司所有的财务报表、资产情况、项目建设等全部梳理一遍，形成了一套比较完整的授信报告，然后将这摞起来有一尺多高的资料逐一发给各个银行。经过屡次沟通和对接，各大银行了解、认可了山投集团。有了银行的资金支持，山投集团的项目培育越发成熟，也便有了文章开头的那一幕。

J. K. Rowling 是我很喜欢的英国女作家，她自己的奋斗故事非常迷人。她曾在一次接受记者采访时坦言，“你唯有拼尽全力，才能看起来毫不费力”。平常，有同事说，无论遇到多难的问题，也总感觉我有办法。讲真，我只是不愿意把压力表露出来罢了。在这背后我觉得我和 Rowling 一样——拼尽全力。我来山投集团后，曾担任过审计主管、财务副总以及子公司山西省财政资产管理有限公司的董事长。从 CFO 到 CEO，虽然只是一字之差，但却需要以极大的热情付出异常的努力。比如，我热爱反思，每天临睡前都会把当天的工作反思一遍，每周每月也都会做细致的工作总结；我热爱化繁为简，遇到再复杂的财务问题，也会到最基本的会计理论里寻找答案，然后运用于实践，奏效了就自己再把它上升为理论，返回头再来指导实践；我热爱学习，除了财务知识外，也学习管理学等方面的知识；我热爱坚持，不达目的决不收兵，大家开玩笑说我是“打不死的小强”……

我深知，对于一个女人来说，不一定喝着下午茶才优雅，也不一定疯狂工作才凌厉，二者应该“打成平手”才对。工作之余的我，绝对是一个在家喝茶、读书、锻炼、做家务的女人。那是素颜的，但更是完整的。

岁月无痕，已近知天命，对于现在忙忙碌碌的状态，我很享受。因为我觉得，我已经用“热爱”把它写成了诗。

（原载《财务与会计》2019 年第 4 期）

罗敏

罗敏，湖北楚天智能交通股份有限公司总会计师。高级会计师，法学、会计学双学位。

乐享工作与生活

旁人看来，我从收费员到上市公司总会计师的经历十分励志。但我相信，只要用心工作，坚持学习，遇到困难时不放弃、不气馁，总能守得云开见月明。

高度自律　用心沉淀

初入职场，我在收费站基层锻炼，一线工作枯燥又艰苦，却也磨炼了我的耐心与韧性。调入公司财务部后，我倍感珍惜，在工作中踏实肯干，做到极致，追求完美。经过资金岗、预算岗、税务岗、核算岗的全方位历练，对上市公司的运作流程、财务管理及内部管控已了如指掌，从财务部副经理、经理到总会计师，见证了我的成长。

俗语说：早起三光，晚起三慌。上班提前到公司是我多年的习惯，梳理安排好工作，从容应对，逐项落实。

负责公司的全面预算管理，我对各项经营活动进行梳理，将业务语言与财务语言融会贯通，建立了费用支出的标准化模型，搭建从预算编制、执行、调整、考核评价的全方位闭环管理，实现预算项目与会计核算科目的无缝对接，让预算管控更精准更务实；对公司经营状况做财务分析，我积极建言献策，优化债务结构，多渠道低成本融资，加强税务筹划，让资产负债率回落到50%左右的安全线，财务费用大幅下降；围绕公司战略，我推行“333”财务管控方案，即确立了以财务集中管理、资源集中配置、信息集中共享为三项管控目标，以会计集中核算、资金集中管理、人员统一调配为三个方面主要内容，以委派财务人员、全面预算管理、财务综合管理信息系统建设为着力点的三种保障措施，从而有效防范经营风险，提升管理效率，推动财务管理向决策支持、价值创造转型升级；面对财务智能化发展趋势，我推进建设财务综合管理信息系统并分阶段实施，运用会计核算、预算管理、合同管理、网上报销、影像管理、网上审签、资金系统、决策支持模块，实现财务管控各项功能的一体化集成。在我看来，做财务工作不能只知道埋头拉车，还要抬头看路。既要完成事务性工作，还要积极思考、勇于创新。要跳出财务看财务，服务经营决策，深入推进业财融合。

学无止境　脚踏实地

不是所有的努力都会成功，但是，不努力，一定不会成功。业务内容不断拓展，会计政策不断变更，作为一名财务人，只有不断学习，带头学习，持续更新知识储备，才能与时代共进步，才能紧跟公司转型发展的步伐。

“宝剑锋从磨砺出，梅花香自苦寒来。”在回到总部从事财务工作后，本科所学的法学知识，让我在制度流程设计及风险控制方面很受益，但我也感受到财务知识的不足，有很多疑惑需要解答。于是，我给自己设定了学习计划。不知道度过了多少个挑灯夜战的晚上，牺牲了多少休息和娱乐时光，在不影响工作的情况下，我通过了武汉大学首届会计专业硕士考试，顺利取得会计专业硕士学位，并获得高级会计师职称。同时，我也养成了每天抽出时间学习最新的政策规定、了解财务前沿知识的习惯，拓展思路，创新工作。铁杵磨针，水滴石穿，卓有成效的工作离不开平日里点点滴滴的积累。

坚持运动　享受生活

平日工作的繁忙随之带来了压力，我坚持以运动来释放自我、平衡工作，运动已成为我调节生活节奏的必需品。午后悠闲的散步，周末欢快的健身操，运动让我挥洒了汗水，褪去了烦恼，在工作学习中轻松上阵，充满激情地去面对每一个新的挑战。而下班回家后听女儿弹一首婉转悠扬的钢琴曲，周末带家人去影院欣赏新上映的大片，兴致之余下厨烧两道拿手菜，与三五友人分享生活的点滴，也让我在忙碌的工作学习之余，尽情感受着生活的温馨。

就这样，我不断充实自己，完善自己，做真实的自己，做更好的自己！

（原载《财务与会计》2019 年第 4 期）

第十一篇

2019年（中）

编者的话

新时代的女性，拒绝种种固定标签，每一位都是独立而丰富的个体。勇敢果断的她们，能够打拼事业、披靡职场；柔软体贴的她们，能够照顾家庭、抚育子女；优雅精致的她们，能够保有浪漫，传递美好……每位女性的精彩，都不止一面，她们不断丰富和提升自己，在充实的人生中尽情绽放美丽与自信。值此“国际妇女节“之际，我们如约推出“新时代会计职业女性风采”系列专栏，邀约 8 位来自不同行业的女性朋友，讲述自己的奋斗历程、生活感悟和缤纷人生。

她们中，有因为“凡墙皆是门”，既不担心随着年龄增长会被时代抛在身后，又能真诚直面、勇敢求助、坚持不懈，思考和关注财务管理前沿技术，投身到数字化技术发展引发的财务转型新时代中的陈琳；有从时光深处款款走来，带着红色的基因、蓝色的梦想、绿色的能量、橙色的温暖和紫色的优雅，不惜跨越万水千山去追寻心中五彩斑斓的会计世界，追梦路上且行且歌的鲍江燕；有让一个个小小梦想慢慢照进现实的旅程，职场生涯的一次次跃迁、生活惊喜的一次次来临、人生阅历的一次次历练，既铸就了脚踏实地的坚定，又赋予了仰望星空的诗意的陈小华；有既能“十年磨一剑，砺得梅花香”，坚守初心，从事董秘工作近 10 年，又能主动跳出舒适圈，通过适度跨界学习和实践不断汲取新知识、拓宽新思维的谢建晖；

有10多年的学术之旅中既能倾心投入、用心专注不断精耕细作，又能以运动和音乐保持安稳沉静，通过充实内在能量来确保保持专注和持续成长、平衡前行的周芸；有既能从收费菜鸟、岗位能手成长为管理干部，心怀戒尺、眼里有光、愈战愈勇，又能品一杯香茗、读一本好书，让心灵平静、自然、随性，用不一样的眼光发现人生之美的赵昕昱；有将健康、学习、责任、助人作为人生追求，将恪守妻子、母亲的职责作为做人的基础，既有热爱的事业，又有优雅的生活，眼里写满故事，脸上却不见风霜的刘忆倩；有缘起数字，引领从事财务工作25年乐此不疲，与数字共舞，通过数字探究真相、解决问题，约定终生，做自己想做的事，成为自己想成为的人的王晓静。

不同角色的转换让她们在不同轨迹中丰富和成长，她们独立、智慧、凝练，感受岁月静好，保持从容淡定。领略她们的人生镜像，也让我们学会用自己的方式热爱自己，发现生活中的一切美好。三月的缕缕清风，沁人肺腑，愿更多人在这条路上汇集，迎接属于自我的一切可能，尽情吐纳芳华。

陈琳

陈琳，浪潮集团首席财务专家。财政部特聘管理会计咨询专家，北京国家会计学院、中央财经大学、东北财经大学、北京工商大学及首都经济贸易大学客座导师，全球特许管理会计师（CGMA）、英国皇家特许管理会计师（ACMA）、国际注册内部审计师（CIA）。

凡墙皆是门

多年以后，每当我陪同客户参观公司数字化体验馆的时候，都会想起自己迈入芝加哥那个实验室的遥远的下午。那时候我在全球最大的管理咨询公司担任亚太区财务负责人。在这个岗位上做了 4 年，一切都驾轻就熟，有些轻微的厌倦，但也没有离开的想法。踏进芝加哥实验室的时候，我以为这只是一次例行参观，完全没有意识到这个下午会从此改变我的人生。

在实验室里，一个童话中的衣橱出现在我面前：18 世纪的古典造型，但可以无线连接 Outlook 的日程表，智能提示当天的着装；可以在镜中虚拟展示穿着效果；可以直接对着衣橱语音下单线上购买……还有智能药箱、智能农场试验田、智能海关……亲自操作并体验了这个衣橱之后，回到酒店我失眠了，我忍不住想，这些智能技术如果有一天应用到财务领域会怎样？我还能以现在的方式工作到退休吗？回到国内我就找老板谈，宁可降半级也要从财务部转到财务管理咨询团队，因为我想要接触、了解前沿技术，不想坐看自己心爱的财务职业生涯被动地被新技术改变。

那是 2006 年。国内正红红火火地搞信息化、上 ERP，甚至很多企业还在宣传“不上信息化是等死、上信息化是找死”的观点，而数字化、智能化这些词，几乎还没有人提起，甚至连财务共享中心在国内也还是个新潮的概念。之后的岁月里，借助财务管理咨询的工作平台，我这个文科生一直在学习、思考信息化和数字化的相关技术。一开始很困难，但一本本书啃下来，一个个项目做下来，我对技术越来越有感觉了。

一晃十多年过去，当年模模糊糊意识到的危机果然来临。公开课上，越来越多的学员问我：陈老师，财务机器人真的会取代会计吗？我们财务人何去何从？我说，大家看实例吧，高盛纽约现金交易柜台2000年的600名交易员，现在只保留了2名，所有基于规则的、标准化的业务，都已被或即将被服务器、软件和人工智能替代，这个趋势是不可逆转的。从财务会计到管理会计，从信息化到数字化，从流程驱动到数字驱动，从管控、服务到赋能、创新……就像工业革命让汽车替代马车，数字化技术发展引发的财务转型新时代的确来临了。我为这个时代的到来感到兴奋，因为我一直在准备着这一天的到来。

回想一下，如果不是那次震撼身心的参观，我可能不会下定决心进行职业转型；如果没有当时财务部和咨询部领导的理解和支持，当时已年过30的我也无法顺利转型；如果没有这些年坚持不懈对财务管理前沿技术的思考和关注，我对财务数字化转型的理解也不会像今天这样深入。我想，当发现面前兀然竖起一道绕不过去的高墙，唯一的选择就是面对它，并且想办法在墙上开一道门。

凡墙皆是门，生活中也是这样。儿子一直是亲朋好友面前令我无比自豪的小暖男，可是进入青春期之后突然变成了一个小刺儿头，不但叛逆，而且完全排斥和我交流，亲密无间的母子间一堵高墙越来越厚。我伤心、困惑、失落，不知怎样绕过这道墙。终于有一天，在又一次冲突之后，我忍不住脱口而出："我知道你现在不爱听我说话，可是我并不知道自己错哪儿了。你要知道我也是人生第一次当母亲，如果你不教我、帮助我，我会始终不知道自己哪儿做得不对，直到错过这个阶段，再也没有补救的机会。"儿子没有说话，但是他的眼睛闪了一下。从那以后，他开始貌似不经意地告诉我，他希望我以怎样的方式和他沟通，当我有些言行不妥时，他也努力试图理解我的初衷，而不是像原先那样拂袖而去。我们，终于慢慢回到彼此心无芥蒂的美好时光。

凡墙皆是门。我不再担心随着年龄增长自己会被时代抛在身后，因为禅宗这句话教给我一个受用终生的秘诀，那就是：不忘初心、勇敢直面、真诚求助、不懈坚持。

（原载《财务与会计》2019年第5期）

鲍江燕

鲍江燕，交通银行江西省分行副行长。高级会计师，江西省金融学会常务理事，江西省预算绩效管理专家库专家，全国高端会计（后备）人才企业类第十一期学员，江西省首期企业会计领军人才。

初心筑梦想　五彩绘斑斓

“我是谁?”“我从哪里来?”“我要到哪里去?”我们终其一生都是在寻找哲学上这3个终极问题的答案。会计从业20余年，我也常在想：会计的初衷是什么？会计可以解决什么问题？未来会计要走向哪里？会计的世界五彩斑斓，追梦路上且行且歌。

红色——传承基因

生长于江西这片红色土地，红色基因的传承让我秉着不忘初心的信念，始终以满腔热情追寻着生命的意义。作为一名金融行业的财务工作者，从普通柜员成长为银行高管，从基层会计员进入全国高端会计人才项目，我始终以一颗奋进的心和昂扬的姿态奔跑前行。我喜欢那种紧张忙碌的充实，新的知识和实践总能带给我新的收获；我喜欢那种克服困难、赢得挑战后的喜悦，新的目标和任务总能带给我新的激情；我喜欢被贴上“阳光”“积极”“正能量”的标签，以此激励自己和身边的人都能够不忘初心、不断前行。

蓝色——心怀梦想

“当我们低头捡六便士时，也请记得抬头看看月亮”，英国作家毛姆的名句启迪我在琐碎的生活和工作中不忘追逐心中的梦想。作为财务人员，我们很容易沉浸于繁琐的工作中，默默无闻地耕耘着自己的

“一亩三分地”，却常常忽略了去主动关注环境的变化、政策的调整、产业的变迁、技术的迭代……而这些都必然会对我们耕好“一亩三分地”带来深刻的影响。从业20余年，我时刻提醒自己，既要有脚踏实地的务实作风，也要有仰望星空的情怀梦想。仰望蓝色星空，让我拥有更开阔的视野、更宏大的格局、更宽广的胸怀，带着追梦的初心，怀揣助力会计改革的梦想，一路向前。

绿色——汲取能量

绿色是生命的颜色。每一株绿色，都有着属于自己的生命轨迹，生长与繁茂从不会因为雪雨风霜的阻挡而停住脚步。一直以来，我希望自己像一棵树那样奋力地生长，在岁月的年轮中丰盈自己，在风雨的镌刻中绽放绿色。我像树吸收阳光一样如饥似渴地吸收知识，像树一样在光合作用下让知识产生不竭的能量和氧气。实际上，“学习”就是“光合作用”，它使知识转化成生产力，推进我们的工作，提升我们的能力。持续的学习，让我拥有不竭的能量，源源不断地积聚，滋养着会计事业的枝繁叶茂。

橙色——温暖相伴

作为职场女性，我深刻体会到兼顾事业与家庭的不易。2014年年底，母亲在广州手术，因为年终决算我无法前往照顾，70多岁的老父亲跑上跑下、照料陪护；2016年，爱人患带状疱疹背部疼痛难忍，而我在外地工作，未能帮他擦过一次药；儿子中考前夕，我接到异地交流的通知，不得不将他送去学校寄宿……每想及此，我心里都无比的难过与愧疚，作为女儿、妻子和母亲，我做得太少，而家人却始终如一地给予了我无私的爱、充分的理解和鼎力支持。出差回家，无论多晚总能喝到父母在灶上煨着的汤；爱人十几年如一日，包揽了孩子的接送；孩子非常独立，总能把自己照顾安排好……这些温暖时常让我想起夜色中的“小桔灯”，照亮了我前行的路。

紫色——优雅生活

在繁忙的工作生活中如何保持淡定和优雅，是职场女性需要不断思考的重要课题。我想是对生活的热爱和对美的追求，让我始终保持着一颗平和的心和发现美的眼睛，坚持对工作、对生活不将就的态度。我喜欢早晨一走进办公室就能看到美丽的鲜花，它给我一天的工作带来好心情；我喜欢在橱窗里摆上各地淘来的小玩意，一物一件都带给我美好的回忆；我喜欢穿上一袭长裙，踩着精致的高跟鞋，戴上我最喜欢的紫水晶项链，和三五好友品茗夜话，交流成长与收获，分享懊恼与“确幸”……那样的夜晚，流光溢彩，如梦绮丽。

时光深处，我款款走来，带着红色的基因、蓝色的梦想、绿色的能量、橙色的温暖和紫色的优雅，不惜跨越万水千山去追寻心中的那一片五彩斑斓。

（原载《财务与会计》2019年第5期）

陈小华

陈小华，时任中国核工业集团有限公司财资部副处长，现任中国核工业集团有限公司财务共享中心副主任。正高级会计师，注册会计师、注册税务师，中央国家机关会计领军人才。

脚踏实地　仰望星空

人生有两条路，一条需要用脚去丈量，叫作现实；一条需要用心去追求，叫作梦想。作为一名既要照顾家庭又要忙于工作，还要追求进步的职场女性，如何兼顾好这两条路，往往是对一个人的眼界、智慧与韧性的考验。回顾我的人生旅途，就是一个个小小梦想慢慢照进现实的旅程，是一个脚踏实地稳步前行的旅程，是一个满足所得但不满于现状的旅程；我所经历的职场生涯的一次次跃迁，生活惊喜的一次次来临，人生阅历的一次次历练，都告诉我一个人生哲学：脚踏实地，仰望星空。在此，我想以我的三段人生经历说明一个道理：人生不是赢在起点，也不是赢在终点，而是赢在转折点，只要有梦想，只要肯坚持，任何人都能收获幸福。

第一个转折：满足所得，不满于现状，大学毕业4年后选择辞职考研。

2000年7月，大学毕业的我来到一家民营企业集团上班，第一个岗位是二级单位的普通会计人员，与集团在同一层楼办公。半年后的某一天，人事主管找我谈话，说集团另一家二级单位缺一个财务负责人，问我愿不愿意去。我很惊讶："真的吗？我当然愿意，但为什么会选我？我毕竟才来半年。"人事主管说："当然，你刚毕业肯定经验不足，但我们现在更想找一个值得信赖的可塑之人。接下来的几年里，我就像打了鸡血一样，白天第一个到办公室，晚上最后一个离开，把工作当事业，把单位当家，把同事当亲人。4 年的时间里，我负责整个财务部门工作，力推财务信息化建设，实现了公司会计电算化；建立了标准成本管理，有效地降低了公司的各项成本；从实际出发，制定了一系列财务管理办法，为公司良好运转提供了制度保障，等等。4 年后，当工作已得心应手的时候，我突然意识到，人在最舒服的时候往往是进步最慢的时候，再加上这 4 年一心扑在工作中，知识学习方面进展不明显，于是我毅然决然地选择了辞职考研。经过 7 个月的勤奋苦读，终于考上了北京工商大学会计学硕士，并且获得了公费名额。

第二个转折：越努力、越幸运，研究生毕业 7 年后有幸成为一名会计领军人才。

研究生毕业后，一切从零开始，我又以一名应届毕业生身份重新开始就业，也有幸来到了一家央企上班。历史有惊人的相似性，第一个岗位同样是这家央企二级单位的普通会计人员，同样是半年之后全面负责这家单位的财务部门工作，也同样得到了单位领导的一致认可。在这家单位一干就是 7 年，单位由最初的单户企业成长为一家拥有 4 家子企业、2 家分公司的小企业集团；随着公司业务的发展，我的能力和职务不断成长和提升；在这期间，我利用工作之余通过了注册会计师、注册税务师、高级会计师考试，并与先生一起通过了全国会计领军人才考试，成为中央国家机关会计领军人才第二期学员。

第三个转折：成长比成功更重要，进入央企总部，整装再出发。

当我成为一名会计领军人才学员之后，我意识到要想更好地发挥领军作用、实现领军价值，必须要走出自己的舒适区，进入一个新的领域，重新审视自己、锻炼自己、完善自己。带着国家对会计领军人才培养的初心、带着对自己的希冀我来到了中国核工业集团有限公司总部。新环境、新岗位、新起点、新征程，我重新将自己归零，要求自己在新的岗位上比别人更努力、更勤奋、更坚持，经过一年时间，我所经手的各项业务均获得了财政部、国资委、国防科工局的表扬，也得到了领导的认可。

我一直坚信，学习好是为了工作好，工作好是为了生活好。在生活中，我有一个幸福的家庭，一对可爱的儿女，每当我回到家看到两个孩子纯真的笑脸，听到他们稚嫩的声音，感受他们浓浓的爱，一天的辛苦和劳累瞬间烟消云散。这就是我不断树立目标、不断追求梦想、不断努力进取的原动力，这也是对一位职场拼搏女性的最大回馈。

（原载《财务与会计》2019 年第 5 期）

谢建晖

把握平衡　知行合一

谢建晖，南京高科股份有限公司副总裁兼董事会秘书。江苏省会计领军人才二期班学员，连续多年获得“新财富金牌董秘”等荣誉称号。

当2019年的新年钟声敲过，我担任上市公司“南京高科”董事会秘书（简称董秘）已10个年头。“十年磨一剑，砺得梅花香”；不忘初心，方得始终。作为董秘的初心就是要当好上市公司与资本市场的桥梁和纽带，做好公司价值的维护者。其中，用心把握平衡、做到知行合一、实现多方共赢，则是我在职场上发挥作用并提升自身价值的关键，也是我一直以来致力于思考并不断努力的方向。

管理预期谱协曲：从公司利益到投资者利益的平衡

由于公司管理层的长远规划和部分投资者短期追求盈利的目标时有差异，如何把握平衡使投资者在对公司真实经营状况充分了解的基础上产生稳定预期，减少市值波动，体现的就是董秘工作的能力和技巧。

我是从证券事务代表走上董秘这个岗位的，多年来一直与资本市场打交道，职位的变化意味着需要提升的不止是专业能力，还有思维方式的改变。针对当时公司业务还不完全为资本市场所理解的情况，我抓住公司发布五年战略规划的契机，主动采取“请进来、走出去”的策略，致力于提高公司透明度和美誉度，使机构投资者关注度和公司市场价值都得到了有效提升。利用对资本市场规则熟知的优势，我主动建言或参与到公司运营及资本运作中，为公司提升价值、化解风险建言献策，努力搭建公司与资本市场各方沟通的桥梁和平台，使公司与投资者之间的沟通更加通畅，共同谱出悦耳的协奏曲。

换位思考促合力：从部门站位到整体披露的平衡

通过对多年从事董秘工作的思考和再理解，我不断调整、优化工作方式方法。从刚当董秘时单纯强调信息披露是否合规，到现在主动把信息披露工作前置、提前介入到公司相关重大事项的论证及决策当中，实现了公司站位上的整体性披露。为了这一目标，我平常就注重加强角色分工与融合的训练，通过多维度、多层次的学习、交流与实践，加深对公司所处行业、市场的理解，夯实知识储备，这样才能设身处地为其他部门及管理层考虑，真正从更高站位审查交易的公允性和合规性，思考是否有更好的解决思路和方法，在与其他部门和管理团队沟通时才会更加畅快，信息披露工作才会更加高质高效，更符合市场和投资者的根本利益。

主动跳出舒适圈：从知识到能力的平衡

在一个岗位上工作时间久了，只有主动跳出舒适圈，才能打破看待和处理问题时固化的思维和视角，而适度的跨界学习和实践有助于汲取新的知识、拓宽新的思维。我在参加完2013年公司与南京大学合办的高级管理人员培训项目后，又主动于2016年报考了江苏省会计领军班（二期）。正所谓见贤思齐，通过多样化的学习和实践，在诸多专家的倾心指导下，我不仅更新了专业知识、结识了行业翘楚，而且增强了工作所需的金融财务筹划与沟通谈判等能力。我深深感到，只有务实低调、知行合一，才能在不断进取中日臻卓越。

追求本真与平和：从工作到生活的平衡

作为上市公司一名女性高管，我很幸运，因为始终有家人在背后支持，出差或加班时对家人照顾的缺失也都能被理解，使我多年来始终可以在职场上全力以赴。工作之余，我喜欢读书，读书越来越成为我工作和生活中重要的组成部分，我努力把这个习惯向家人、朋友、同事传导。在我的倡导下，公司还专门成立了“高科读书会”平台，聚集爱书同事、畅谈读书心得、分享人生感悟。

如果把上市公司比作远航的大船，董秘就是协助船长的水手长。在风平浪静时训练团队，在暴风骤雨中稳定船身，直到下一个停靠的港口，稍事休息再起航，不达目的地决不罢休。我庆幸自己当初选择了这份职业，我还会为这份职业的光荣与梦想而不懈努力。

（原载《财务与会计》2019年第5期）

周芸

周芸，北京国家会计学院副教授。英国曼彻斯特大学博士，英国德蒙福特大学博士生导师，入选财政部首批国际化高端会计人才培养工程。

心之所往 平衡前行

时光如白驹过隙，弹指一挥间，不知不觉已在大学从事会计教学和研究工作近20年。依然记得曾是教师的父亲每逢春节便带着他的学生们到各家拜年，师生之间亲近如一家人。也许从那时起，我就向往能够成为一名老师，教书育人。所以在大学时，我的目标就是希望能够读到博士，然后可以成为一名大学教师。

有了明确的目标，就要努力付出。大学期间，我的研究方向是国际会计。为了准备论文，需要查阅大量文献，而当时的国外文献并不太多，于是我通过邮件尝试着联系了国际会计准则委员会（IASC），出乎意料的是我不仅得到了文献资料的帮助，同时也被鼓励去申请英国大学继续研读博士。

在千禧年，我收到前往曼彻斯特大学商学院会计系攻读博士学位的录取通知书并获得英国政府提供的海外研究生奖学金（ORS，专门奖励非欧盟成员国学生）。曼彻斯特大学以教学严谨、学术自由著称，会计系的教授们尤其治学严谨。这段时间我的学术和外语都得到了很大进步，在博二时，受普华永道和欧洲会计学会（EAA）邀请，在欧洲会计博士学术论坛上做了《衍生金融工具信息披露和风险管理研究》的主旨演讲。博三完成博士论文和答辩后，我先后在威尔士最古老的传统大学阿伯里斯特威斯大学和位于英格兰航天城的新兴大学德蒙福特大学任教。工作期间，我的教学科研领域也拓展到了管理会计和对中国会计问题的研究，并经常在美国会计学会年会、欧洲会计学会年会上发表学术演讲和报告交流。由于教学和科研上的成绩，成为“英国首相学术倡议基金项目”获奖者并获“卓越教学”奖提名。

“人生就像是一盒巧克力，你永远不知道下一颗是什么味道。”也许是期待人生有更多的惊喜和挑战，也许是渴望能够投身于祖国改革发展的伟大事业中，在英国工作和生活了10多年后，我们全家决定回国。2015年，我荣幸地加入了北京国家会计学院。当时恰逢我国全面推进管理会计体系建设，使我有机会参与了财政部的多项管理会计发展规划专项课题。2017年，我结合自己在可持续性会计领域的研究，以中海油为研究对象，深入剖析了中国能源企业在可持续发展报告领域的实践。凭借该案例，我获得欧洲案例中心（The Case Centre）国际案例写作奖金，成为2017年度欧洲案例中心授予的全球10位获奖学者之一。2018年在学院建院20周年之际，荣获了学院“优秀教师”的殊荣，同时入选财政部首批国际化高端会计人才培养工程。

这些经历和成绩都令人鼓舞，也激励自己不断思考。如果以博士入学作为自己会计学术之路的起点，那么回望这10多年的学术之旅，涌上心头的除了深深的感恩之外，更是感悟到会计教学和学术研究需要Pour your heart into it——倾心投入，用心专注不断精耕细作，而要能做到专注，需要能够有平衡的人生。

在工作方面，我每年都会选用一本Moleskine的周记事本，18个月的日志非常适用于高校的工作学年周期，不仅可以做工作计划，也可以清楚地记录整理每周工作和生活上的事项。一周结束时，可以检视自己哪些已经做好，哪些未能完成并及时调整，从而高效从容地把工作和生活安排好。

在生活方面，我认为需要有适合自己的运动，以使自己充满能量。所谓适合自己的运动，应是你情不自禁想要从事的运动。我一直在练习瑜伽，专注于体式中感受身体和心灵的舒适，在练习中获得身心平衡。同时我也爱好音乐，使我能够在忙碌的日常工作中保持安稳沉静，通过充实内在能量来确保自己保持专注和持续的成长。

身处这个伟大而又美好的时代，我相信，保持开放的心态，有目标地付出，平衡好工作和生活，每位女性朋友们都会拥有精彩的人生和获得满满的幸福。

（原载《财务与会计》2019年第5期）

赵昕昱

赵昕昱，中国科学技术大学附属第一医院（安徽省立医院）计财处副主任兼资金管理中心主任。高级会计师，国家卫生健康行业首批经济管理后备领军人才。

随性人生

从微笑开始

20 岁初入职，会计专业出身的我成为一名医院窗口收费员，面对如潮的患者，“挂什么号”“哪位专家好”“检验划价”“窗口咨询”等让初出茅庐又外行的我每天焦头烂额愁眉不展。

一日，看到《菜根谭》中“事有急之不白者，宽之或自明，毋躁急以速其忿”，书中的清言冷语似一轮明月，指引黑暗中的我找到方向，借文以定心，将繁杂的工作逐个掰开了揉碎了吃透了再重新梳理整合，几个月的功夫我就能和老同事一较高下，保持每 20 秒接待一位病人的速度高速运转，这其中包括录入姓名、录入药品明细、划价、收款、找零等，微笑着回答患者的每一句问话，仔细地为患者家属指点下一个步骤。十年磨一剑，建章立制、流程再造、系统设计……从收费菜鸟、岗位能手成长为管理干部，怀着初生牛犊不怕虎的劲头，一路走过青涩的我，心怀戒尺，眼里有光。生活是一面镜子，你对它皱眉，它就对你皱眉；你微笑，它就对你微笑。

每天进步一点点

30 岁的我，一切非常顺利，职称中级，职务科级，管理着医院收费处老老少少七八十号职工，期间还拿到了全国青年文明号的奖牌，然而对于自身似乎少了一点追求。在本该拼命去努力的年纪，我沉溺在“两点一线”简单的日子里，内心深处却总觉迷茫。

觉醒是和孩子一起成长的。每周风雨无阻地陪孩子上小提琴课，一路上的小花小草、小猫小狗，就连路边的小吃摊都承载着我们不为人知的前仰后合；每天40分钟的练琴时间，更是我们娘俩一起奋斗合作共勉的宝贵经历。7年的坚持，与其说培养了稳重坚韧的孩子，不如说成就了坚毅自律的我。

2014年，38岁的我重整旗鼓，向高级会计师进军，孩子特意收拾出书桌的一半给我。每晚10点之前，我们是一起温课的同桌，10点之后则是我一个人独享的静谧时光，累并快乐着。一年的时间里，我陆续通过了计算机5门考评、职称英语考试、高级会计师考试，完成了3篇论文的投稿修改发表。而4年级的孩子也在班级里从十几名上升到前十、前五、前三。良好的学习习惯对孩子的影响是长久的。2018年，初三的她一步步克服数理化的难点、政治历史的懵懂、体育的考验，在全年级名列前茅。

越努力 越幸运

2016年3月，国家卫生和计划生育委员会首批经济管理后备领军班招生，安徽省遴选的重要条件之一是40周岁以下、高级会计师，距40岁生日仅差一个月的我幸运地成为全省三名首批后备领军的其中之一；9月，医院开展岗位竞聘，我被任命为计财处副主任兼资金管理中心主任，管理医院各院区每年百亿元资金的进出工作；11月，我被推选为集团计财处党支部书记，负责党建工作。自小从未中过奖的我一下子成了所谓的“锦鲤命”，内心深处我告诫自己，所有的一切，不过是越努力越幸运。

在两年半北京国家会计学院的后备领军学习生涯里，我像海绵一样努力汲取大咖们每一堂的授课内容，与全国各地的同学们一起研讨难题，参加领军人才论坛展示工作亮点，参加辩论大赛成为最佳辩手……2018年7月我如期拿到国家卫生健康行业经济管理后备领军人才毕业证书，更惊喜的是收获了沉甸甸的优秀学员证书。

在工作中，领导赋予我医院内部控制和智慧财务建设职责担当，财务共享、影像中心、网络报账、电子档案、工作流平台、微服务架构等成了日常工作的名词；管理制度化、制度流程化、流程岗位化、岗位职责化、职责表单化、表单信息化贯穿其中，一切是那么的鲜活灵动，等着我们一一去探索实现。

有人说过，红尘皆道场，工作亦修行。坚持、自律、心存善念让我对曾经不后悔，对未来愈战愈勇。结束繁忙的一天，品一杯香茗，读一本好书，让浮躁的心变得平静，让自己自然、随性，让我用不一样的眼光发现人生之美。

（原载《财务与会计》2019年第5期）

刘忆倩

刘忆倩，平顶山市明审会计师事务所有限公司所长。高级会计师、注册会计师、资产评估师、税务师，长期担任大型企业的财税咨询顾问。

活出自己想要的模样

随着悠扬的古典音乐，静静地在冥想中晨练瑜伽。8 年的坚守缓解了身躯的疲惫、调节了工作的压力、平和了内心的繁杂，已深深爱上瑜伽，无论出差还是在家，每天早晨 5：30 起床，从瑜伽开始一天的生活，在瑜伽的世界里绽放自己、找回健康。把生活过得有条不紊，忙而不乱，给自己一个拥抱，努力活出自己想要的模样。

上高一时，母亲不幸去世，也曾苦痛、迷茫过。为家庭分忧，我参加了全国第一批合同制招工考试，被安排在当地教育系统做职员，这在当时可是很多人向往的工作，但却不是我想要的，因此我毅然放弃工作重返校园。当大学录取通知书送到我手中时，第一次体会到，努力活出自己想要的模样是多么幸福。

提升自己，是女人一生的事业。儿子在 1996 年 7 月 4 日出生，同年 9 月我参加并通过注册会计师资格考试，之后参加中国人民大学商学院全国第二届 MPAcc 的学习，每周五晚踏上进京的列车，周六早上下车急奔校园，紧张的两天学习后，周日晚上急匆匆赶往火车站，周一早上正常上班。两年学习期间，每天早上睁开眼睛，都要定定神，我这是在哪？对知识的渴望与执着引领我先后取得了资产评估师、税务师执业资格。注册会计师行业注定从业人员需要活到老学到老，适应知识的更新、制度的变化已是我们的基本功，在从业的道路上，我对知识的渴求从未止步。

欣慰的是，我对知识的渴求也潜移默化传递给了儿子，至今书籍是儿子最好的朋友。一路走来，儿子和丈夫的理解和支持是我坚强的后盾，在追求知识的同时拥有幸福的家庭是我想要的生活。

一直以来，我带领会计师事务所的全体员工，不忘初心，风雨兼程。作为一家地级会计师事务所，我们结合实际，以当地经济为依托将业务做精做专，涉税事项服务和经济案件鉴证是我们的强项。政策性搬迁的技术指导、定向增发的税收筹划、财产损失税前列支的审核、售后回购和回租的策划等帮助企业解决遇到的各类问题，为税务机关举行新企业会计准则的培训等，完善的财税、评估、法律知识理论体系、高度的责任心让我们深得企业和税务部门的认可。

经济案件鉴证也是我们会计师事务所的一个亮点。最近几年，涉众型经济案件突增，给司法会计鉴定工作提出了更高的要求。涉众型经济案件存在涉及人员多、涉案资金大、社会影响大、资金来往使用个人账户等特点，且账目缺失、账务处理不规范。司法会计鉴定关系着我们的职业荣誉，更关系着社会的稳定，也关系着参与人的命运和经济利益，丝毫的差错都可能造成无法挽回的后果。为保证司法鉴定数据的准确严谨、配合刑事案件的诉讼时效，我经常加班加点整理、筛选、核对、分析、鉴别会计资料、银行流水、借款合同、互联网数据等，还要协同司法机关收集证据材料、查看工程进度、询问大量当事人、参加群众见面会等，以核实相关会计资料的真伪、确定资金的去向，为化解社会矛盾、维护社会稳定尽了自己的责任和力量。期间也有不被理解的痛苦，也曾遭遇个别当事人达不到目的时的恶语相伤，甚至想过要退出这个行业，但面对司法部门的信任、当事人的无助，责任感让我一直坚守自己的岗位。久经风雨洗礼，努力绽放，活出自己想要的模样无怨无悔。

由于执业规范，事务所在当地有一定影响后，成为几所大学的实习基地，连续几年有近百名高校学生来实习过；我们还设立单独办公室，聘请有多年教学经验的人员为学生免费开展实账训练，当有学生给我发来感谢的微信、告诉我考上研究生、通过公务员考试等消息时，我倍感欣慰，在帮助别人的过程中获得快乐，是我想要的模样。

健康、学习、责任、助人是我人生的追求，恪守妻子、母亲的职责是我做人的基础。既有热爱的事业，又有优雅的生活，眼里写满故事，脸上却不见风霜，活得独立又坚强，精彩又坦荡，这就是我自己想要的模样。

（原载《财务与会计》2019 年第 5 期）

王晓静

王晓静，时任山西省农村信用社联合社财务会计部部长，现任山西航空产业集团有限公司资本运营部部长。山西省首批会计领军人才班成员，山西省财政厅政府采购库咨询专家，担任山西财经大学工商管理硕士（MBA）学位论文评阅人、答辩委员会委员和会计专业硕士生指导老师。

与数字共舞

我是一名财会工作者，也是一名数字爱好者。更准确地说，对数字的痴迷决定了我对职业的选择。打小，我就喜欢数字、数学，特别是喜欢听那噼里啪啦的算盘声，在我眼里，那一粒粒上下跳动的算盘珠子如同一个个美妙的音符，组合成探究规律、解决问题的乐章。缘起数字，约定终身。数字，引领我走进大学会计专业；数字，让我从事财务工作 25 年乐此不疲。

数字赋予了我不服输、爱较真的性格。2005 年在山西证券公司任二级部门经理时，我被抽调参加公司的财务决算。就在决算已近尾声时，却发现几个重要账户数据异常，可能影响决算报表的准确性。在大家一筹莫展时，我凭借扎实的基本功对报表勾稽关系和相关数据逐个核对，用最短的时间找到了问题所在，确保了决算工作顺利完成。正是凭着对财务工作的执着与较真，我慢慢成为一名专业精通、能力突出的年轻干部，各种荣誉接踵而来，撰写的论文被评为省会计学会优秀论文，入选了山西省首批会计领军人才班、担任了山西财经大学会计专业硕士生指导老师。

数字赋予了我不断精进的精神。多年来，我在财务管理领域不断探索、创新，不断捕捉使财务工作转型提升并创造价值的机遇。2017 年，我被调入金融机构工作，而彼时金融机构面对日趋激烈的竞争和互联网企业的冲击，我深刻体会到了数字对机构决策的重要意义。被任命为财务会计部部长以来，我思考更多的问题是如何由成本核算向价值创造转型，为此我致力于业财融合，全力推进财管系统、大总账系统的建设，在时间紧、任务重、人手缺的情况下，按时保质保量完成了系统上线，建立了集约、系统的数据库数据，有力提升了全系统财务信息质量；同时，对财会政策进行梳理，争取税收优惠政策，为单位节省了大额税负。这个期间，我更多的时间是在与数字博弈，这个过程中取得了些许成绩，当看到领导和同事们赞许的目光，在感受责任的同时，更多的是作为一名财会人员的骄傲。

此后，我发起了“构建数字”的挑战，对财务管理目标重新定位，对管理会计、财务系统、队伍建设等工作统一规划和部署，提出财务工作“广深高速”的要求，即广度、深度、高度和速度，并全部以数字计量。一系列数字在精心培育中按预期陆续实现，所在单位在本领域所处的市场坐标、方位及方阵更加真实精准，自身在简单枯燥的工作中等待、历练，实现了财会职业生涯从量变到质变的飞跃。

数字赋予了我理性、高效的头脑。对于工作与生活的界线，我没有去刻意平衡，在我的内心，一天 24 小时之内永远只有优先级。而工作与生活相比，最重要的一定是工作，这取决于我的选择，选择的背后一定是我对它的专注和热爱。我是一个目标感和执行能力很强的人，在与家人的陪伴中我更注重高质量的陪伴，与家人、孩子一起培养兴趣、探索世界、挖掘潜能，与家人一起成长成为更好的自己。工作和生活中难免会遇到压力和焦虑，当负面情绪累积时，我管理情绪的方法是，无论多投入，在适当的时候把自己从工作中抽离出来，去接触一个新的环境和尝试新的角色，从而缓解工作中的压力，放松心情，放飞自我。

春华秋实，一路高歌。参加工作以来，我从一名基层普通会计，逐步成长为企业财务负责人，工作岗位跨越了政府机关、企业、金融机构，经历了从政府会计、企业会计、银行会计的转变，更是经历了从核算数字、分析数字，再到与数字博弈和构建数字的历程，通过数字探究真相、解决问题已成为我的乐趣，与数字共舞让我越战越勇。我相信微小积累、持续改变和时间的力量，我想告诉同我一样坚守在财会工作岗位的朋友：做你想做的事，成为你想成为的人，无论经历多少迷惘和自我怀疑，爱自己的选择，在选择中不断构思和塑造，才能走在内心最坚定的路上。

（原载《财务与会计》2019 年第 5 期）

第十二篇

2019年（下）

编者的话

“秀色掩今古，荷花羞玉颜”，“南国有佳人，容华若桃李”，“芙蓉不及美人妆，水殿风来珠翠香”，自古以来，女性的温柔、绰约、优雅便似花朵般绽放于文人墨客笔下。如今，新时代女性的“如花”之美被赋予更加深刻的含义：她们有腊梅的坚韧刚毅，直面职场与生活中的挫折与挑战；她们有牡丹的雍容端庄，繁忙中不忘追求诗意与远方；她们有兰花的淡雅高洁，怀赤子之心一路前行……2019 年第 6 期“新时代会计职业女性风采”专栏再次汇聚 8 位女性，她们的奋斗、她们的成就、她们的故事，是经济社会发展的生动写照，更是新时代女性之美的丰富展现。

从基层会计到集团“大管家”的衷俊华，她坚信努力与拼搏是成长的真谛，凭着不怕失败、不惧打击、不怕质疑的韧劲，克服工作中的种种困难，担起集团金融板块与财务管理的“管家”职责。出校园又进校园的张佳林，将三尺讲台当作人生的舞台，秉持着“经世致用”的理念授课解惑、教书育人，以严谨和专注潜心研究，用精致和高雅品味生活，循心所向，一路前行。“杏林数豆者”韩斌斌，在从事医院财务管理工作的 7 年里推动绩效管理改革、建立业财一体化信息平台、创立医院外科发展中心，在工作中锤炼能力，在专业中修炼心性，不求闻达，但求成长。始终在路上的闫美英，从容应对着工作中不断出现的挑战与困难，带领团队助力公司实现销售规模地区第一，她享受拼搏、享受进取，同时感恩团队、感恩家人、感恩勤奋的自己。带着爱心享受职场的魏迎，用自己的爱心帮助每一位有困难的患者，在转换岗位后努力提升自己的专业技能与管理水平，跟上新时代知识技能的变革，在医院的 30 余年，她始终带着爱心努力工作、快乐生活；从联想到神州数码的黄万斌，经历了工作的转折点，也面临更大的责任与压力，持续学习的热情和能力帮助她攻克了财务模式转变、财会信息化等种种难题，回望来路，所有经历，皆是美好。始终投身于基层财政工作的梁淑玲，岗位几经轮换但始终初心以待，工作中的会计报表让她学会了驾驭数字、发现数字背后蕴藏的价值，而人生的会计报表让她于平凡中绽放光彩。一路奔跑的陈丽羽，一把算盘开启了她 20 多年的会计人生之旅，从财务执行者到财务管理者再到复合型管理者的蜕变，她用奋斗谱写青春华章，用奋斗追求理想与幸福。

冰心曾感叹：成功的花，人们只惊慕她现时的明艳，然而当初她的芽儿，浸透了奋斗的泪泉，洒满了牺牲的血雨。每一株绽放的花朵都曾怀揣破土的勇气和向上的信念，每一段成功故事的背后总有不为人知的艰辛与付出。至此，2019 年“新时代会计职业女性风采”专栏已进入尾声，24 位女性在这里分享各自精彩的人生故事，奏响美好时代的激荡华章，愿这些温暖真诚的文字化为涓涓细流，滋养春风中含苞待放的朵朵花蕾。

努力到无能为力　拼搏到感动自己

衷俊华

衷俊华，江铃汽车集团副总经理、江铃财务公司董事长、南昌市江铃鼎盛投资有限公司总经理。注册会计师、正高级会计师，江西省会计领军人才，江西省预算绩效管理专家库第一批入库专家，江西财经大学会计学院客座教授和校外硕导、江西师范大学财政金融学院校外硕导。

从 1995 年 7 月大学毕业分配到江铃汽车集团公司，不知不觉已悄然度过了 23 个春秋，我也从基层会计干到集团“大管家”，分管集团金融、资本板块和财务。作为一个企业管理者特别是金融和财务管理者，我为能从事这些工作给公司持续创造价值而深感自豪。

“有为才有位，机会总是留给有准备的人”，“不经历风雨怎么见彩虹，没有人能够随随便便成功”……这几句话经常被我挂在嘴边，用来引导工作团队的小伙伴们。在职场打拼，要有不认输的韧劲，不怕失败、不惧打击、不怕质疑，坚持做自己认为值得的事，努力到无能为力，拼搏到感动自己。

参加工作初期，我通过基础的登账工作，迅速掌握了公司财务的整体运行架构和流程，很快就担任了成本会计，随后又晋升为会计主管。同时，我还参与制定公司的各项规章制度，为今后独立开展工作打下了坚实的基础。

在财务核算和成本管理等方面积累的经验，加上持之以恒的学习和充分准备，2002 年我顺利通过了注册会计师考试，这也让我的整个工作思维都发生了变化，从核算型会计，逐步向管理型会计转型。我开始尝试做各种项目财务分析，并提交给上级领导，这为我后来的职业生涯加分不少。

调任江铃集团资产财务部部长后，我开始负责全集团的财务管理工作。我根据集团公司的财务管理现状，克服人员少、专业素质薄弱等问题，着手开展集团公司会计政策统一、全面预算管理、财务制度体系搭建等几方面工作。其中，我带领财务团队完成了集团长期股权投资中所有子公司从成立至2013年9月的账务梳理工作，完成了集团使用会计制度和新会计准则差异分析的对比工作，集团合并报表范围内所有子公司于2014年1月1日起会计政策实现统一；搭建了集团范围内30余家子公司的全面预算管理平台，指标体系贯穿了销售、生产、采购、技术开发的整个经营过程；组织制定了《财务会计管理制度》《资产减值管理制度》《总成本核算规程》和《成本费用管理制度》等12个财务制度，集团财务制度体系初步建立。

2015年对我而言是意义非凡的一年。在专业学习领域，我成为江西省会计领军（后备）人才培养项目的一员。领军项目对宏观经济、最新财务前沿知识、资本运作等系统的培训令我受益匪浅。在工作领域，由于专业水平和工作业绩的提升，我得到了集团公司领导的充分认可，被提拔为集团公司总经理助理，兼任资产财务部部长。此后，我相继担任江铃财务公司董事长、江铃鼎盛投资管理公司总经理、江铃集团副总经理，全面负责集团金融、资本板块发展。正所谓“千斤重担一肩挑”，面对公司领导委以的重任和做好集团金融、资本平台的决心，我秉承着打造集团汽车产业链和资本板块一体两翼、助推跨越发展的愿景，重点聚焦新能源、优质零部件企业并购等方向，深化产业与资本联动；充分发挥财务公司五大服务平台作用，扶持集团成员企业、提供汽车金融业务，助力产业链上下游发展。

每天有海量文件需要处理，各种会议需要参加，特别是有重大商务谈判时，经常连续几周通宵达旦，因此自我减压就尤为重要。人生有三味，一曰清苦，二曰甘冽，三曰回味。清茶一杯远胜酒，涤除人间万般愁。在我看来，邀上三五好友，品茶小酌，是一种闲适、让生活放松下来的绝佳途径。茶若人生，沉时坦然，浮时淡然，饮时自然，品时超然。一盏浅注，清香馥郁，友情流动，谈兴舒张，颇有温馨抚慰效应，确是人生忙里偷闲的一大快事。品茶只有端起杯和放下杯两个动作，人生原也如此，拿得起、放得下，既要勇于直面碰硬，敢于担当，有所作为，又要眼界开阔，登高望远，心态平常。

“心心在一艺，其艺必工，心心在一职，其职必举。”成长的过程无法一蹴而就，哪有什么人生“开挂”，分明是努力到无能为力，拼搏到感动自己。

（原载《财务与会计》2019年第6期）

张佳林

张佳林，厦门国家会计学院研究生处处长、教授、硕士生导师。民建福建省委委员，厦门市思明区政协委员。

循心所向　一路前行

感谢《财务与会计》杂志的约稿，让我能有机会与各位读者分享自己的感悟。我认为，在女性的职业生涯中，每一位励志者都在以自己的方式演绎和绽放。我试着写下点自己的经历，若能引起读者内心深处的共鸣，将使我倍感荣幸。

我出生在湖南宁乡的一个教育世家，由于成长年代的特殊性，我从小在乡下外婆家长大。记忆中的乡村，原始中浸透着朴素，淡泊里流淌着淳朴，艰苦的日子教会了我勤劳、俭朴和善良。1978 年秋，我以全县第五名的优异成绩考入湖南大学，这所千年学府以严谨的学风和深厚的湖湘文化熏陶了我的本科学涯。毕业后，我先后在国企和高校工作。1992 年，母校成立国际商学院，我回到湖南大学任教。从此，循着自己的兴趣所向，我开启了职业生涯的新旅程。

重回湖南大学之时，我已步入而立之年，承受着来自工作和家庭等多方的压力。我时刻谨记父辈的教诲，明了教师的职责，始终秉持岳麓书院“经世致用”的育人理念。为了备好新课，我虚心求教，精心演练，钻研教学方法，逐渐形成了独树一帜的教学风格。我博览群书，刻苦攻读，充实学术素养，不断提升业务能力，数次荣获湖南大学教学质量优秀奖和先进教师奖。教书之中我也不忘倾注育人，常勉励学生们学会计并不枯燥与乏味，只要乘兴而往，定能得获真知。

读万卷书，行万里路。2004 年，我暂别家人前往加拿大 Regina 大学进行为期一年的访学研修。远在异国，虽有美景相伴，但我无暇欣赏。我深知，耐得住寂寞才能等来繁华。我沉心研究，积淀所学，贯注文献求索真知，静心理论追本溯源。我旁听课程，参与研讨，与国际学者进行多元交流，在思想碰撞中激起智慧的火花……这一年，仿佛是一次“世外修炼”，我不仅开阔了视野，提升了能力，也学会以更加宽广的心胸去面对生活。

2006 年，从加拿大回国后不久，因先生工作调动，我调入厦门国家会计学院任教，在清新的鹭岛，我建立了新的人生坐标。虽然时空变换，但教师的使命、育人的初衷从未更改。我密切关注经济热点和形势变化，以“工匠精神”精益求精地准备好每次课程，热情洋溢对待不同的学员。一堂讲座，就如同打一场硬仗，从构思策划、资料收集、案例剖析，到立论理据、教案制作、视听效果，无一不是深思熟虑，反复雕琢。我将三尺讲台当作人生的舞台，传播知识绽放精彩，虽然过程辛苦，但学生们满意的笑容和热烈的掌声令我幸福、欣慰。

2012 年起，组织信任、领导重托我兼任行政管理职务。身为一名女性，我坚持“柔性管理”——全心投入、诚心待人、用心交流。我和同事们团结协作，共同奋斗，在学院这片沃土上用辛劳和汗水浇灌出绚烂的教育之花。我性格开朗热爱文体，兼任了学院的工会副主席，连续多年承担学院晚会的导演、策划和监制工作。学院的舞台见证了我们与时代共舞的精彩瞬间，运动场上留下了我们永不服输的飒爽英姿。作为民主党派人士，我以民建福建省委委员和厦门市思明区政协委员的身份参政议政，虽微薄之力，却乐在其中。

尽管工作繁忙，我依然把家人和家庭放在十分重要的位置。每逢节假日，我总会抽空回湖南老家看望父母，陪伴亲人、孝敬长辈令我踏实心安。我把烹饪当成一种艺术，看着家人品尝自己的“作品”，我倍感温馨与满足。我崇尚精致，热爱自然，闲暇时间会弄些小盆栽，精心布置自己的家居。在忙碌的工作之余，赏花、读书、品茶……生机勃勃的绿叶，安静绽放的鲜花，简约整洁的摆设，生活是如此的简单、惬意，就这样与家人一起分享时光，感恩时代。

在过去的日子里，我循心所向，一路前行。我用热情和敬业授课解惑，以严谨和专注潜心研究，用精致和高雅品味生活。未来，我将走得更加自信、优雅和从容。

（原载《财务与会计》2020 年第 6 期）

韩斌斌

韩斌斌，河南省肿瘤医院党委委员、总会计师。正高级会计师，享受国务院、河南省政府特殊津贴专家，河南省首批首席会计专家，中央财经大学硕士生校外导师，全国会计领军人才。

在“数豆”中修行　在工作中成长

在英语中“数豆子的人”是对会计师的俗称，“数豆”也成为财务会计专业的代名词。我喜欢自称“杏林数豆者”，意思是在医院中从事财务工作的人。分管医院财务管理工作已有 7 个年头，7 年里，我沉浸在繁忙、复杂的工作中，经历过困惑和失落，也体验过欣慰和惊喜。蓦然回首，发现不知不觉间已走出很远，在收获工作提升、业界影响的同时，初心还在，激情如昨。一路走来，深感工作本身就是修行，专业研究促进成长。

立足专业　助力业务发展

绩效管理是管理会计体系的重要组成部分，也是医院发展的指挥棒。2018 年，我负责推动医院的绩效改革工作，这是一项关乎医院发展、牵动各方利益的大工程。秉着“让专业的人干专业的事”和“分类管理出效益”的理念，带领团队从医院发展导向出发，深入研究各学科的专业特点，为不同类型的科室制定不同的绩效方案，着重体现学科特色和发展方向。自运行以来，医院运营的主要指标得到了持续优化，医务人员纷纷表示：努力更有方向了，干活更有奔头了，幸福指数更高了。

借力信息化　打造精细运营系统

要实现管理的精细化，首要任务是要建立财务业务一体化信息平台，整合单位人、财、物和业务办理流程及相关信息，为管理者提供标准化和集成化的决策信息支持。在医院综合资源管理系统（HRP）建设中，作为分管领导，我和大家一起梳理各个业务流程，反复推敲关键岗位的职责，组织起草相关制度，以管理和信息化思维为基础，把管理规范融入日常业务中。HRP信息系统的顺利运行，不仅把财会人员从繁琐、滞后、重复的数据处理中解脱出来，使之有精力、有能力发挥管理会计职能，而且自动搭建了一个精密的内部控制平台。

举一反三　跨界担纲业务管理

2018年7月，按照医院党委的要求，由我负责创立、运营医院外科发展中心。虽然中心工作特点和财务大相径庭，但我认为任何管理工作的核心都是人，管理的本质是激发人的善意和正能量。为此，我向院党委建议选派有情怀、讲奉献、具有专业战略眼光的临床科室主任兼任外科发展中心主任，赋予他培养年轻人、促进学科发展的使命。同时，搭建平台，让外科年轻医师们可以随时训练手术技能，提升职业素养；组织外科微创手术技能比武，营造“比、学、赶、帮、超”的氛围。在大家的共同努力下，经过几个月的苦心经营，外科发展中心呈现出生机勃勃的景象，成为外科医生训练、交流、碰撞的“俱乐部”。

苦心经营　打造精英团队

任何工作的开展都离不开人，任何成绩的取得也都要依靠团队。在几年的摸索中，我修炼了一套带领团队的“独门武功”，归纳起来一共有“三招”：一是明确目标，激励凝聚团队；二是丰富载体，为每个人赋能；三是率先垂范，用行动去引领。以“数豆”团队为例，早在2014年，我把“三年省内排头兵，五年国内一流”作为团队建设目标，开展岗位说明书撰写、经管专刊编辑、年终PPT述职等活动，让年轻人在工作中锤炼专业和能力；搭建“经济大讲堂”“财务微讲堂”“收费微讲堂”平台，为“数豆”者们开辟瞭望、碰撞、展示的舞台等。

陶醉于书香　把学习当成习惯

工作是助力成长最有效的方式，但也需要大量的知识储备为其提供养分，需要持续的学习以获得源源不断的新能量。读书是我在“数豆”之余的兴趣爱好，经济管理、法律法规、古今名著、历史杂谈等都是我的涉猎范围。每天工作之余，闲暇之时，我随时拿出随身携带的纸质书和电子书，不论外部环境如何喧嚣，都能很快陶醉于书中的世界。常态化的阅读深化了我的专业素养，更丰富了我的综合认知，还陶冶了我的情操。

作为职场女性，我的感受是，不求闻达，但求成长，在工作中锤炼能力，在专业中修炼心性，路漫漫其修远兮，上下求索以期心性的圆满、技能的练达，也是非常有意思的生活。

（原载《财务与会计》2019年第6期）

闫美英

闫美英，时任国药控股温州有限公司财务总监，现任国药控股菱商医院管理服务（上海）有限公司财务总监。注册会计师、注册税务师、国际注册内审师、高级会计师，浙江省第四期会计领军人才、浙江省国际化会计人才（跨境并购类）、中央国家机关第四期全国会计领军人才。

行者　在路上

人生价值不在舞台上，而在角色里

大学 4 年企业管理专业学习毕业后，我顺利进入一家大型国有企业集团从事市场调研及销售分析工作，这个岗位让我对于管理、营销和市场有了深刻体验，学会了从销售数字中获得启发和灵感，为我后来具体从事财务管理工作积累了很多心得，使我更能以全局观、战略观去应对工作、应对挑战。目前，我在国药控股温州有限公司负责财务工作，这家企业的前身是经营了 20 多年的全民营股份制公司，2010 年被国药控股股份有限公司并购后，提出整个财务体系需要规范化、标准化管理，在短时间内实现与国药体系对接，并达到资本市场的规范管理要求。难以忘怀的是，我连续 43 天带领团队将近 20 亿元销售规模、几千供应商、几千客户、上万个品规产品、经营 20 多年的全盘手工账核算数据全部实现了电子化，完全实现了财务和业务信息化管理。在此基础上，财务后续又实现了仓储、运输、报表、运营、财务各模块的一体化，规范了业务流程，建立了有效的内控制度等。8 年来，面临国家医改政策的不断变化，我们完成了新版 GSP 认证、现代化物流体系建设、带量议价采购、招标降价及“两票制”的实施，实现了公司内部多业态多渠道的并购及拓展，去库存、降杠杆、合规化，KPI 落实与提质增效等相关指标要求，目前公司已达成50亿元的销售规模并稳居地区第一，市场份额50%以上，年实现利税上亿元。可以说，这期间的每一天对我来说都是挑战与应对！感恩公司团队的精诚合作、勠力同心，才能让我们取得今天的成绩。每当公司、个人业务有所成就的时候，我都深深感到了价值的意蕴，享受拼搏、享受进取、享受成果；感恩时代、感恩平台、感恩团队、感恩自己。

业精于勤

作为从西部边远山区走出来的女孩，我自知若想获得别样的人生，只能靠孜孜不倦的努力学习。我在工作之余先后取得高级会计师、注册会计师、注册税务师、国际注册内审师、证券分析师资格证书，参加了上海财经大学的金融学硕士课程并取得香港中文大学的高级会计硕士，考取浙江省会计领军人才、浙江省跨境并购高端人才并顺利毕业，最近一年我又获得了上海主板及深圳中小板的董秘资格。一路走来，是学习成就了我的成长。忙碌的学业也锻造了我坚忍不拔、心细如发、敢于直面问题、积极解决问题的品格。学习，不在于来路上的艰难险阻，而在于回眸时跨越的座座峰峦，苍山云海，蔚为壮哉。

用爱的音符创作希望的交响曲

在我一心扑在工作和学业的时候，我差点忘记了一个更加重要的“职责”——母亲。有一段时间，由于过于繁忙，我忽视了孩子的成长教育，这让我感到迷茫、沮丧。深思熟虑后，在家人支持下，我开始增加与孩子相处的时间，安排陪伴孩子的课外课程并持之以恒。我带着儿子去游泳，去体验大自然，去停下脚步发现生活中的美；让儿子学会思考、观察、研究植物动物，去做手工和画画。近距离观察和体验小朋友的成长过程，天天都是惊喜。孩子的各项表现获得了亲友的赞许，听到最多的话是：孩子有今天，是他有一个不断付出的妈妈。在培养孩子的路上，我经历了太多的艰辛，也收获了太多的人生感悟：育儿实际上和工作惊奇地一致，都需要培养能力和坚定不移的正向信念，我们要树立正确的方向，找对解决问题的方法，更要孜孜不倦地努力。在陪伴孩子成长的过程中，我也很感谢他给了我努力的勇气和力量。现在，我更懂得放慢脚步去品味人生，享受生活中的美。

对于工作、学习、家庭，我这几年时时都在“衡”，最后的选择一定是三者中最重要、最紧急的事情。不断学习、提升、成长，方能快乐、收获与分享。如何做好，我还在路上！

（原载《财务与会计》2019年第6期）

魏迎

魏迎，高级会计师，河北医科大学第四医院总会计师。中国医院协会内部审计专业委员会委员，河北省卫生经济学会常务委员，河北省抗癌协会常务理事，获河北省科学技术成果奖、河北省会计科研课题一等奖等奖项。

带着爱心享受职场

《财务与会计》杂志的约稿函，给了会计职业女性一个讨论工作态度及职业成长的难得机会。我虽不是职场上的精英，但在医院财务管理岗位工作30年，从基层会计到省级三甲医院总会计师的经历，让我深刻体会到了作为一名女性在医院财务管理工作中的艰辛与快乐。爱是女人的天性，每个女人对家庭、同事、工作都有一份爱的体验，这份爱心也让我享受到了职场女性的幸福。

20岁，我刚参加工作，在医院一线收费岗位工作。每天与病人或家属打交道，由于工作繁忙、琐碎，时常感到压力，也曾出过差错，但在同事们的帮助和鼓励下，我虚心向老同志请教，刻苦学习会计基本技能，很快熟悉了各项业务。工作中，我始终坚持患者至上的服务理念，尽自己所能为患者着想，希望用爱心帮助每一位有困难的患者。每当我有点滴进步或多承担了一点儿工作，都会得到同事和家人的鼓励，这些又成为我工作精益求精的动力。一线收费员的工作经历使我深切体会到基层财务人员的辛苦与付出，我也初步掌握了与人沟通的方法、技巧，积累了工作经验。

34岁，我来到了住院部的管理岗位。这一切都要归功于在基层岗位踏实工作的经历，使领导和同事们认可了我。面对着更多人、更多事，我也遇到了更多的问题。在住院部财务管理岗位，业务工作量增大，我不仅要熟悉业务技能，还要负责整个住院部的财务运转，协调与各科室间的财务问题。在这个岗位上，我体会到了什么是责任，什么是担当，我开始思考什么是管理技能。随着科学技术的进步和经济体制改革的深入，我国的会计法规也在不断地更新变化，我深切感到自己的专业知识已不能满足工作需要，于是利用业余时间学习会计信息化技能、学习会计新法规、认真接受会计继续教育。记得那时候女儿小，晚上需要照顾，孩子睡熟了才是我看书学习的时间，我尽量平衡好家庭和工作的关系，同时也感谢家人给予的理解和大力支持。那几年，我带着爱心努力工作、快乐生活，与领导、同事、患者、家属真诚沟通，换位思考，享受着忙并快乐的职场生活。如今想来，正是由于自己坚持提升专业技能与管理水平，努力跟上时代知识技能的变革，几年后，我又先后经历了医院财务处副处长、财务处长的工作岗位变化。

47 岁，我走上医院总会计师岗位。会计信息化、财务智能化时代的到来，我国企业会计准则的国际趋同、深入进行的政府会计准则改革和公立医院会计制度改革等系列变革，让我的工作迎来了更大的挑战。我必须更加努力地学习先进的医院财务管理理念，学习最新的财务管理知识，调整好生活与工作。好在持续不断的学习习惯，使我始终保持着对工作的激情，对职业道德的忠诚，也体会着女人在职场上的辛劳与成长。

经历了不同层级的财务管理岗位，我对管理与专业技术的区别有了更深层次的理解。对遇到的专业技术问题，自己可以通过努力学习解决，对遇到的管理协调问题，就不只是自己单方面处理的事了。在不同的财务管理岗位锻炼后，我逐步体会到“沟通”对财务人员的重要性，小到收费岗位与病人家属交流，大到与医院中层沟通、向上级部门请示汇报，这些既要坚持财务原则，又要充分考虑各方利益，协调起来非常困难。每当这个时候，无论面对医院利益、部门利益、还是个人利益，我都在充分坚持原则的前提下，以爱心为出发点，为双方着想，主动换位思考，在得到对方理解后再商讨解决方案，这是我对有效处理财务问题的一点切身体会。

医生是个神圣的职业，救死扶伤，能为他们服务我倍感幸福；而对于承受着病痛的患者，我更是满怀仁爱之心去帮助他们。爱是付出，也是奉献。工作 30 年来，我体会了什么是爱，更享受到了在职场工作的幸福。

坚持爱心，带着爱心工作，努力让爱成为习惯，并享受爱心带来的美好生活。

（原载《财务与会计》2019 年第 6 期）

黄万斌

黄万斌，领航动力信息系统有限公司财务部总经理。澳大利亚公共会计师。九三学社社员。

经历　就是一种美好

岁月不会辜负那些努力上进的人，总会在某个地方给你惊喜。

1993 年大学毕业后我加入联想，开启了自己的会计职业生涯，武汉测绘科技大学（现武汉大学）旁的小二楼成为我永远的青春回忆。在那里，财务部用的是老 MIS 系统，每月 25 号就关账，曾经最高的纪录是三天两夜的持续结账。而财务部员工本身计算机应用能力较薄弱，面对系统难题，一到月底大家都身心俱疲。刚毕业的我利用自身年轻、学习知识快的优势，抓紧学习计算机知识，很快解决了组织架构扩展、月末结账等问题，得到了领导的认可，并受到联想集团的多次表彰，还获得轮岗与培训的机会。这为我以后的职业生涯打下良好开端，也让我更加坚定信心，进入状态奋力拼搏。

加入神州数码成为我工作的转折点。我历任武汉公司财务部经理、中西区财务总监，管理团队迅速倍增，业务范围扩至分销、集成、服务、供应链、智慧城市等多个领域，责任变大了，压力也随之而来。但我选择积极投入行动，把压力一一化解。武汉成为神州数码智慧城市战略试点后，为适应新战略需要，我组织研究并撰写适应公司战略的财务模式；在公司的战略扩张中，我多次参与同当地政府的对接工作，为公司战略落地提供了有效的财务保障；公司部分业务需要在 2 个月内完成分拆重组，我迅速投入新公司的分拆中，完成10多个OA系统的搭建、ERP系统上百个利润中心的数据核对与初始化；公司分子公司、合资公司多达12个，面临异地财务管理的困难，我组织编写了公司的岗位手册，梳理公司的财务制度，摸索出一套财务集中管理方式，基本实现了资金、核算、税务等多项财务工作的集中管控；公司不断探索新兴业务模式，我抓紧向业务部门学习，快捷响应业务需求，为业财快速融合打下基础；在集团财务内训会上，我多次成为讲师，讲解新财务会计准则在公司中的应用，组织大家一起学习研讨……功夫不负有心人，通过不断改善财务管控模式，优化业务流程，公司工作效率得到进一步提升。

财务工作除了自身需要较强的职业操守外，更重要的是持续学习，打造一个强大的自己。2000年公司上线ERP，我是数据负责人，一边要在正常的工作中处理好业务，一边要用业余时间学习ERP。当第一张发票成功开出的那一刻，我和团队兴奋地欢呼起来。后来，那些一起并肩工作战斗过的兄弟姐妹们已经是不同企业的栋梁，大家偶尔相聚，回忆起来那段“ERP”的日子，都是满满的幸福回忆。与此同时，我也在为职称考试做准备，因为小孩还小，只能晚上等他睡觉后再开始学习。2004年，感觉到成长过程中的自身知识积累不够，我考取了武汉大学首届会计硕士，学到了国内外前沿的知识，弥补了自身的不足。此外，财会信息化发展也对我们提出了挑战，财务人员多种知识体系的构建尤为重要，长期学习，不断培养沟通能力、分析能力、各项工具的应用能力、语言能力等是我们必须要面对的问题，顺应时代变化才能更快地成长。记得有一次获得出国学习的机会，但必须有长达半年的英语学习课程并通过考试，我便利用周末时间去华中科技大学学习。虽然出国项目最终因其他原因而未能成行，但学习带给我的成长是无形的。保有持续学习的热情和能力，总有一个时间让我得心应手，让我更加接近那个自己想要成为的人。

工作学习之余，我也喜欢户外的山山水水，喜欢在运动场上挥汗如雨，喜欢在大漠旷野静坐看那落日余晖，喜欢在大草原策马奔驰，喜欢游览世界各地博物馆，也喜欢一个人在自家阳台一角独坐看书，与冬日暖阳相伴品茗……这些小兴致帮我找到工作与生活的平衡，让我感知阳光的明媚与时光的馈赠。

回望来路，一切如此美好！我一直在追求幸福的路上！

（原载《财务与会计》2019年第6期）

梁淑玲

梁淑玲，山东省枣庄市台儿庄区财政监督局检查科科长。高级会计师，先后在《财务与会计》《中国财政》等期刊发表作品 30 余篇，其中 6 篇在国家核心期刊有奖征文中获奖。

人可以平凡　但不能平庸

接到《财务与会计》的约稿，我迟迟没有动笔，一直在思考，在这个充满变革的时代，会计职业女性风采到底是什么？为此我特意品读了往期的专栏文章。我认为，女性追求平等的过程，也是一步步走向职业化的过程。一边是孩子哭了笑了尿布油盐酱醋茶，一边是不甘人后的职场马拉松，为了做到内涵与外延齐飞，从平凡到不凡，从普通到卓越，“新时代会计职业女性风采”专栏人物光鲜靓丽的背后，是不为人知的艰辛。我也一样，从 1994 年离开校园步入职场，25 年来我一直勤勤恳恳、兢兢业业。虽然岗位几经变化，但我始终没有离开基层财政工作。

认真工作是最好的修行

我的第一个岗位是在区会计师事务所（编制属财政局），做了半年后，我被区国资局局长指名调到正在筹建的区国资局。局长是一位干练的大姐，她的专业素养在我们当地是首屈一指、有口皆碑的。与优秀的人同行，我一刻也不敢放松自己。对于每一项工作、每一个数据我都要求自己认真、认真、再认真；我常会为一个不规范的企业报表，甚至一个错误的数字加班到深夜，当数着满天繁星回到宿舍，我第一次深刻理解了“老会计为什么会为一分钱通宵不眠？”因为初出茅庐，因为激情满满，总感觉身上好像有使不完的劲。现在回想起那段激情燃烧的岁月，还有些激动。

2007 年，行政事业单位进行资产清查工作，领导决定由我起草制定《区行政事业单位资产清查工作实施方案》等一系列文件。为了保证资产清查工作按时完成、不留死角，我经常放弃休息时间，到现场帮助解决资产清查工作中遇到的疑难问题，认真做好每一个环节的工作，得到了领导的充分肯定和各行政事业单位的一致好评，并获得市级资产清查工作先进个人称号。

2012 年 12 月，我又被调到财政监督岗位。岁月如梭，斗转星移，我的岗位虽然已几经轮换，但我始终初心以待。当你对工作心生敬畏，把被分配的工作当成自己的天职，而不是谋生的手段时，你就会从枯燥而平凡的工作中找到成就感。

过程比结果更重要

财税政策法规不断推陈出新，在学习的道路上我从未停歇。为了系统地学习，我开始了考证之旅，先后取得了注册会计师考试《会计》和《财务管理》单科合格证书，晋升了中级职称，通过了高级会计师资格考试并顺利通过了评审等。“工欲善其事，必先利其器。”我没有证书情节，考试于我只是手段而非目的，获得证书只是“锦上添花”。比之结果，我更看重过程。在备考的过程中，我的专业能力得到了极大提升，同时我也有幸结识了能在学习上与之切磋交流的三五考友。考试让我及时掌握了最新财税法规政策，让我在工作中拥有了主动权。

业余写作让我遇见了更好的自己

在准备高级会计师职称论文的过程中，我爱上了业余写作。业余写作不仅让我收获了成功的喜悦，更让我学会了思考与总结，学会了换个角度看问题，让我遇见了更好的自己。工作中的一些创新形成了文字，一些好的做法也就得以推广，工作由被动变为主动。同时，我也把自己的理论研究应用于实际工作中，在区国资局任职期间，我以自己在《财务与会计》（理财版）上发表的文章《和谐内控：把握两个度　设立三道防线》为蓝本，对全区的国有控股、参股企业推行了一系列监管措施，形成了一套较为完备的监管机制，对减少国有资产流失起到了一定的效用。

在繁忙工作、系统学习、认真写作之余，我也用心地经营家庭、相夫教子。无论工作多忙，在子女的教育上，我从不缺位，健康成长的女儿和儿子让我感受到，最美的投资是把时间“浪费”在孩子身上。

也许平凡是人生的常态，但我始终认为，人可以平凡却不能平庸。人生犹如一份份会计报表，不甘平庸才能让自己的会计报表独具特色、令人刮目。

（原载《财务与会计》2019 年第 6 期）

陈丽羽

陈丽羽，黄冈师范学院离退休工作处总支书记、处长。高级会计师，湖北省财务管理专家库评委，曾担任财务处、审计处副处长，采购与招标管理处处长，公开发表财务系列专业论文50余篇。

驰骋不息　用奋斗谱写人生

逆风的方向，最适合飞翔。攀登事业的高峰，需要奋斗不止，驰骋不息。作为一名会计人，多年来我一直奔跑在路上，不忘初心，砥砺前行。

奋斗的人生谱写青春

回顾自己20多年的职业生涯，多年的财务、审计、采购等工作让我与会计结下了不解之缘。20多年前，一把算盘开启了我的会计人生之旅，我用它计算着教职工的工资和学生学费。记得2001年学校会计电算化改革时，我将计算机技术融入财务管理中，深夜一遍遍地试验着收费系统学生数据的导入和电子票据的打印，使学校在省内率先实现电脑收费，收费管理水平居省属高校首列。

10多年的财务生涯，几乎没有周末和节假日，超强度满负荷工作，经常深夜挑灯，挥洒汗水，和同事们努力战胜困难，将复杂的工作简单化，发挥团队效率，在学校财务信息化历程中，高效完成了各项挑战。

青春是血液，骨子里流淌，永不褪色。20多年来，不管在哪个岗位上，我始终保持着工作的热情与激情，将会计人特有的效率、细致融入岗位管理中。人生有梦想才有动力，有理想才有活力，职业生涯中用奋斗谱写青春，用梦想与理想铸造多彩的人生。

奋斗的人生驰骋不息

奋斗就是不忘初心的砥砺前行，在平凡的岗位上做出不平凡的业绩。2001～2010年这10年，是学校建设发展的重要时期，我和财务团队共同努力，让学校财务工作呈现出前所未有的朝气，我也实现了从财务工作者到财务管理者，再到复合型管理者的蜕变：2010年，学校加强审计力度，我调任审计处副处长，首次运用计算机技术，短时间内对学校12名中层干部进行经济责任审计并出具审计报告，开启了学校信息化审计时代；任学校采购与招标管理处处长时，在学校政府采购改革的关键时期，我带领学校采购团队，将会计人的高效率运作融进采购管理中，发挥采购资金效益，用两个月的时间完成了高校一年的设备采购量，工作效率与执行力受到上级主管部门的高度好评；基建工程招标中，我强化大额资金运筹管理，学校招标施工的亿元体育运动中心具备承办全国球类顶级赛事的条件，拥有全省最大的羽毛球场馆，充分发挥了财务管理在采购中的优势作用。

习近平总书记说，只有奋斗的人生才称得上幸福的人生。为了提升自己的业务水平和工作能力，我不断加强业余学习，2006年取得高级会计师职称，成为当时学校最年轻的副高人员之一；通过自修、脱产学习，同年获得武汉理工大学硕士学位。学习之余，我还将所学成果应用于财务、审计、采购招标领域。参加教育部中南教育管理干部培训、省委党校学习时，通过论坛讲座，学校财务、审计、采购管理经验在省内外被广泛宣传。拼搏的同时，我和我的团队也共同体验着奋斗带来的成就感。我在业余公开发表近50篇专业学术论文，发表SCI、EI、ISTP检索论文7篇，其中《基于网络环境下的高校财务信息化探讨》《高校财务管理问题刍议》等文章反响热烈；在全国高等师范学校财务管理会议上，学校财务管理经验在高校间得到广泛推介。

奋斗的人生谱写美丽

奋斗的人生无疑是美丽的，但现代职业女性的压力较大，也要处理好工作与生活的关系，让人生真正饱满充实。工作中，我拥有一群并肩作战的战友，彼此传递正能量，共同分享工作心得和人生体悟；生活中，我拥有暖心的家人朋友，繁忙的工作之余让我适时停歇，给心情放个假，在大自然的山水草木和呼吸中重获新生，在漫山红枫中携手享受轻松与诗意，在女儿的画图中获取点燃工作和生活激情的灵感。

幸福的人生要用奋斗来谱写，美丽的花朵要用汗水来浇灌。会计人的人生，永远在奔跑，永远在路上，诗意与远方引领我一路前行！

（原载《财务与会计》2019年第6期）

第十三篇

2020年（上）

编者的话

三月，桃花生香，清风穿庭。轻叩历史的门扉，徜徉于暗香浮动的小径，关于女性风采的诗篇便流泻出来：“绝代有佳人，幽居在空谷”，“笑颜如花绽，玉音婉转流”，“芙蓉不及美人妆，水殿风来珠翠香”……然而，今人不见古时月，今月曾经照古人，如今我们更能看到这样一些身影，她们坚毅如磐石伫立，坦荡若清风明月，娴静若秋水长天，勇敢如峻挺高山——这便是新时代职业女性的风采。在人生云水的生涯里，即使乱云飞渡，也总是有“她力量”迸发出闪耀的光彩，如同烈日焰火，炽热着胸怀里跳动的拼搏精神；即使浮云遮眼，也总是有一种“她情怀”在心间挥之不去，如同汩汩清泉，浸润着心灵里流淌的家国柔情。值此“国际妇女节”之际，我们如约推出“新时代会计职业女性风采”系列专栏，巾帼不让须眉，新时代职业女性给人生旅途留下更加壮美的想象。2020 年第 4 期的 8 位会计职业女性，自由行走于天地间，走过岁月的不同时节，在时代中拼搏，没有裙袂飘飘，却已然恣意倾城。

春风初起四海，巾帼勇立潮头。40 余年亲身经历中国会计改革过程的向炎珍，利用每一次机会提升财务管理水平，始终秉承严谨求学的态度，在挑战中成长更与时代同频。静守悠然时光，裁剪似水光阴。为集团决策提供参考的赵晓红不断在理论、实践、思考中提高专业水平，从审计人员的“自省”到瑜伽爱好者的“内观”，遵从内心的指引前行。三尺讲台作渠，引桃李沐春风。30 余载教学生涯中辛勤耕耘的牛彦秀，精心组织课堂是她的坚守，夜深人静的挑灯夜战是她的执着，用心经营家庭是她的真情。遥看苍穹如盖，低吟素简归真。面对疫情快速提出应对方案的曾毅玮，带领财务人共克时艰，她善于发现问题，顺势而为又秉持初心，感恩时代的伟大与生命的朴素。犹将一路风雨，润作一花绽放。为实现会计梦想而努力奔跑的闫玉荣，面对工作与生活的双重压力，一步步把梦想变成现实，研究制度、兼顾家庭，她相信坚持就是胜利。胸有远方经纬，昂首志存高远。树立清晰目标的丁淑丽，在业务执行上精雕细琢，在战略规划上高瞻远瞩。她跳出舒适区，从央企到民企，在挑战中也享受来自家庭的感动。九州风起云涌，星空瀚海驶航。出生在会计世家的任燕，26 岁时用热爱与情怀创建会计咨询公司，始终坚持诚信为本，埋首研发“会计工厂”，既仰望星空也脚踏实地。淡看来途锦簇，栽种前路绿茵。“样板部长”常喜林以身作则，用行动影响着周围的人，是同事与孩子的榜样。她守住安宁的心，内外兼修，保持优雅，始终不忘来时的路。

付出与收获在光阴里谱写成歌，跳动的音符里是这些优秀女性对工作与家庭的平衡，对不同角色的转换。她们面向朝阳，用直冲云霄的高旷力量诠释着使命与责任；她们也藏起风霜，用娴静淡泊的方式流溢着澄澈的岁月静好。愿 2020 年第 4 期的女性风采能让你收获启迪、汲取力量，像阳光下泛起粼粼光波的河流，在温暖与灵动间与你共鸣。涉水而行，明媚光亮与清丽涟漪萦绕在三月的烟波里，愿这些镶嵌在两岸风景里的风采，能悄然打湿你的衣襟，而后慢慢渗透你的心灵。

向炎珍

向炎珍，北京协和医院党委常委、总会计师。高级审计师，财政部政府会计准则委员会咨询专家，中央财经大学客座导师。

生活的底色是平常

1979年跨进中南财经政法大学的校门，我与会计审计打交道已40余年。参加工作后，当过大学老师，在企业做过账，在机关当过公务员，2005年投身到一个我完全不了解的医疗行业做财务管理。

40余年亲身经历了中国会计改革的全过程，由三段式资金平衡表到分行业会计财务制度，到会计准则与财务通则，再到与国际接轨的会计准则体系，每一次改革对会计人而言都很具有挑战性，每一次会计改革都让我对会计作为一门学科在经济运行中的功能与作用产生新的认识：刚参加工作的时候认为会计的功能就是记录价值，而随着业财融合、智能财务的发展，会计不仅要记录价值，还要创造价值；随着大数据时代的到来，数据资本对会计准则的影响是巨大的，会计人如果不与时俱进，所提供的财务信息就会失真。正如《数字资本时代》作者所言，管理公允价值比管理原始成本的作用更大，因为原始成本只是用单一数据来捕捉价值，就像在时间的长河中留下一张快照。也正因为认识到会计在经济运行中的重要性，所以我会利用每一次会计改革的机会，提升所在单位的财务管理水平。比如：2012年实施医院会计制度，我借此机会构建了协和医院财务核算、预算管理、成本管控"三位一体"的核算体系，不仅大大提高了会计工作效率，还提升了会计信息质量；2015年财政部启动政府会计改革，我带领协和医院的财务人员从

2016年开始学习探讨，发现如果不从业务端开始按照政府会计“双功能、双基础、双报告”的要求进行设计与管理，是很难让医院财务核算既满足政府会计制度又满足医院内部精细化管理要求的。为此，从2016年开始，一方面学深学透政府会计制度，先后进行了3次模拟测试，另一方面我带领团队着手建设医院资源规划系统（HRP），实现医疗业务流程、财务核算、资源配置与信息流的高度融合。有了这些准备工作，到2019年1月1日政府会计制度在医院正式实施时，不仅落地顺利，还通过政府会计核算体系的构建提升了医院精细化管理水平。我们把这3年的探索与实践进行归纳总结，撰写出版了《医院政府会计核算系统构建与实务详解》一书，该书完整再现了协和医院的做法，很务实，很实用，成为全国各医院财务人员的案头书。此外，我还带领团队建立“医财圈”微信公众号，专门为全国各医院财务人员答疑解惑，这个公众号每天都很活跃，大家所提的问题涉及财务工作的方方面面，回答问题的除了协和医院的财务人员外，还有其他医院的业务骨干。“医财圈”微信公众号实现了我的初衷：为医疗行业的财务人员搭建一个业务交流的平台，为医疗行业财务管理做点有益的事。

作为一名职场女性，经过30多年的磨砺，取得了一点成绩，也有一些感悟和体会：首先，要做到在任何年龄段、任何环境下都不能放弃自爱、自信和自律。即使是在孩子小家务事缠身，或是事业低谷工作受挫的时候，也不能放弃自己，要发挥女性柔韧的特质，以滴水穿石的精神去做好每一件事情。其次，要坚持终身学习。会计这个职业是需要终身学习的，必须始终秉承着严谨求学的态度才不会被淘汰。除了学习业务，最好还能读一些经典。我常年坚持每天读书一个小时左右，文学、哲学、传记、科普……各类书都看。读完一些经典书目后，有时还会写篇读后感。坚持多年的读书习惯，让我拥有了一个开放、包容、平和的心态，不偏执，不狭隘。再次，要培养自己跳出本职岗位来思考本职工作的思维，有时候还要有功成不必在我的胸怀，特别是到了一定层次的管理岗位后更应学会换位思考。最后，要有一颗平常心。人生大把大把的时间都是在平常、琐碎的工作与生活中不经意间度过，但平常不等于平庸，要懂得珍惜，因为生活的底色就是平常，懂得珍惜才会用心投入，而经年的投入总能做好一两件事情。

（原载《财务与会计》2020年第4期）

赵晓红

赵晓红，中国五矿集团审计部部长兼审计中心主任。注册会计师，正高级会计师，全国高端会计人才（企业类一期）。

淡泊以明志　宁静以致远

时光飞逝，花落无痕，转眼间，我已经工作20多年了。内审生涯，似水流年；静守时光，情深意长。回首自己漫长的职业生涯，内心悄然生出几分感慨、几多感悟。

深耕不辍，成为行业的专才

我大学所学专业是工业管理工程，留校任教后，研究生期间转读会计专业。研究生毕业后进入一家央企的审计部门，从此开始了我的内审生涯。国际内部审计协会首席执行官钱伯斯曾说："优秀的内部审计人员应该成为企业值得依赖的顾问"，持续学习、思考和实践便是达到这一目标的不二途径。万丈高楼平地起，首先，在理论上提高。2005年，我入选财政部全国高端会计人才（企业类一期），为期6年的学习让我的理论水平大幅提升。目前，我担任中国内部审计协会理事会常务理事和财政部会计准则委员会咨询委员，还曾担任过中国会计学会第七届理事会审计专业委员会委员和财政部第三届内部控制标准委员会咨询专家，不断夯实理论基础。其次，在实践中积累。五矿是一个以金属矿产和冶金建设为核心主业，兼有金融、地产等多元主业的跨国集团，涉及16种业务形态。我也通过审计实践不断积累行业知识，构建了多元的知识框架。最后，在思考中升华。多年来，我带领团队不断拓展内审领域，将审计与分析功能相结合，做出专项审计分析报告，为集团决策提供参考，充分发挥审计增值服务功能。

身先士卒，带出优秀的团队

一个人只有把自己和集体融合在一起时，才能成就事业。首先，独木不成林，2011 年我担任审计部负责人后，着手建立健全集团审计体系，从机构设立、人员配备、制度规范、信息系统入手，经过几年的努力，建成了“统一领导、分级负责”，“上下联动、各有侧重”的审计体系；2019 年将外部会计师事务所纳入体系管理，实现了“横向到边、纵向到底”的审计格局。其次，聚是一团火，我认为文化才是团队的核心。《晏子使楚》中有这样一段话：“橘生淮南则为橘，生于淮北则为枳，叶徒相似，其实味不同。所以然者何？水土异也”。所谓“水土”就是团队的文化。我致力于打造“积极进取、勤奋敬业、团结协作、风清气正”的部门文化，在文化引领下，大家凝心聚力，审计部多次获得集团公司先进集体和中国内部审计协会先进单位等荣誉称号，被国资委和人社部联合授予“中央企业先进集体”，成为央企内审行业的排头兵。最后，散是满天星，五矿集团审计部门大多数人都取得了 CPA、CIA、ACCA 等专业资格，工作勇于创新。集团审计部也向下属单位审计机构及集团其他部门和单位输送了不少人才。

淡泊宁静，走好自己的旅程

一个人最好的状态就是眼里装满故事，脸上不见风霜。内审人员要履行监督职能，工作中有时要接触负面信息，瑜伽成了我减轻心理压力的方式，十几年的坚持让我受益匪浅。第一，淡泊宁静做人，瑜伽要求练习者“内观”。作为审计人员，我也养成了“自省”习惯，不断提高职业修养，淡泊名利。不乱于心，不困于情，最终达到身心和谐的状态。第二，集中精力做事，瑜伽能够帮助我凝神静气。审计人员必须明确肩上的职责，以专业为引领，排除一切外界因素的影响，从而达到既定的目标。第三，平衡工作生活，瑜伽强调柔韧、力量、协调，它让我学会平衡。职业女性担负着家庭和工作的责任，不能顾此失彼。每天乘地铁上下班的路上，我总会读书或听音乐，繁忙之余利用午休时间练习瑜伽。我还喜欢养花、收拾房间、和孩子交流，平衡好工作和生活，使自己乐在其中，让生命充满色彩。

“人生如逆旅，我亦是行人”，且行且梦，让生命丰盈。一路上有坦途，也有坎坷，我只愿遵从内心的指引前行，淡泊以明志，宁静以致远。

（原载《财务与会计》2020 年第 4 期）

牛彦秀

牛彦秀，东北财经大学会计学院教授，硕士生导师。2001 年被评为“辽宁省普通高校青年骨干教师”，2018 年被评为东北财经大学校级教学名师，2019 年荣获东北财经大学“师德模范”称号，2020 年被评为辽宁省普通高等学校本科教学名师。

心中有爱　润物无声

接到《财务与会计》编辑部的约稿，踌躇了很久，因为自己没有轰轰烈烈的惊人事迹，也没有光鲜亮丽的花环罩身，有的只是点点滴滴的平凡琐事。但我还是欣然应允，期盼我的平凡琐事能够带给大家一点启发。

1988 年不经意间，我进入教师队伍。20 世纪 80 年代，恢复高考后的大学师资队伍断档，研究生几乎 90% 被分配到高校，“下海潮”吸引着很多人弃教从商或弃教从政。实际上一心想参加家乡建设的我也犹豫过，但很快便发现，我喜欢我的课堂，喜欢课堂中的每一个学生，喜欢课后的潜心工作与研究……由于喜欢，心中便产生了无尽的爱。

我爱三尺讲台。每当走上讲台，无论之前的状态如何，都会瞬间变成一个充满激情的讲授者，而这需要足够的底气。30 余年的教学生涯，我始终在一线课堂兢兢业业，先后讲授过《管理会计》《财务管理》《西方财务会计》等课程，课前充分准备、精心组织每一堂课是我的坚守。为了让学生掌握好每一个知识点，我会捕捉时效性较强的案例，恰当引入，潜心积累，编写案例资料供大家参考；为了弄清《管理会计》课程中西方公用事业收费与我国不同的原因，我曾向远在德国的朋友虚心请教；为了让课堂变得生动，从 2017 年开始尝试在研究生教学中采用 PK 式教学，要求学生像准备案例大赛一样分组研讨，课堂展示，并互评、辩论，这种方式拓展了学生的视野，激发了学生的兴趣；为了使教学具有前瞻性，我不断涉猎学科前沿知识，并将其充实到课堂，使课堂充满时代气息。

我爱光荣的教师工作。作为教师，要想做好科研工作，搞好教学，不加班加点是干不出成绩的。每当夜深人静时，我或许在为一篇论文而挑灯夜战，或许在为一个参赛案例的撰写而挥汗如雨，或许在为学院交给的任务而忙碌。在许多人眼中，我很认真。面对论文修改谈话中泪如雨下的学生，我没有迁就，而是让他认真面对；我曾为一个在职研究生的论文修改过 8 次，与不明白论文错在哪里的学生通电话近 1 个半小时等。有位学生在毕业会上感慨道："数了数老师给我改过的论文初稿，标出修改的地方就有 100 多处，感谢老师的辛勤付出"；一名研究生在发给我的邮件中写道："一查期末论文成绩，我是 95 分得了第一名，很激动也很感动，顿时产生了一种被肯定的感觉。老师您只有阅读了每个人的论文才能做出如此细致的评判，您的认真让我敬佩并会让我受益一生。"

我爱成长中的学生。努力成为学生的良师益友是我的坚守。每学期，我会通过定期或不定期的会议形式以及单独谈话及时与学生沟通并观察其动态，使学生入学后不迷茫，学习期间有方向，遇到问题有帮手；我曾为帮助已毕业 6 年的学生解决工作中出现的问题而顶着炎炎夏日，带领研究生前往学生所在的企业进行实地调查并当场解惑；我曾用慈母般的关爱使一位意志消沉的学生重新振作，目前他已成长为一名中层管理者和在读博士生，当他在工作和学习中取得一点成绩时，会第一时间告诉我；每当学生毕业时，我会关注各种招聘信息，及时发布在学生群里，并积极开拓校友和社会资源，主动向用人单位推荐毕业生……

我爱幸福的家庭生活。努力工作的同时，我用心经营着自己的小家。当孩子与我们大人的意见不一致时，我们会给她分析利弊，并尊重她的选择。现在我的孩子在国外工作，虽然我们之间很少视频，但内心彼此牵挂，孩子把我当成知心朋友，当她有疑难问题时，会让我帮她释疑解惑。

30 余载教学生涯，我辛勤耕耘、默默奉献，也获得了许多荣誉。2019 年东北财经大学授予我"师德模范"的称号，这份殊荣带给我的是责任，是力量，更是我努力的方向。我将以此殊荣为动力，不忘初心，坚守为师之品德，踏实敬业，砥砺前行。

（原载《财务与会计》2020 年第 4 期）

曾毅玮

曾毅玮，厦门航空有限公司总会计师。全国三八红旗手，正高级会计师，厦门国家会计学院首批校外研究生导师，财政部内部控制标准委员会咨询专家。

心素如简　永怀敬畏

2020年大年初一凌晨五点，我跟随公司领导为鼠年首班机组送福，在这个特殊时期，年轻的空勤们带着口罩，正逐个接受航医测温。黎明寒栗的冷风中，我看着他们青春面庞下坚毅的眼神和步伐，脑海闪过重重的“责任”二字。天色在远方渐明，让人坚信众志成城下春暖花开总会到来。在紧张的抗疫任务中，厦航受命外交部指派第一时间安排两架飞机接回滞留境外的湖北同胞，我们财务团队一刻不敢懈怠，与公司共克时艰，用3天时间提出了应对短中期经营现金流、严控重大投资和成本、防控疫情带来的涉外法律风险防范等全盘方案。这个特殊的春节里，厦航财务人始终牢记“管好家、理好财、参好谋、领好航”的使命，这12个字浓缩成了朴素真挚的“责任”。

以坚守初心为起点尽职尽责

在其位谋其职，择其职尽其责。从业27年，我时刻铭记选择财务作为职业时的初心，坚守财务操守，永怀敬畏。精专业，让财务数据立起来、跑起来，洞悉数据背后的奥秘；讲真话，坚持用专业解决问题，巧用天时地利人和，以一颗勇往直前的心，攻坚克难尽力成事。我曾在公司的会议上说：“如何突破世俗对财务工作平庸枯燥的刻板印象，让财务工作变得生动曼妙起来？我们不妨以对待艺术创作那样的激情和精益求精的标准来对待财务工作，精心设计，耐心雕琢，用心滋养，打造默契，这样财务管理必将变得趣味横生，而我们也必将乐在其中，充满价值。”

从事财务管理工作，既要在业务上精益求精，又要有服务大局的意识；既要做好传统的延续，又要勇于自我变革。华为创始人任正非曾这样比喻企业变革的动机：“蛋从外向内打破是煎蛋，从里面打破，飞出来的是凤凰；蛋从外打破是食物，从内打破是新生。”人必须时刻保持清醒和危机意识，企业文化亦如此。2013 年年初，波音公司宣布 Max 即将投产，这意味着当时各航空公司保有量巨大的737NG 残值风险日益凸显。我意识到国家正加大推进国内飞机租赁业务的发展，国内新兴的飞机租赁公司如雨后春笋般成立，却苦于缺少飞机和订单，这是一个绝佳契机。2014 年，我带领团队开创民航“转让回租”模式的先河，先把飞机订单转让给租赁公司，再回租飞机。此举达到一箭三雕：效益创收、负债下降、规避残值风险。这一模式在 3 年内为公司创造了 18.8 亿元的利润，被业内纷纷效仿。财务管理者就是要善于发现问题，顺势而为，化危为机，抓住机会红利，为企业创造价值。

以感恩之心为根本接纳自我

感谢这个伟大的时代，感谢公司给予我的发展机遇和成长土壤，生命中最有力量的激励不是物质奖励，而是学习的机会、在责任中成长的机会、被他人需要的机会、成就被认可的机会。成长和衰退贯穿人的一生，对于女性而言，如何在盛放后安然接受绿叶成荫的中年、雾里看花的晚年，是一道难题。对此，我更愿意欣然接纳，接纳每一道年轮中独特的自己。世间万物皆有灵心，女性的韧性与柔软多发挥一分，有时候办法和可能便多一分。韧性与柔软源于个体的内在，也源于外部的支持；它们源于对生命中美好事物的感恩，也源于在挫败失落中得到的历练；它们源于对上善若水的领悟，也源于坐看云卷云舒的淡然。

我最喜爱的画家梵高在给高更的最后一封信中写道：“在画画方面，简单是最难的。”我们的心能够容纳无限的经历，即便饱经世故也仍旧秉持单纯与初心，方可称为朴素。心朴素了，思想就能化繁为简；心安了，生命便能步步生莲。在繁华中守心，守一份财务的操守，守一腔责任的敬畏，守一生对真的信仰；在纷扰中修心，修一份纷乱中的安宁，修一段失序中的静气，修一湾若水下的归真。心素如简，便是我此生追求的至臻境界。

（原载《财务与会计》2020 年第 4 期）

闫玉荣

闫玉荣，开滦集团财务有限责任公司总会计师。正高级会计师，全国高端会计（后备）人才企业类十三期学员，河北省高端会计人才，中国海洋大学、河北地质大学硕士研究生导师。

在会计路上努力奔跑的追梦人

人生就像一场马拉松，每个阶段都是一次短跑，所有这些短跑的历程，组成了人生长跑的画卷。于我而言，会计就是我人生的马拉松，它连接着从小立志学会计的起点、书写着在会计道路上奔波 20 余载的中途、昭示着飞跃梦想全力冲刺未来的终点。

多年来，我始终坚持学习，为实现自己的会计梦而努力奔跑。或许正是因为经历了高考失败未能迈入大学校门的挫折，更加激发了自己追求会计梦的斗志。中专毕业参加工作后，通过不懈努力，我先后取得了会计大专、本科、硕士文凭。2003 年，儿子刚刚一周岁，面对工作与生活的双重压力，我没有选择松懈，而是边工作边带孩子边学习会计师的课程，并且一次高分通过 4 门考试。毕淑敏曾说："有人把梦想变成了现实，有人把现实变成了梦想。"正是从那时开始，通过自己一步步努力，我不断把梦想变成现实，也逐渐有了追求更高会计梦想的动力。

学习改变命运，奋斗成就未来。我会计人生的第一次转折与坚持不懈学习密不可分。2005 年，我参加了开滦集团资金结算中心会计的公开招聘，在众多参赛考生中脱颖而出，自此从集团所属三级矿业公司直接调到集团总部工作。我深深感恩开滦集团给了我成长锻炼的平台，并把这种感恩转化到工作中，我也始终相信不在于瞬间的爆发，而在于途中不断的坚持。正是这份坚持，2008 年我参与编写了《开滦集团公司会计准则实施细则》，包含38章内容、58.5万字，实务指导操作性强；2009年参与建立了开滦集团公司内部控制体系，编写了《开滦集团公司内部控制制度》，包含内部控制管理体制、基本规范、具体规范、内控手册四部分内容，37.5万字，实施效果显著；2016年依托实体物流业务，大胆探索实施物流金融，为企业创利创效上千万元；撰写的《推进物流金融　助力公司转型升级》获2017年（第二十四届）省级企业管理创新成果一等奖；参与的其他项目《以信息平台为基础的动态经营调度系统的构建与实施》《融资租赁在煤炭企业的实施与应用》等，也均获省级管理创新成果一等奖。

和众多职业女性一样，我在自己成长的同时，还要兼顾家庭。因爱人长期在外地工作，照顾儿子、和他共同成长便成为我人生的又一目标。对孩子的教育，我并没有絮絮叨叨的说教，而是孜孜以求的潜移默化。与其教育他成为怎样的人，不如用真实行动告诉孩子应该成为怎样的人。每天晚上，我和孩子一起看书，周末也是有计划地学习，以身作则，给孩子树立榜样。通过努力，我在2015年完成了会计人生中的三件大事：拿到了会计硕士毕业证书，获得了正高级会计师资格，入选河北省高端会计人才培养工程。在接连收获自己喜悦的同时，儿子也通过勤奋努力顺利入读河北省重点高中。

古人云："读万卷书，行万里路。""读万卷书"便是一个积累智慧的过程，且在人生的"万里路"上永不停步。我相信坚持就是胜利，只要坚持不懈，最终一定会赢得人生马拉松赛的胜利。正是这份执念，2017年我入围了全国高端会计人才培养工程，之后还获取了银行、证券、基金、期货4个行业的资格证，也为我后来从事金融公司总会计师工作奠定了良好的理论基础。正是在自己不断成长进步的带动下，儿子2019年高考也如愿考入北京一所全国重点大学。一路走来，孩子的刻苦与付出，也让我深刻体会到了父母作为榜样的作用与激励的力量。与孩子共同成长、互相鼓励，让我欣慰地收获到许多惊喜。

"咬定青山不放松，立根原在破岩中"，我会计人生的执念也在于"不放松"。作为一名会计人，不要担心起点在哪里，只要时刻保持梦想与激情，保持不屈不挠的韧劲，始终在奔跑的路上追梦，我相信最终一定能顺利完成马拉松最后终点的冲刺，实现人生辉煌的跨越。

（原载《财务与会计》2020年第4期）

丁淑丽

丁淑丽，宏泰国际商业保理（天津）有限公司总经理。注册企业风险管理师，高级会计师，全国高端会计人才（企业类八期）。

骏马昂首志当远　不必扬鞭自奋蹄

时光荏苒，岁月如梭，不知不觉已经在职场上打拼了近20载春秋。回首自己这前半段职业生涯，感慨良多。职场如战场，这里充满了现实和未知的挑战，只有树立清晰的规划和目标，脚踏实地一步一个脚印向前，抓住机遇，才能走上成功的捷径。

大学毕业后，我进入一家大型央企，成为一名普通的会计。凭借着骨子里那股初生牛犊不怕虎的劲头和对工作一丝不苟的态度，我从基础工作入手，在细微琐碎的日常财务实践中不断探索流程优化和改进之处，大胆创新，小心求证，积极为公司财务工作建言献策。在此期间我主动请缨，主导公司财务信息化项目；精益求精，规范财务管理，严格绩效考核；力排万难，坚持公司ERP流程再造并顺利推行。同时我不局限于财务工作本身，还主动去了解和学习公司采购、生产、销售、运营全流程业务，思考业财融合的契合点和突破口，带领团队攻坚克难，优化公司成本核算和运营体系，为集团整体降本增效做出贡献。

就这样，随着孜孜不倦的努力和工作经验的积累，我在这家央企一路快速成长成为全系统时任最年轻的财务部部长、最年轻的总会计师、最年轻的副总经理。在外人看来，我的职业生涯无疑是一帆风顺、春风得意的，但期间付出了多少艰辛的汗水，只有努力拼搏的人才能体会到。在同一家企业时间越久，越容易出现思想固化的状态，为了更好地提升自己，迎合产融结合综合型、复合型人才标准，我又主动跳出舒适区，入职宏泰国际商业保理（天津）有限公司担任总经理。从央企到民企，从产业到金融，行业和职能的重大改变让我的职业发展机遇和挑战并存。

宏泰保理是国内大型商业保理公司，在我接手时面临着业务品种单一、客户开发放缓、融资困难、运营效率低下、团队凝聚力不足等一系列问题，经营业绩发展遭遇瓶颈。入职以来，我带领团队进行了大刀阔斧的改革创新：充分挖掘核心企业产业资源，以创新驱动转型，先后落地铝模板应收租金保理、基建保理、设备保理等多项创新产品，获得行业协会多项创新奖；从传统的关系营销，转变为以客户为中心、市场为导向、标准化产品为支撑的多维立体营销模式；积极拓展自主融资渠道并在应收账款 ABS 融资领域取得重大突破；以质量控制和过程管理为手段，以计划管理和资源协调为护翼，形成并不断完善运营规范和运营标准，进而持续提升公司整体运营效率和质量、降低运营成本；贯彻“以人为本”的人事工作理念，将人才梯队建设作为人事工作的重中之重，打通员工晋升通道，为人才发展提供广阔的平台。

从 CFO 跨越到 CEO，不再仅仅是业务执行层面的精雕细琢，更重要的是战略规划层面的高瞻远瞩和引领团队披荆斩棘。担任宏泰保理总经理的这两年，数不清有多少次彻夜不眠思考公司发展规划，多少次在创新的道路上跌倒、爬起，然后整理容妆，继续果敢前行。

在如此快节奏的社会变革中，及时学习新知识才能保证不落伍。为此，在紧张有序的工作中，我一直保持高度自律，不断充实自己，先后取得了高级会计师职称和会计硕士学位，成为全国高端会计人才（企业类）中的一员，参与省部级科研课题 8 项，发表论文 20 余篇，在中国商业保理专委会中担任副主任委员和学术委员，理论结合实际为商业保理行业发展建言献策。

作为职场女性，家庭既是一份责任，亦是温暖的港湾。工作再忙再累，我也会抽出时间陪伴父母、爱人和孩子，就像是旅途中的驻足回首，享受生活的美好和感动。家人的爱永远是我努力奋进的动力源泉，在困难时给予我力量，在迷茫时指引我方向。

骏马昂首志当远，不必扬鞭自奋蹄。我相信通过自强不息、奋勇拼搏，把事业与家庭平衡好，定能取得事业与生活的双丰收。

（原载《财务与会计》2020 年第 4 期）

任燕

于小微处仰望星空

任燕，南京九洲会计咨询有限公司总裁，中国会计工厂创始人。江苏省高端会计人才，东南大学会计研究生校外导师，南京审计大学校外导师，南京会计服务业商会副会长。

“未来，我们还有很多‘有趣’的事情可以做。”这是我常常说起的一句话。

我出生在一个会计世家，祖父是20世纪上海一家央企的“总账房先生”，我的父母也都是新中国早期的会计师，也许是从小耳濡目染，我对会计有着特殊的情怀，2004年创建了九洲财务，也正式在会计的道路上迈出了第一步。

风起时，福生小微

我26岁时创建了南京九洲会计咨询有限公司（以下简称九洲财务），那时我们主要服务国内中小微企业，现在回想起来，当时拥有的仅仅是勇气和对会计事业的热爱。我一直秉承的信念是做任何事情要诚信为本，每一件事要认真对待，可能正因如此，很快，在我创业的道路上就聚集了一群坚定的客户，企业的员工数量也在不断增加。随之迎面而来的是创业中的第一次重大问题：培养一名合格的会计从入职开始最少要花费6个月以上的时间，一些员工一等学成便开始离职；几乎每月10号的报税结束后都会传来税款出错的“噩耗”，会计人的高度责任心促使我竭力给客户解决问题；那时一些同行们在具有一定客户规模后，企业就开始分裂……面对这一切，我也曾在想“是否选错了行”。

想到其中的种种困难，我曾很多次在深夜里仰望星空，求索答案，后来在翻阅《国富论》时，猛然发现其中提到制造业是标准、可控的，但那时在人们认知中，会计服务是个性化的服务业。那么基础会计服务是否也可以像制造业一样进行标准化、流程化的分工协作？这一想法为我打开了一个新世界的大门。

云涌时，初露峥嵘

2005 年，“会计工厂”的尝试是行业内的首次。我开始对业务流程进行重新梳理、分割，制定各项标准，尝试到第 6 个月时遇到了创业中的第二个重大问题：税务、客户、员工都对这个新模式产生了质疑。那时我再次在深夜里仰望星空、深深反思。那些日子我常常夜不能寐，一夜又一夜的思索，最终觉得方向没有错，只是需要时间，将被分割的信息孤岛通过信息系统无缝连接。变革总是痛苦的，我只能逐一走访税务、客户，希望得到他们的理解与支持。

既然方向没有错，就铆足劲研发“会计工厂”系统，把每年赚来的利润投入到系统研发中。那时我白天工作，晚上要研发系统、学习知识。同时作为行业内的开拓者，在研发时不仅需要考虑眼下的问题，还需要考虑这个行业未来可能的发展。而随着企业的发展，渐渐得到国内著名一线会计软件集团等的赞赏和认同，这也更加坚定了我的信心。

大势至，万众一心

“会计工厂”逐渐在市场上获得了认可，近两年智能化会计一时风头无二，而我们早在 2014 年已经着手打造会计机器人。2020 年年初，祖国正遭受着疫情的困扰，我紧急带领着我们九洲财务的亲密战友们从大年初三开始，加班加点打造在家办公的会计新模式，只为了让会计们能安全地工作。相信这也会是新时代下适合女性会计人的一种未来模式。

再起航，驶向远方

3 年前，我有幸获得与东南大学政府会计合作的契机，运用信息化能力和对会计的理解，进行信息化流程调整、引入标准理念，切实帮助东南大学完成了财务满意度的“逆袭”。可能正是由于对会计行业的热爱与情怀，2019 年我们获得了与 20 所 985/211 以及其他省属高校合作的机会，市场在为我们说话。

常常被人问起在 16 年漫漫创业过程中的感受是什么？我的回答是：第一，要以诚信为本和认真做好每件事；第二，遇到困难不要放弃，坚持找到正确方法；第三，“如果你不去变革自己，时代也会变革你”，必须不停地去创新。希望会计同行们也能成为那个仰望星空、有趣的人！

（原载《财务与会计》2020 年第 4 期）

常喜林

常喜林，长春一东离合器股份有限公司财务部长。高级会计师，吉林省高端会计人才，长春市工程学院客座教授。

妆美生活　以行为之

岁月不居，时节如流，半生时光倏然而逝。20 余年的职业经历，给我最大的感悟是，学习是为了更好地工作，工作是为了美好地生活，生活是为了遇到更好的自己。

做专业的自我。大学会计专业毕业后，我应聘进入了国有企业，和那个年代所有毕业生一样，从最基础的会计工作做起。君子求诸己。我一边努力工作，向师傅请教，不断积累经验；一边在不影响单位工作前提下，充分利用业余时间参加资格考试，以考促学，并努力把自己的所学、所思、所得运用到企业的日常工作中，工作表现和能力日渐得到同事和领导的认可。

不积小流，无以成江海。多年来，公司推行精益管理并取得了一定的成效，价格审核是财务在精益成本管理方面的亮点之一。我首先带领财务团队制定了严格的审核流程及制度，规范了采购报价原始资料，对材料、辅料及非招标设备的报价制定了规范的报价模板；其次完善了价格审核管理制度，明确各部门在价格控制中的职责和权限；最后是完善价格管理平台，实现信息共享，建立价格信息资料库。通过一系列制度流程上的管理和监督，采购成本呈现了下降趋势。但要做到持续降成本就要从细微处入手，从点滴中积累。

记得在一次审价中，发现对方运输费用可疑，于是就按照供应商地址亲自驱车两个小时去核实，事实也证明了供应商上报的运距远远超出了实际距离。还有一次公司接到一笔金额较大的订单，客户对产品质量及供货周期要求十分苛刻，为满足质量和技术要求，公司急需采购几台专用设备，因技术参数的特殊性，计划由三方公司从国外代购。由于没有历史数据对比，我带人多渠道询价，发现三方报价疑点较多且价格超高。经多方咨询，终于在国内找到了一家设备生产商，利用现存设备在短时间内按照技术参数进行改造并达到技术质量要求，为公司节约了采购成本。

做同事的榜样。单位同事戏称我是“样板部长”。样是能以身作则，为部门员工做出榜样；板是坚硬有型经得住考验。如此高的赞誉，源于我对自身的要求、对同事的影响和对财经法规的敬畏。

2017 年，我加入了吉林省高端会计人才队伍，我用行动激励和影响着部门同事的学习热情。多年来，我带领的财务队伍在企业制度完善、风险防范、规范核算、营运管理等方面都做出了积极的贡献，为企业高质量发展保驾护航。

做孩子的榜样。身边时常有人问我：你女儿很优秀，你教育孩子的秘籍是什么？我觉得我能给予孩子最有效的秘籍就是：妈妈坚韧的精神与给予支撑她以后面对人生困境的筹码——视野、头脑、能力。自己的学习和努力被孩子看在眼里，记在心里，留在日记和作文里，并影响着她的学习进步。女儿日记中曾这样写道：“母亲是一个不精明但能干，不聪明但肯努力的人，她坚持不懈的样子是我不敢放弃的动力。”依稀记得 2017 年考取吉林省高端会计人才期间，孩子正面临中考，我和孩子每人一间屋，各自都为自己的理想目标而努力。最终，我们都取得了优异的成绩，女儿进入了心仪的高中，而我也加入了高端会计人才的队伍。

做美丽的自我。最接近真实的地方，也就是最有烟火气的地方。生活中的我，只想做一个普通的人，一个把工作、家庭、生活和自我都打理得井井有条的女人。守住一颗安宁的心，过着平凡而快乐的生活，即便些许荣耀加身，也没有忘记来自何处。家人的平安、健康、幸福和快乐是我追求的目标。

你若静心，世界就澄澈；你若努力，世界就多彩。日常的我比较注重自我形象，坚持体育锻炼让我继续保持优雅的身材，平常穿衣也比较注重色彩的搭配，衣服虽不昂贵，但是得体的穿着每天都带给自己愉悦的心情。读书是我多年来的习惯，工作闲暇的时候，我喜欢读诗，徜徉在诗书的海洋中，享受一份难得的淡泊宁静。

（原载《财务与会计》2020 年第 4 期）

第十四篇

2020年（中）

编者的话

这是一个智能重于体能的时代，人们的生产活动、消费观念、思维方式等发生了较大改变，女性独立、善良、坚韧、柔软等特质和潜能对社会的影响力也越来越大，一股温柔却坚定的“她力量”正在被更多的人所接受和传达。虽然越来越多的女性能够“海阔凭鱼跃，天高任鸟飞”，但要真正实现事业、家庭的“两全”并非易事。一路走来，她们所面对的，有带领团队渡过难关时的兴奋、攻克重大难题时的喜悦、工作被认可时的欣慰，也有加班到深夜的疲惫、遇到瓶颈时的迷茫、撇下孩子时的愧疚、无暇照顾老人时的心酸……2020 年第 5 期，我们带您走近 8 位新时代会计职业女性，她们用温柔的力量对抗生活的坚硬，用磨炼与历练累积起生命的厚度，也许曾经筚路蓝缕，而今都成人生华章。

乐业行稳、执心致远的胡芳，从地质队基层出纳起步到建筑企业会计领域埋首耕耘，再到广西交通投资集团总会计师，与数字为伴的近 40 载财会生涯里，她乐业于心、砥砺于行，倾尽全力守护国有资产行稳致远。以梦为马、不负韶华的周欣，气象事业使她自豪，21 年来放不下对打造一体化的计财管理平台这项工作的热爱，“执拗”于学习充电也热爱美食和健身，她始终坚信自律才能获得最大的自由。初心赋梦想的李美叶，强烈的愿干事、想干事、干成事的激情与动力使她在职场上脱颖而出，照顾孩子的同时秉灯夜读，考上河北省和全国的高端会计人才，幸福之花在她勤勉奋斗的路途上自然绽放。“倚天仗剑”的田春红，从国有企业到倚天会计师事务所，再到2010年被选拔成为全国仅有的14名特级税务师之一，“做一行，就希望能够做到极致”的人生信条促使她一路高歌、从未止步。坚信不进则退的“理工女”罗红，意外开启了会计世界的大门，10年审计工作后又以财务高管身份带领团队为公司拿下AAA的最高信用评级，理性思维使她的职业和工作范围迈向更为广阔的天地。守正创新、积极转型的刘明，牵头建设山东法院案款管理系统，带领团队编撰书籍形成全国法院和山东政法系统首个行业性的会计核算标准，她与时俱进、融会贯通，生活方式却简单惬意、心旷神怡。“做自己的太阳”的孙志霞，27年来用改变与奋斗点亮自己，入选国家卫健委首批经济管理领军人才、山东省首期高端会计人才，主持启动了所在医院的绩效改革，脚踏实地、宽容积极让她内在发出的光照亮一方。热爱跨界融合的韩菲，在美国学习工作的10年丰富了她的人生阅历，在北京国家会计学院任教后，工作上她继续开启理论融合实务之路，生活中的她则用画笔探索生活本真的美。

现实生活中，每个人都要走过或平坦或崎岖的路，留下或深或浅的足迹。“东风随春归，发我枝上花。”希望这8位闪耀着优雅与真诚、豁达与坚韧的优秀会计职业女性的人生历练为您带来一丝鼓舞与明悟；春日葳蕤，愿您在温柔对待世界的同时，正如有人曾期许的那样，“有面包也有玫瑰，愿所有女性被世界温柔以待”。

胡芳

胡芳，广西交通投资集团有限公司党委委员、总会计师，正高级会计师。北京林业大学、广西财经学院 MPAcc 研究生导师。

乐业行稳　执心致远

因为怀揣梦想，才有诗和远方。我从事财会工作近 40 年来，始终坚守着财会人的初心与理念，不断前行，每个脚步稳扎稳打，每个阶段稳步迈进，努力耕耘，行稳致远。再回首，曾经筚路蓝缕，而今都已成为人生华章。

稳于基，困苦平地高楼起

在 20 世纪 80 年代，外语成绩突出的我，却进入广西交通学校财会专业学习。让我决定终身致力于财会行业的是一部电影，电影中的会计通过灵活运用财务管理方法，帮助厂长克服改革开放初期经营面临的诸多难题，让工厂走向成功。这部电影深深打动了我，让我发现了财会专业的魅力，从此打开了新世界大门，仅一年时间，我的专业成绩就名列前茅，成为为数不多的奖学金获得者。

毕业后，因种种原因，我被分配到了地质队最艰苦的基层一线。作为出纳，也是当时地质队在编员工中唯一的女性，因为严格按章办事，审核严谨细致，有了“小辣椒”的称号。而每月定期带现金到各个一线驻点现场报账和发放工资，看到同事们领到款项的愉悦，我深切感受到财会工作的幸福感和满足感，更坚定了自己的职业选择。从地质队基层出纳起步到建筑企业会计领域，再到埋首耕耘广西建工集团财务管理 23 年，一点点把会计基础工作体系从无到有搭建起来，我认识到：有专业的知识技能的确可以快速上手、高效产出，但还需乐业于心，砥砺于行；事业与人生，均需强本固基，才能登高行远。

稳于行，初心不改担重任

2017年7月，我进入广西铁路投资集团担任总会计师。我着手重构集团财务体系，全面整合资源，解决了铁路建设融资造血问题，助力广西高铁运营里程位列全国前三。2018年年底，广西铁路投资集团并入广西交通投资集团，进行战略性重组。我担任新交投集团总会计师，开启了全新的交通财务管理之旅。在稳步推进资源、产业和人员整合的同时，还要保障公路、铁路等项目建设及其他产业发展资金正常的运转。面对既要保障传统融资渠道的通畅，也要开拓境外发债、优质企业债等更加多元、有效的融资方式，还要提高整体财务队伍的基础保障能力，激发团队在价值创造、风险防控和决策建议等方面的积极作用等诸多挑战，我依旧坚定财务人的初心与使命，不曾退缩，一往无前，用实践向组织交出满意答卷。

重新回到交通行业的近3年，是我最繁忙的一段时间，但我仍然笑春风，一路披荆斩棘，一路所向披靡。因为专业，所以不惧改变；因为用心，所以激情依旧；因为初心，所以不惧挑战；责任在肩，我愿负重前行。

稳健行，巾帼何曾让须眉

问渠那得清如许，为有源头活水来。我始终对自己有清醒认识，不断学习才能不断进步。我坚持与时俱进，从会计核算、财务管理到资本运作，从价值管理到价值创造，始终站在财会领域前沿。

我是一个做事的人，我乐于享受当下良好的平台环境，乐于传授经验，也乐于与年轻人在一起工作，为他们搭建平台，培养他们成长，我也很有成就感。

当然，作为职场女性，事业的成功也离不开家人的支持。也许是上天的眷顾，让我免遭在家庭与工作之中平衡的痛苦：年轻时父母是坚强后盾，让我更专注于自己的事业；结婚后用心经营，获得先生的理解与支持，以“严父慈母”模式共同养育女儿。女儿乖巧懂事，哪怕小时候跟着我加班，也总能安静在一旁，默默陪伴。大概是受我自律和努力潜移默化的影响，女儿性格开朗，成绩优秀，留学归国后进入“四大”工作，也成为一名财会工作者，成为我的骄傲。

衣带渐宽终不悔，灯火阑珊处更明。与数字为伴的近40载财会生涯，我追求的从来不是漂亮报表，而是那一份守护国有资产行稳致远的家国情怀，倾尽全力，无愧此生，不负韶华。

（原载《财务与会计》2020年第5期）

周欣

周欣，中国气象局财务核算中心副主任，高级会计师。全国高端会计人才（行政事业类三期），中国气象服务协会预算财务委员会主任委员，财政部、科技部等部门项目评审专家，南京气象信息工程大学、北京林业大学和北京化工大学校外导师。

以梦为马　不负韶华

从 1998 年到 2020 年，从刚毕业的一线财务到管理骨干，从懵懂到从容，从青涩的小姑娘到一名初中生的妈妈……这就是我 22 年来工作和生活的故事。

在这个故事里，有加班到深夜的疲惫，有遇到瓶颈时的迷茫，有撇下孩子时的愧疚，有无暇照顾老人时的心酸，更有带领团队渡过难关时的兴奋、攻克一项重大难题时的成就感、工作被认可时的欣慰，还有一路走来收获满满的喜悦。

回望过去，我庆幸自己的坚持和努力，让我以梦为马，不负韶华。如今，年过不惑，我更加懂得平衡好自己的人生，演绎好自己的每个角色。

气象事业让我自豪

22 年的工作经历中，打造一体化的计财管理平台是我职业生涯中非常重要的一件大事。中国气象局是垂直管理部门，有中央、省、市、县四级预算单位，总数接近 3500 个，特点是点多、面广、资金量大，资金来源渠道也比较复杂。2012 年，中国气象局下决心打造一体化的计财管理平台。在系统上线初期面临诸多困难和问题，我带领团队逐个研究问题、逐一解决，经常加班到深夜。功夫不负有心人，短短 4 个月后新系统顺利上线，为日后在全系统上线运行打下了坚实的基础。系统上线后，我又牵头全国气象部门的系统推广、完善、测试工作，为气象部门财务系统向省、市、县气象部门推广提供了条件和基础。

同事评价我是“最实在的处长”，我只是放不下对业务的热爱。在使用新系统中，我发现了很多问题，就忍不住对这些问题进行研究，研究透彻之后再帮助团队去理解和掌握。让我自豪的是，在领导的支持和鼓励下，我们的团队也都成为认真负责、刻苦钻研的精兵强将，所打造的气象部门计财业务及管理一体化平台获得了“中国气象局创新工作奖”，我个人也多次获得先进工作者和优秀共产党员等称号。

学习充电从未止步

一旦决定了要做什么事，就尽最大努力去做，不计较得失，这可能是我最大的性格特点。对待学习充电这件事，我也一样“执拗”。大学毕业后不久，我就读了中央财经大学的会计硕士研究生。2009 年，我走进了财政部全国高端会计（后备）人才培养工程行政事业类三期班的队伍。之后，我将在高端会计人才班的所学应用于单位的业务工作，在气象部门国家财税改革落地、内控体系建设、财务信息化、智能化等方面都发挥了中坚作用。2018 年，我牵头单位落实政府会计制度改革，确保了政府会计制度 2019 年在全国各级气象部门顺利上线；主编或参与编写政府会计制度相关专业书籍 3 本，均被列为气象部门的指导用书；引领政府会计制度在气象部门的具体实施；致力于单位内部控制精细化管理，牵头负责的财务岗位量化管理与考核工作获中国气象局创新工作奖；主持或参与财政部课题、中国气象局软科学课题多项；牵头气象部门预算财务委员会工作，组织气象部门高、中端培训多次，总计达 3000 人次等。

爱健身也爱美食

工作与生活的平衡，就像美食与身材的博弈。我恰恰觉得，工作与生活的互相促进，犹如健身和美食一样和谐。自律才能获得最大的自由。

对我来说，在紧张的工作之余为家人做一顿美味的晚餐，是最大的放松。每天健身也是我生活中必不可少的。每天中午，我会在单位的活动中心运动，这样既缓解工作的压力，晚上又能及时回家陪伴家人。其实，只要我们做好规划，在工作上提高效率，在家庭中给予家人空间，在不同的场合扮演好不同的角色，事业和家庭就完全可以两全。

回望过去，一路走来有辛酸、有感动，但更多的是自豪与感恩，是“丰收”的喜悦。

（原载《财务与会计》2020 年第 5 期）

李美叶

李美叶，时任河北建投集团财务有限公司计划财务部副经理，现任河北建投集团财务有限公司计划财务部经理，兼任河北易地扶贫搬迁开发投资有限公司财务负责人。正高级会计师，河北省企业会计咨询专家，全国高端会计（后备）人才企业类十四期学员，河北省高端会计（后备）人才企业类第三期学员和集团会计领军人才。

初心赋梦想　花开在路上

这是一个科技日新月异、知识更迭不断的时代，也是“海阔凭鱼跃，天高任鸟飞”的时代。作为会计工作者，只有树立终身学习的理念，真正拥抱这种变化，才可以走得更远。

学会感恩　懂得回报

春天里，播下希望的种子，种下会计人的初心和梦想。我出生在农村，艰苦的日子赋予了我勤劳、俭朴和善良的品质。步入大学，一切安好，我的专业成绩始终名列前茅，但通过与不同专业的人沟通、学习，我的视野更加开阔，尤其是目睹那些手拿算盘的学生为了通过珠算等级考试，经常不停地操练算盘，看到他们犹如弹钢琴一般手拨算珠，我暗暗心生敬佩，下决心要上会计学研究生。从此，我与会计结下不解之缘。

学习生涯在艰难的生活中一点一滴地推进着，读研二时父亲不幸离世，导师默默地向我伸出援助之手，没有工作的母亲咬牙让我坚持学业。生活的压力让我对学业倍加珍惜，更加懂得要回报。

怀揣梦想　一路前行

初入职场，虽满怀忐忑，但确有强烈的愿干事、想干事、干成事的激情与动力。从最开始的填制报销单据、跑办银行手续到记账审核、财务报表编制等，我都抢着干、用心做。清晰地记得：刚出月子，为解决账套打印问题，亲赴财务部按照审计要求，保质保量按时完成；产假里，为保证部门整体工作效率，公司对我的岗位实行竞争上岗，我积极准备，以优异成绩实现竞争上岗。产假后一周，按领导要求，我参加了集团第二届会计知识大赛，并在公司首届会计知识与技能大赛取得第一名的成绩。辛勤的付出得到了领导和同事的认可，4 年后，我被选拔至集团总部筹建财务公司，迎来了前进路上的花开。

虽说到集团总部有着大平台、大视野和很多机会，但我的生活节奏和工作内容发生了翻天覆地的变化，从一般企业会计到金融企业财务，从干具体财务事务到编写制度，参与公司筹建、起草经营方针和计划，每一项工作都是挑战。秉承了干一行爱一行的初心，我调整和转变工作内容和思维方式，保持与时俱进的工作作风，竭尽全力谋划财务公司筹建期间的制度设计、实务操作、内控规范等。在大家的共同努力下，财务公司如期获批开业，并且在经历“基础建设年”“业务拓展年”和“快速发展年”后，各项业务稳步发展，公司利润年年稳中有进，金融服务能力不断提升，切实发挥了集团财务管理职能的延伸。随着公司健康而稳健的发展，我也慢慢地走上了管理岗位，视野也在不断拓宽，但始终坚持“人一能之，己百之”的做事风范，“生有涯、知无涯”的学习劲头，以及“得之坦然，失之怡然”的心态，待人处事真诚善良、不苛责强求，只问耕耘，做最好的自己就好。

心中有爱　向阳花开

宝剑锋从磨砺出，梅花香自苦寒来。顺应国家政策，我们迎来了可爱的二宝，也凑足了个“好”字，但困难也几乎达到了顶峰。永远忘不了 2018 年，为了考会计领军，我常常在哄孩子入睡后再抽空看会书，陪伴我的常常是孩子和爱人均匀的呼吸声以及那柔和的“小桔灯”。在临近考试之际，爱人为了让我多看会书，主动承担起接送孩子的重任，还时不时充当我的考官。功夫不负有心人，2018 年，我同时考上河北省高端会计（后备）人才和全国高端会计（后备）人才，发表期刊文章 3 篇、完成课题成果 2 项，两项课题分别荣获河北省企业管理创新一等奖和二等奖。那种耕耘后收获的快乐感，让我深深地感受到：岁月不会辜负那些努力上进的人，总会在某个地方给你惊喜。

无论身处什么样的职场环境，保持平常心，遇到挫折不气馁、取得成绩不自满，这是我努力进取的原动力，也是对我这位职场拼搏女性的最大回馈。因为我相信：心中有爱，向阳花开！

（原载《财务与会计》2020 年第 5 期）

田春红

倚天仗剑走天涯

田春红，倚天机构合伙人、董事，天津倚天会计师事务所副主任会计师。国际注册内部审计师，全国高端会计人才注册会计师类（信息化方向一期）学员，全国特级税务师，全国税务师行业高端人才。

认识我的人认为我是不幸的，在7个月大的时候因患小儿麻痹症，我的右下肢残疾了；但我认为我是幸运的，命运对我还是眷顾的。

懵懂入行：推开会计殿堂的第一扇门

其实踏入会计行业有一点偶然性。1995年高考咨询会上，因为身体原因，只有天津财经学院一所大学对我伸出了橄榄枝，而我也以理科状元的成绩考入会计系，把这种感激之情转化为学习动力，多次获得一等奖学金。

1999年，我从天津财经学院会计电算化专业毕业，经过了无数次碰壁后，天津市出租汽车总公司为我开启了职业人生的第二扇门，招收我为这家国有企业财务科的一名员工。我是个闲不住的人，喜欢钻研新事物，喜欢通过动脑筋寻找捷径。一进单位，我发现财务工作大部分都是重复操作，便开始琢磨新的工作方法，将公司过去传统人工计算统计分析的操作，转化为利用计算机辅助完成，大大提高了工作效率，赢得各方好评。职业上的初次成绩激励了我那颗不安分的心，“做一行，就希望能够做到极致”是我的人生信条，于是我利用业余时间，向会计从业者的又一高峰——注册会计师攀登并顺利通过考试，推开了人生的第三扇大门。

加盟倚天：奠定会计行业深耕细作的坚实根基

对于我来说，安逸的国企并不是我的归宿。2001 年，我参加了天津市注册会计师协会举办的专场招聘会，现场投递了 10 多份简历，只得到倚天一家公司的面试机会，而且是会计师事务所所长亲自面试。面试过程中他谈到了注册会计师行业的发展、倚天的发展，当时的倚天成立刚刚一年多，合伙人团队平均年龄不到 30 岁，蜗居在国投大厦一个 60 多平方米的房间里，也就“十几个人七八条枪”，但我从他的话语中听到了年轻人的魄力，我从他的描述中看到了未来的希望，我信他，我相信跟着这样的“老大”干一定会成功。面试在“倚天的大门永远为你敞开”这感人肺腑的话语中结束了。就这样，在没有过问工资待遇的情况下，我毅然决然地辞去了国有企业稳定的工作，成为一名倚天人。

行业深耕：收获职业人生的累累硕果

随着事务所规模的扩大，我的能力、敬业精神和强烈的责任心、归属感使得我脱颖而出，合伙人会议一致通过吸纳我为合伙人，并且作为副总负责会计师事务所日常工作，那一年我 28 岁。由于工作出色，2011 年全面主持会计师事务所、税务师事务所工作，同时分管机构整体内部管理和信息化。

实践证明，我的选择是正确的。在团队的共同努力下，作为倚天根基的会计师事务所成长为天津市最大的事务所之一，行业综合排名连续多年进入全国百强，并多次荣获中注协“全国百家先进会计师事务所党组织”、全国“五四红旗团支部”荣誉称号。我本人也连续多年获得优秀共产党员、优秀党务工作者等荣誉。

伴随着倚天事业的蒸蒸日上，我个人的职业生涯也得到蓬勃发展：2010 年，我通过层层选拔成为当时全国仅有的 14 名特级税务师之一；2011 年，我成功入选天津市注册会计师行业首批领军人才；2017 年，又被选拔成为全国高端会计（后备）人才注册会计师类信息化方向一期学员；同年还受聘于南开大学商学院专业学位研究生校外导师、天津大学会计硕士学位企业导师、天津财经大学硕士研究生指导教师。

缘起 2001 年那场面试，我与倚天携手已 18 载春秋。这 18 年来，倚天的团队成员就像我的兄弟姐妹，我们从 20 岁出头的懵懂青年成长为行业专家，我们是家人、是朋友、是伙伴、是战友。感谢命运让我在最好的年纪遇到你——倚天，愿我们共同仗剑天涯，不负韶华。

（原载《财务与会计》2020 年第 5 期）

罗红

罗红，广东南海控股投资有限公司董事、副总经理、财务负责人。高级会计师，注册会计师，资产评估师，佛山市南海区会计学会副会长，2014年南海区“高层次人才（三类）”。

理工女的“财务人生”

2019年7月1日，打开最新的公司（广东南海控股投资有限公司）评级报告，屏幕上跳出了醒目的“AAA”，我不禁欢呼雀跃起来，奔走相告于公司同事。带领团队经过近一年的努力，终于将公司打造成为全国第二家、广东省第一家获得AAA评级的区级国企，其中的五味杂陈、万千感慨只有自己能明白。20年的财务工作始终让我觉得：财务的人生就是一个不断学习和进化的人生，“不进则退”在一个财务工作者身上演绎得淋漓尽致，而信息化时代企业更为需要的是具备复合型知识和能力结构的财务人。

理工女的财务开启之路

理工科毕业的我从来没有想过自己的将来会和“账房先生”有什么交集。可是1995年在我备考研究生时，同学无意中的一句话让我临时改考会计专业研究生。3年暨南大学经济学院会计系系统的会计、审计和财务管理学习，不仅让我对“会计人”形象的认识有了颠覆性改变，也让我对财务管理和会计在经济活动、特别是企业经济活动中的地位和作用有了深刻的认识。毕业后进入当时佛山最大的会计师事务所从事审计工作，一做就是10年。10年间，我从审计菜鸟进化成集审计、评估和税务各专业资质于一身的全能选手。正是由于知识和工作经历的多元化，在事务所的后3年，工作重心转为给准上市公司做财务辅导，而4年理工科大学的学习和3年大型国企的工程师经历，在我的审计、评估工作中帮我做了财务审计知识之外很多经济业务的风险判断，也让我更容易理解企业的业务流程、业务模式。

财务高管的资本进阶之路

10年审计工作似乎到了转换工作角色的阶段。2008年3月，我进入南海区公资系统企业工作，从审计别人到被别人审计。角色的转换对管理团队、沟通协调的能力提出更高要求。这样的磨练也让我从一个单纯的专业人士成长为一个地区直属国有企业的副总经理、财务总监。2014年6月，我调入广东南海控股投资有限公司（以下简称南海控股）担任副总经理、财务总监，有了更大的发挥平台。

能够在资本市场为公司赢得最大财务利益和声誉，应该是每个财务高管的理想。2015年，我首次带领新团队为公司发行新一期的中期票据和短期融资，最终以极低利率成功发行了3亿元中期票据，提前归还了高利率的银行借款。2016年，我开启了在证券交易所发行公司债的工作。经过近7个月紧锣密鼓的工作，公司于2017年3月成功在上海证券交易所注册公司债，成为佛山市首家发行公司债的国有企业。

当然，最值得自豪和难忘的还是带领团队为公司在2019年6月拿下AAA的最高信用评级，使南海控股成为全国第二家、广东省第一家获此评级的区级国有企业，为南海控股未来的发展提供有力的资金保障，该项目也因此被国有资产管理局评为“2019年最具创新项目”。

非典型财务人生的宽广路

2018~2019年是公司的投资发展年，多个投资并购项目接踵而来，有技术创新型公司、传统行业转型公司，也有为上市公司抒困的项目。统筹策划一个投资收购项目远比进行一个项目财务分析来得复杂，刚开始抓不住投资的关键因素，考虑事项之复杂、涉及知识内容之多，经常让我夜不能寐。我开始静下心来重新思考和学习，慢慢掌握投资的核心要素，学会梳理重要脉络，学会从聘请的财务顾问和法律顾问那里偷师，形成自己的投资思路。这些投资经历为我打开一扇门，让我走进更为宽广的职业之路。

财务将我的人生带入一个新起点，将我理性思维的优势发挥得淋漓尽致。同时我又不拘泥于财务，将财务作为奠基石，让职业和工作范围迈向更为广阔的天地。

（原载《财务与会计》2020年第5期）

刘明

刘明，山东省高级人民法院行政装备管理处副处长。山东省法院司法体制改革工作小组成员、司法救助委员会委员，高级会计师，注册会计师，国际注册内部审计师，山东省高端会计人才，全国先进会计工作者。

转型路上的感悟与收获

近年来，随着司法体制与财政财务改革的不断深入，法院财务管理迎来新的机遇和挑战。作为一名法院财务工作者，我承担的工作任务也更加繁重。财务转型升级，成为强化法院管理、支持法院事业发展的内在要求和必然趋势。我作为亲历者和参与者，在此分享一些转型路上的感悟与收获。

转型路上，要有攻坚克难、敢于挑战、辛勤付出的决心和毅力。清晰记得 2017 年年初，组织决定由我牵头建设山东法院案款管理系统时所感受到的重任和压力。我本着要干就要干好的决心，从项目酝酿阶段开始，就全身心投入系统的调研、设计、开发、软硬件部署、实施、协调、培训全过程。为做好这项工作，我潜心研究信息化专业知识，向各方面专家请教探讨业务，主持各类协调会，跑遍所有的业务部门，以至于经常有省直部门的同志误以为我是信息部门的人员。经过 3 个月不间断的加班加点，攻坚设计、结构、技术应用难题，最终完成了建设任务。系统最后一次联调联测，当看到“全面测试成功”的报告结论时，我知道挑战成功了！系统上线后，一次调研中，一位基层法院财务人员高兴地说，“以前天天加班对账，用了这套系统，我终于可以正点下班了”。这是对我所有辛苦付出的认可，也是对我所坚持的信息化建设原则的肯定。

转型路上，要有立足实际、统筹谋划、高楼平地起的勇气和智慧。2019 年实施的政府会计准则制度涉及面广，技术性、政策性强，实施难度大，但在我看来，制度的深刻变革为法院系统研究建立行业性的会计核算理论和体系带来了可能性和必要性，恰是一种难得的机遇。对此，我经过充分调研，带领全省法院财务骨干力量，编撰《山东法院会计核算体系及实务应用》。从零开始，能否制定出体系标准？我一边做大家的思想工作，提升团队工作干劲；一边以身作则，收集材料，从梳理法院会计科目开始，扑下身子投入编撰工作。成书过程中，我结合具体财务实践，创新性地提出“行政支出——待处理”科目具体适用情形，适度简化核算过程，同时总结归纳诉讼退费、涉案资金、罚没财物、司法救助等多项法院特有业务的管理模式、具体流程和核算办法。在成书最后阶段，大家经常自觉加班至深夜，经常是累了就伏在案头歇歇，有同事打趣说“成书过程会成为每个参与者的励志故事”。最终，我们的励志故事转化成了全国法院和山东政法系统首个行业性的会计核算标准，填补了法院会计核算的理论空白。

转型路上，还要有与时俱进、融会贯通的思路和视野。查理·芒格的“格栅理论”对我影响至深。“真正和永远的成功属于那些先是努力建立思维模式格栅，然后学着以善于联系、多学科并用的方式思考的人们”，这句话一直激励着我。多年来，我一直保持学习习惯，有意识地看一些跨学科的书籍，及时了解科学研究的最新动态。通过学习，我在对待人生、工作都有了不同的认识和思考，工作中要求自己高站位、全视角、找关键、抓重点，提升工作质效；生活中要求自己低调谦逊、知足常乐、与人为善，提升生活品质。慢慢地，我感受到自己在不断成长，也很享受成长的过程。

转型路上，还要伴随简单惬意、心旷神怡、云卷轻舒的心绪与生活。除了看书放松以外，每周两次，我都会拿起羽毛球拍，约几个球友打几场比赛，让自己喊出来，出透一身汗，感受运动的魅力和快乐。孩子放假归来，我就会赶集买菜，燃起炉灶，做上几道可口的家常菜，听孩子夸赞“还是妈妈做的饭菜最香”，感受亲情的珍贵。周末时，我也经常会约几位老友，登山踏青，叙说友情，享受自然。美好向上的生活总是那么令人向往，也是我工作之余放松心情、排解压力、保持动力的最佳方式。

财务转型路，之于我，是对财务事业的执着坚守与创新之路，也是人生不断学习、努力、进步的奋斗之路，路程难忘，精彩继续……

（原载《财务与会计》2020 年第 5 期）

孙志霞

孙志霞，山东大学齐鲁医院计财处副处长，正高级会计师。山东省内部控制咨询专家，国家卫健委首批经济管理领军人才，山东省首期高端会计人才（行政事业类）。

拥抱阳光　做最好的自己

职业女性其实没有任何固定的标签。认真对待工作和生活，脚踏实地把每一件事都做好，当自己心怀动力，拥有一个宽容积极的心态时，就可以由自己的内在发出光来，照亮周边。

点亮自己的奋斗者

27 年前，怀揣着职业梦想入职崇敬已久的山东医科大学附属医院（现山东大学齐鲁医院），财会专业出身的我却被分配到住院部做了一名出纳，巨大的心理落差和陌生的工作环境让我无所适从。犹记那一刻，第一次值夜班便遇到外伤患者递上沾满血迹的钱币时的恐惧感，当时真觉得那是自己无法逾越的困难。于是，改变从自己开始，与其等待别人照亮自己，倒不如做自己的太阳。自幼认真细致的我从认识每位专家的笔迹开始，了解疾病诊断、治疗方式等各种医学术语，迅速熟悉医院工作特点及每项业务，很快我便适应了住院部窗口的繁杂工作，这一干便是 8 年。

现实生活中，我们每个人都要走过或平坦或崎岖的路，留下或深或浅的足迹，有的人在风雨中匍匐，有的人在风雨中叹息，有的人却执着前行。现在回望那段时光，才发现那些经历与历练已经成为我生命厚度的累积，更是我人生中最宝贵的财富。

心怀梦想的幸运儿

一线的工作磨练了我的耐心与韧性，打造出过硬的业务素质和优质的服务能力。工作中的我严谨勤奋、逐步提升，历经出纳、核算、结算、审核等多个财会岗位工作，先后担任计财处资产科科长、计财处副处长职务。

2012年，我幸运地入选山东省第一期行政事业类高端会计人才。2014年，我又幸运地成为国家卫生计生行业经济管理领军人才一期班的学员，看到入选名单时那种梦想照进现实的喜悦，至今仍记忆犹新。2012～2017年的6年里，我徜徉在知识的殿堂，心底那个沉寂多年的求知梦被悄然唤醒。在集中学习阶段，经典前沿的理论解读，时常令我茅塞顿开；激情碰撞的催化式研讨，轻松打破常规思维；精彩实用的经验分享，启迪引领智慧升华。幸运的我置身其中，如饥似渴地品尝着一顿顿精神上的“饕餮盛宴”，尽情地享受着一次次思想上的“快乐交锋”，怀揣着领军的梦想，梳理人生、沉淀智慧，努力向着心中的目标一步步靠近。

看穿数据的奔波人

数据是枯燥的，只有透过对这些数据的研读和剖析，才能看清数据背后的实质和问题，使一串串数字变成医院事业发展的方向标，使一张张报表变成医院运营状况的晴雨表。

随着国家医改的不断深入，医院运营风险逐年增加，倒逼医院进行内部管理体制的改革，预算管理、绩效考核和成本管控成为医院运营管理的重要抓手，我责无旁贷地投入这些工作中。为了实施科室的成本管控、发挥绩效的导向作用，我常常深入临床一线调研，在门诊、病房、手术室、检验科……都曾留下我引导业务人员多措并举、节能降耗的足迹。现在的我对医院每个科室的工作性质和服务特点都如数家珍、信手拈来，每个环节所涉及的财务问题也能了如指掌。

2016年，山东省公立医院改革取消药品加成，我主持启动了医院绩效改革，这项牵一发而动全身的改革涉及医院每个职工的切身利益。面对如何效益优先、兼顾公平，如何凸显医疗服务价值，如何体现医务员工的劳动强度等一系列问题，我运用所学理论，带领团队构建了以平衡计分卡为基础的综合目标绩效考核体系。实施几年来，职工积极性充分调动，医院改革进程平稳，技术价值合理体现，我用自己的努力实现自我价值，助力医院的可持续发展。

太阳之光，光耀乾坤，恩泽万物；阳光之人，积极向上，乐观开朗，活泼富有朝气。拥抱阳光，做最好的自己。

（原载《财务与会计》2020年第5期）

韩菲

韩菲，北京国家会计学院副教授，硕士生导师。在《审计研究》等核心期刊发表多篇论文，承担审计、内部控制领域多项省部级课题及政府部门、企事业单位委托课题。

寻求跨界融合之美

2000 年复旦大学财务系毕业，获得学士学位后，我在安达信会计师事务所及普华永道会计师事务所上海分所审计部任职 3 年，从事各类上市、非上市、中资、外资和合资企业的年度审计和尽职调查，涉及金融、制造、旅游、服务等行业。

2003 年 8 月，我被美国康涅狄格州立大学（University of Connecticut）会计系录取，由实务领域转向会计审计研究与教学的跨界之路。康涅狄格州立大学是一所历史悠久的研究性大学，也是美国财务会计准则委员会（FASB）的所在地。在校期间，我师从当时商学院会计系博士项目主任、前美国财务会计准则制定委员会学术研究员 Gim Seow 教授，从事会计准则、公司信息披露与资本市场的互动研究。期间涉足了经济学、金融学、心理学、社会学等领域的理论课程，接受严格的统计计量分析训练，获统计学硕士与管理学（会计方向）博士双学位。所研究的课题多根据经济理论先行假设，结合计量模型和实证分析，通过对批量公司财务数据和证券市场股价的分析论证，研究微观层面的公司行为和宏观层面的资本市场现象。

由于具备扎实的理论素养和出色的科研能力，2008 年上半年，我受聘于美国 Alpha 资产管理公司研发部担任兼职研究员，开发并测试基于公司内部治理结构及外部机构股东股权变化的套利模型。

2009年起，我先后受聘于得克萨斯州立大学圣马可斯分校（Texas State University – San Marcos）和位于匹兹堡的Robert Morris大学。工作期间，我的研究课题从美国公司扩大到全球金融市场和跨国上市企业。近年来，已在国际会计学术会议上发表多次演讲，并在国际会计期刊上发表论文。在美国10年的学习和工作丰富了我的人生阅历，也提高了我的学术研究水平和科研能力。

2012年8月，举家回国后，我加入北京国家会计学院的教师团队。众所周知，北京国家会计学院的特色即理论结合实务，实务反哺理论，我的教学与研究工作也由此开启融合实务之路。几年间，依托学院审计系与审计风险管理研究所，我深度参与政府部门与企事业单位的审计、风险管理与内部控制工作。与实务界的广泛接触，启发我运用心理学与组织行为学理论，研究审计人员胜任能力的形成机理，以此对审计人员的培养机制提供建议。以往的国际化经验又帮助我顺利完成世界审计组织第二十一届大会技术支持等国际交流合作项目。近年来，基于国家对行政事业单位内控工作的推进需求，我立足以往内控研究积累，承担各类单位的内控研究课题，从实践中总结出与现阶段中国行政事业单位管理现状相适应的内部控制科研与教学体系。

科研与实务经验也体现在我的教学中。首先，我立足于以往会计方向的教学经验和科研背景，结合“四大”审计和内控咨询的工作经验，努力使授课内容贴近实务工作。其次，在授课过程中，结合财务、审计的专业特点，广泛使用案例教学，积极启发学生运用批判性思维方式。再次，注重发挥自己双语授课的专业特色，在兼顾学生基础的前提下，从语言能力和专业知识两方面培养学生的综合能力。最后，鼓励学生走跨界混搭风，从政治、社会、经济、管理等各类学科领域中广泛汲取养料。

业余时间，在探索跨界融合之道的基础上，毫无绘画基础的我2017年拿起画笔，探索生活本真的美。身处快节奏的商业时代，快速暴涨的信息量让生活碎片化，绘画是给自己让心慢下来沉下去的机会，也才有能量不忘初心，在科研教学的道路上能够坚守求真求实的原始目标，全力以赴不留遗憾。

跨界融合发展是这个时代最为显著和关键的特征之一。一路走来，我的职业和生活也因此充满各种机遇与挑战，甚至是惊喜。坚信未来，我的跨界融合之路将会越走越远。

（原载《财务与会计》2020年第5期）

第十五篇

2020年（下）

编者的话

春风拂槛，草长莺飞，第110个国际妇女节在这样一个意义非凡的春天度过。回首激荡100余年的妇女运动史，从“面包加玫瑰”的权利觉醒，到“男女同工同酬”的抗争呐喊，再到“妇女能顶半边天”的豪迈宣言，无数女性摆脱束缚，踏上追寻梦想、实现自我价值的征途。她们温婉又自信，柔软却坚韧，娇弱但勇敢。2020年第6期“新时代会计职业女性风采”专栏，8位来自不同领域的会计职业女性讲述着她们心底的涓涓情怀，展现出会计职业女性不凡的“巾帼力量”，升腾出璀璨的梦想。

她是遨游学海的陈淑梅，历经4次高等学校会计制度大调整，参与研发财务管理信息系统、理顺学校财务管理体制、实行全校会计人员派驻制度，学习始终是她源源不竭的工作“养分”，是她30年会计职业生涯的良师益友。她是持之以恒的徐立波，从刚入行的懵懂、无措到逐步熟悉、掌握，从只知其然到知其所以然，从最基本的业务操作到能够独立分析、判断，培养出敏锐的专业嗅觉，无不得益于她持之以恒的学习与努力。她是执念求索的杨霞，赴日留学改变并成就了现在的她，从“语言”跨界到“财务”，从高校教师转变为留学生，经历种种甘苦也收获累累硕果、迎来“峰回路转”，她敬畏选择，感恩磨砺，执念求索。她是敢于挑战的刘芳，投身会计改革、医疗卫生体制改革浪潮中，筹建长春市第一家吸收民营资本的非营利性质医院，引入企业财务管理知识加强资金管理，稳步推进政府会计改革工作，面对挑战她从不退却，唯有不断超越，奋力前行。她是勇敢向前的屠彦，工作中，她面对疫情毫不退缩，为抗疫前线提供有力的资金保障，为一线医务人员保驾护航；工作之余，她坚持以学习充实自己，她相信，只有勇敢向前、不倦前行的人才能达到梦想的彼岸。她是初心不改的徐晓红，从业 20 余年，从企业基层员工到高级管理人员，从普通会计员到正高级会计师，一路走来，有苦有乐，有艰辛也有收获，内心深处的执著与热爱让她始终乐在其中。她是怀揣梦想的薛冬梅，从大山深处走来，满怀对外面世界的好奇、憧憬与期待，知识改变了她的命运，也拉近了她与梦想的距离，与枯燥繁杂的数字相伴 30 年，没有惊天动地，只有平凡坚守，没有喧嚣呐喊，只有用心耕耘。她是心怀感恩的许海燕，国有企业、政府部门、事业单位多岗位的锻炼和不同领域的尝试，让她提高了专业素养，拓宽了视野；乘势而上的领军之路则带给她更多的专业自信与成长机会，人生路上，她心怀感恩毅然前行。

女性的发展标注着人类文明的刻度。如今，越来越多的女性活跃在各个领域，坚守在平凡岗位，“她力量”向阳生长，为社会刻下美丽印记，为发展注入强大活力。至此，2020 年“新时代会计职业女性风采”专栏落下帷幕，24 位女性在这里流淌出心底最炽热的情感，“她力量”“她魅力”“她智慧”如星光闪耀于夜空，愿这点点光亮，能够照亮你前往远方的路。

陈淑梅

陈淑梅，教育部全国学生资助管理中心副主任。高级会计师，全国高端会计（后备）人才行政事业类五期学员，财政部政府会计准则委员会咨询专家（第一届、第二届）。

持续学习是源源不竭的工作“养分”

时光的步履匆匆，更迭着四季的风景。不知不觉，从大学时期开始学习会计到现在，我已经与会计打了近30年的交道。细细回想，支撑我30年会计职业生涯道路的良师益友，就是在各个时期都一直坚持的好习惯——学习。

学习是工作的助推器。我从事的会计工作主要涉及的内容是高等学校会计制度，亲身历经了国家对高等学校会计制度的四次大调整。1998年，时任国家主席江泽民在庆祝北京大学建校100周年大会上向全社会宣告：“为了实现现代化，我国要有若干所具有世界先进水平的一流大学。”以此为起点，中国高等教育正式拉开创建世界一流大学的大幕。这期间，我正在北京大学财务部门工作，面对大学的快速和高质量发展，财务工作水平需要与创建世界一流大学的水平相适应，要为学校提供强有力的后勤保障和财务支撑：在财务信息化方面，率先自主研制开发了高校网络环境下的财务管理信息系统，为规范学校财经行为、提高工作效率发挥了重要作用；在理顺学校财务管理体制方面，按照“严格、透明、公平、效益、服务”的10字方针，建立了“统一领导、分级管理”的财务管理体制；在会计人员管理方面，实行了全校会计人员派驻制度，实现了统一管理、统一考核、统一标准和统一监管。这些重要的改革举措，为学校教学科研事业发展提供了有力的财务支持，为全校教学科研人员提供了优质的财务服务，助力学校建设成为世界一流大学。

学习是工作的充电器。在我上大学期间，事业单位会计开设的课程很少，因此我对事业单位财务工作的印象是“简单”。走上工作岗位后，我逐渐发现高等学校就像一个小社会，会计核算的复杂和财务管理的难度，颠覆了我之前的认知。为此，在最近几年里，我只要见到在大学工作的老师，都会给他们提一条建议：“请多开一点行政事业单位会计的课，多支持老师和学生做这方面的研究。”回首多年在会计方面的学习和工作，“边工作边学习”已经成为一种常态。一方面，国家在行政事业单位会计改革领域里推出众多改革举措，我们需要时刻掌握各项政策的要求，紧跟改革步伐；另一方面，会计工作不是独立存在的，国家财税领域里的众多改革政策需要财务人员去了解和运用，很多政策都与财务人员的工作密切相关。我们需要不断学习，才能更新知识，把握新情况和新问题，补齐知识“短板”。

习近平总书记曾说过：“从总体上看，与今天我们党和国家事业发展的要求相比，我们的本领有适应的一面，也有不适应的一面。特别是随着形势和任务不断发展，我们适应的一面正在下降，不适应的一面正在上升。如果不抓紧增强本领，久而久之，我们就难以胜任领导改革开放和社会主义现代化建设的繁重任务。”在新时代背景下，面对国家改革大潮，面对祖国日新月异的发展，财务人员要通过学习丰富自己、完善自己、提高自己，把读书学习的收获转化为谋划工作、推动工作、促进工作的新思路和新办法，更好地把财务工作做好。

学习是生活的调节器。作为一名女性，在工作上要完全投入，同时还要照顾家庭和孩子，这样的角色转换是一种压力和挑战，同时兼顾并不容易。在生活中，瑜伽是我调节身心的主要方式。通过学习瑜伽，可以放松紧绷一天的神经，缓解工作带来的疲惫，让身心从白天繁忙的工作中释放出来，使自己回到宁谧的心境中，获得一种平和的心态。在长期的坚持中，身体上的柔韧性、力量和耐力也得以提高。

时光匆匆而逝，总会留下岁月的印痕，而持续学习一直是源源不竭的工作“养分”，印刻在我生命的旅程中。回首过去，我用无悔的青春、执着的努力、不倦的学习，书写了自己无悔的会计人生。立足今日，面对改革的新时代，我胸有成竹，信心百倍，愿用更加奋进的脚步，去开创更美好的会计人生之旅。

（原载《财务与会计》2020 年第 6 期）

徐立波

徐立波，时任山东能源集团财务有限公司董事长，现任山东高速集团财务总监。正高级会计师，山东省高端会计人才，山东省金融高端人才，山东省管理会计咨询专家，国际财资管理师。

不辜负这个时代

时间过得真快。转眼间，人生已过半，走上财务工作岗位也已近30年。回首走过的时光，有苦、有乐，有付出、有收获，有成功的喜悦、也有挫败的失落。酸甜苦辣，个中滋味逐一品尝，逐渐汇奏出自己独特的乐章。

作为财务人，要在这一领域有所成就，专业的造诣是不可或缺的。如果说自己在这一领域还有所获的话，那持之以恒的学习、独立的思考无疑奠定了最为坚实的基石。从刚踏入这一行的懵懂、无措，到逐步熟悉、掌握，从只知其然到知其所以然，从只能从事最基本的、机械的业务操作，到能够独立分析、判断，能够迅速从一堆繁杂的数据中找到关键点、发现问题，培养出敏锐的专业触觉，无不得益于持续的专业培训、学习。对此，我也分享我的两点经验。

一要打好基础。在大学教育培训普及的当下，每个会计人都不欠缺学习能力，但关键是要沉下心来，把基础打牢，不能浅尝辄止。人无我有，人有我优，在专业领域尤为重要。要做到这一点也并不难，只要对自己狠得下心，舍得下一番苦功夫。记得刚踏入这一行时，我对经典教材真是下了一番死功夫，基本把那几本书读烂了，一本书翻得有两本厚，页面上的注释密密麻麻，书中的内容了然于胸，即便到了现在，已经过去20多年了，其中的知识点依然信手拈来，应用自如。

二要持之以恒地努力。财务管理领域知识更新很快，只有不间断地学习，及时更新知识储备，才能保持对行业发展的清晰认识。尤其随着工作岗位的变化和职务的提升，对专业技能、视野、解决复杂问题的能力都有了更高的要求，而提升自己的最佳方式永远是向书本学、向大师学。国家级、各省级组织的高端会计人才培养工程是很好的途径，培训内容系统、专业、前沿，比自己摸索着学效率要高很多。

性别角色始终是我们职业生涯绕不过去的话题。在人生的各个阶段，身边总会有人说，女同志嘛，差不多就行了；要多顾顾家，要多多照顾一下孩子……如此种种，不一而足。社会对女性的附加要求好像格外多，而在这日复一日的声音中，许多原本非常优秀的女同志真的有可能产生歇一歇吧、差不多了、何苦为难自己等一系列想法，人逐渐懈怠，逐渐泯然众人。在职业生涯中，付出得不到肯定、因为性别原因丧失一些机会，可能或多或少都会遇到。面对这些困扰，一方面放平心态，认识到无论在哪里，从事什么工作，挫折都是必然要面对的一课。挫折是人生必然，面对它就会减少一些心浮气躁，多一份淡定和勇气。另一方面，职业工作为我们提供了一个很好的看世界的平台。专业能力越强，平台越高，看到的世界就越大，就会看到更多的精彩，遇到更多精彩的人和事。随之而来的，是心胸更为开阔，原本羁绊我们脚步的障碍变得不再那么不可超越。此外，多结交一些志同道合的朋友也是不错的选择，职业的平台让我们遇到更好的人，谈笑有鸿儒，往来无白丁。积极的、正能量的声音多了，噪声的影响力自然就减弱了。

而作为女性，我们是更为柔性的，情感更细腻，更感性，共情能力更强，所有这些让我们可以更多感知这个世界的美好：春花、秋月、长河、落日，可以波澜壮阔、慷慨激昂，可以婉转低回、浅吟低唱，可以指点江山、挥斥方遒，可以娥眉淡扫，洗手羹汤……我们的面前有太多的选择，有太多的可能。我很庆幸出生在这个国家、这个时代，瞬息万变、气象万千，只要我们想，只要我们足够努力，就会有更多的机会等着我们，就会更加接近心目中理想的自己，迎接我们的就是更加多彩、美好的明天。

一路走来，也不是没有遗憾。有很多次，心里都不由自主地想“如果当时……就好了”。可人生应该就是这样吧，不断在成功中总结经验，在失败中接受教训，不断认识到自己的局限，修正自己的不足，一点点变得更加美好，一点点探知生命的更多可能。

（原载《财务与会计》2020 年第 6 期）

杨霞

敬畏选择　感恩磨砺　执念求索

杨霞，西安外国语大学科研处处长、教授，陕西省教学名师，工商管理专业国家级一流专业负责人。兼任陕西省教育指导委员会工商管理类工作委员会委员、陕西省经济学会常务理事、北亚管理会计领袖智库成员（CGMA100）。近年获省部级科研奖三项，省级教学成果特等、一等及二等奖。

书房，泡一杯清茶，远眺终南，恍惚间竟产生一种在写前半生回忆录的“错觉”。提笔放下，下笔删去，仿佛在记忆的反思中，在求学、工作与生活的实践考验中，正在对自己上半场的人生做着一次“从我出发，回到自我”的检视。

我不是一个出身纯粹的财务人，留学改变并成就了现在的我。1995 年 7 月，我毕业于西安外国语大学日语语言文学专业，留校做了近 5 年的语言教师。2000 年 4 月，我被外交部遴选赴日担任国际交流员工作一年。2001 年 11 月，在家人的全力支持下，我再次前往日本开始了近 6 年的管理会计硕士、博士学习之旅。

在这段旅途中，我经历了从“语言”跨界到“财务”的种种甘苦。语言上，需要看大量管理会计方面的日文、英文文献，即便对于本科是语言出身的我，在短时间内经历中、英、日文的转换，特别是从文学到财务的知识学习、思维模式等的转换过程，无异于一场对身心旷日持久的“拷打”。但也正是从语言文学到管理会计学习的转向，3 国语言的交替甚至是“同场竞技”，育成了我对跨学科专业知识学习的融通思维。同时，赴日与 50 多个国家的国际交流员一起工作的经历，让我的血液适应了多元文化的浸润，育成了我“和而不同”的成事信念，形成了我做人做事的底色与成色。

在这段旅途中，我经历了读博毕业前半年导师突然病逝，在殡仪馆以亲人、关门弟子的身份送别导师，痛苦“闭关”两周，日夜颠倒，苦写出关于日本成本管理体系研究的18万余字的全日文博士论文初稿，并通过了案例研究对象日本丰田公司成本企画总部的审核，获得新博导的信任，博士3年顺利毕业。在这段“过山车”般的专业学习经历中，我深悟了只有敬畏自己的人生选择，才可能跨越重重困难迎来“峰回路转”，也才可能获得他人的尊重与支持。也正是这段经历，让我完成了从“语言”到“管理会计”专业的真正转型。

在这段旅途中，我从一名处处受尊重和优待的高校教师、外交部外派赴日国际交流员，到一名每天只能有三四个小时的睡眠，大汗淋漓地辗转于“教室——宿舍——打工店”的自费留学生。但也正是这一身份的转换，加深了我对不同工作性质、不同工作环境、不同工作内容的主动理解和尊重，学会了静享孤独、快乐独处的能力。

在这段旅途中，我还经历了忍受泪别嗷嗷待哺的儿子的痛苦。但也养成了我时刻提醒自己，分离、距离不代表可以任性地忘记自己作为“母亲”的身份。在6年的留学生涯中，我学会了用当时刚刚上线的QQ聊天软件给孩子讲格林童话，教会了他学前的所有课程，为孩子树立了拼搏的榜样。那是一段辛苦而快乐的日子，也是一段深刻理解母子离别是浇灌彼此成长的日子。

留学的经历成为我现在职业生涯的宝贵财富。2007年4月，博士毕业后我回到了母校商学院工作。留学中养成的“文化多元融通，成事和而不同”的做人做事原则，让我敢于2009年提出在全国首创商务英语专业CIMA方向教改班，促成了我与同事们10年里彼此包容，互相成就，将一个年轻的外语院校的商学院打造成省级“教育先进集体”和“五一巾帼标兵岗”。同时，学院的会计学、工商管理、商务英语专业与ACCA、CIMA有机融合的国际化商务人才培养模式，获省级教学成果特等奖、一等奖及二等奖，被称为“西外模式”在全国推广。2018年，学院荣获“ACCA中国卓越创新教育机构”“CIMA全国首家教学示范中心”称号。这些成绩更成为激励我与同事们前行的不竭动力和源泉。

竹林风摇曳，长天漫琴悠。每一段经历，都是一次汲取养分的内功修炼，一次酣畅淋漓的自我成长。每一次成长，都让我体会到，只有用心敬畏自己的每一次选择，感恩生命中的每一段磨砺，像风一样执念求索人生目标，才可能不断为自己蓄电储能，在未来的道路上奏响助己乐人的一路欢歌。

（原载《财务与会计》2020年第6期）

刘芳

刘芳，长春市妇产医院总会计师。正高级会计师，全国高端会计人才（行政事业类四期），吉林省百名现代服务高端人才，吉林省先进会计工作者，吉林省卫生经济学会常务理事。

在改革中不断历练成长

从事财务工作不知不觉已26年，作为职场女性，在这变革的时代，选择会计职业会多一分辛劳，却也蕴藏机会。于我而言，正是在会计改革、医疗卫生体制改革浪潮中，一步步成长至今。

上大学前，我对会计职业没有概念，提到会计就想到戴着老花眼镜的账房先生。经过4年财经大学的系统学习，我渐渐喜欢上了这一行，也坚定了以此为职业的信心。选择会计职业就意味着不断学习、持续提升，回顾我的职业生涯也验证了这一点。

初试身手，结缘电算化

1993年毕业分配到医院，我是科里第一位财经大学毕业生。正值国家开始推行住房公积金和住房补贴制度，领导让我负责。没有电子表格，我找到dBase Ⅲ和FoxPro工具书，自己建立数据库来核算住房公积金和住房补贴，提高了工作效率和质量。小试牛刀让我增强了自信心，也对计算机的重要性有了深刻的理解。

机会总是留给有准备的人，单位开始着手会计电算化工作，我接连承担了3个财务软件试点工作。试点时我注意结合具体会计实务提出建议，积累了丰富的实践经验，得益于做电算化工作，我在短时间系统地学习了大部分经济业务，尽管参加工作时间不长，却迅速成长为业务骨干。8年后，我被提拔为副科长，走上了管理岗位。

迎接挑战，参与筹建分院

2005 年，医院拟合作筹建分院，我接受挑战，参与筹建长春市第一家吸收民营资本的非营利性质医院。我充分调研各项政策和法规，收集其他省、市及地区的先进经验，最终办妥了包括各种证件、资产评估、开设账户等的法律和财务手续，并主持建立了各项财务规章制度。

投身改革，发挥领军作用

2006 年，我担任医院财务科科长，资金管理当时是多数医院的薄弱环节，我引入企业财务管理知识，为医院降低资金成本，提高资金使用效率，几年的时间为医院创造效益近 500 万元。

2012 年入选全国高端会计人才培养工程后，我担任经管办主任，负责医院经济核算和绩效考核工作。我对全市 51 家医院进行了调价测算，综合分析改革方案对医院业务收入、收入结构、医保农合资金支付、患者负担情况、财政补助情况的影响，确保医改工作顺利进行。

到长春市妇产医院任总会计师后，我迅速适应环境，强化医院内部控制，稳步推进政府会计改革工作，不断提升医院经济运行分析的水平和作用，半年内就成功地完成医院薪酬制度改革，带领新的财务团队成功申报了两项省级科研课题。

同时，6 年全国高端会计人才培养历练让我更加自信、执着。未来会计职业生涯里，我将主动适应改革形势，继续奋力前行，不断超越自我。

张弛有度，做轻松的自己

回归家庭，我喜欢有新意、不枯燥的生活，在平淡的日子中蹦出个新点子，恰又有三五好友一呼而应，是我最大的乐趣。年轻时，朋友眼中的我是个调皮的捣蛋鬼形象，感谢朋友与家人对我的宽容与爱护，在许多“恶作剧”后仍然对我不离不弃。年龄的增长让我愈发成熟稳重。我喜欢游泳、慢跑等运动，既能增强体质锻炼耐力，又能放松心情，虽然没有专业水准，但坚持下来也受益匪浅。闲暇时我会与家人好友一起打球、游泳、旅游、野餐，厨艺方面我虽不擅长南北大菜，却常常去尝试做几样少见的菜品，虽每每被家人诟病，仍然乐此不疲。

兴之所至，心之所安，尽其在我，顺其自然，人生就是这样，不同阶段有不同的兴趣和目标。无论是事业还是家庭，都要给自己定一个小目标，为之努力，踏踏实实地走好人生每段路！

（原载《财务与会计》2020 年第 6 期）

屠彦

屠彦，天津市卫生健康委员会财务审计处副处长。高级会计师，天津市第三期高端会计人才，天津市会计专业高级资格评审委员会专家，国家卫生总费用核算与政策专委会委员，天津财经大学校外硕导，全国公立医院经济运行综合评价指标体系研究咨询专家。

为者常成　行者常至

“妇女能抵半边天”，“巾帼不让须眉”。当今社会，越来越多的女性在工作一线中，勇于争先，锐意进取，成为各自工作中的骨干和能手。我，就是这么一名奋战在卫生健康会计行业的平凡女性，我以我的职业为骄傲，我以我的学业为目标，我以我的生活为乐趣，在不断的成长中磨砺和造就坚强而又乐观积极的人生态度。

1997 年我被原天津市卫生局（现为天津市卫生健康委员会）公开招录为公务员，在 20 多年的机关工作中由一名科员逐步成长为一名副处级领导干部。我先后在办公室、机关党委、财务审计处 3 个处室，机关财务、工会会计、系统会计、医院财务管理、系统财务管理等 5 个岗位工作从事卫生系统财务工作。不同的岗位工作历练了我全方位的工作能力，积累了扎实的工作经验。每项工作我都力求完美，做到最好。不懈的努力与辛劳总会有收获：在我和团队的努力下，单位的财务年报、部门预决算工作多次获得市级一等奖，我本人也是连续数年获得先进个人的荣誉称号。为了能够深入落实财务精细化管理，我在系统财务预算、决算管理、医改卫生经济管理、医疗卫生事业单位内部控制、医院全成本核算、医疗卫生单位绩效管理、公立医院绩效考核管理、事业单位项目管理、政府采购管理、加强财务分析等方面都取得了一定的成绩。

无论是“非典”时期的机关财务管理，还是当下新冠肺炎疫情的担当作为，我都是一马当先，毫不退缩，以饱满的热情投入工作中，为一线医务人员保驾护航。从医疗物资储备，到定点医院、发热门诊改造，再到一线医务人员临时性工作补助，凭借我的卫生财务工作经验，积极主动与相关委办局对接，在短时间内提出切实可行的工作方案；完善各医疗卫生单位财务管理，建立健全各项规章制度，加强内部控制，防范排查各种风险，并逐一落实。雷厉风行的工作作风得到领导和同志们的认可与赞扬，为抗疫前线提供了有力的资金保障，充分发挥了卫生健康财务管理“领头雁”的作用，担负起了高端会计人才神圣而又光荣的职责。

特别值得欣慰的是从开始工作到现在，我一直没有停止对自己学习上的严格要求，虽然职称对于身为公务员的我“毫无价值”，不可能凭着它去兑现工资待遇，但我怀揣着一颗对知识渴求的心，一直鞭策着自己不倦前行。从最初的中级会计职称考试、天津大学 MPA 硕士专业学习、高级会计师职称考试，到天津市第三期高端会计人才的入选，我都时刻让自己的学习生涯不断得以充实，因为我坚信“学无止境”的道理，在学习的海洋中越是徜徉，越是感觉自己知识的匮乏与贫瘠，越是想全方位地汲取营养，更好地完善和丰富自己。在不断的学习中，我学到了很多知识，开阔了专业视野，结识了许多相关领域的高端人才，从他们身上获得了业界全方位的实践知识。我感到学习是我今生不断追求的理想与信念，我会秉承一颗好学的心，继续努力前行。

生活中的我乐观豁达阳光，热爱生活，兴趣广泛，喜欢文艺、体育、园艺、美容、旅游等诸多项目。我会在闲暇之时，通过音乐、体育锻炼让自己放松身心；每年抽出时间陪家人外出旅游，领略大自然的神奇与美妙。满园盎然的绿植是陶冶情操的法宝，容光焕发的外表也是充满自信的妙招。事实证明，生活的七色挑染会有反哺的作用，让我有更充沛的精力投入工作与学习之中。

在这漫长而又短暂的 23 年机关职业生涯中，随着年龄的增长、工作经验的丰富和人生阅历的增加，我慢慢体味出作为一名女性财务会计管理者成功的喜悦与付出的艰辛。正如《晏子春秋》中所言“为者常成，行者常至”，只有勇敢向前，不倦前行的人才可能达到满意的顶点。我将以此自勉，不忘初心，砥砺前行，向着自己人生的完美境界不断进取。

（原载《财务与会计》2020 年第 6 期）

徐晓红

徐晓红，青岛地铁集团有限公司运营分公司财务总监。正高级会计师，青岛市会计领军企业一期，山东省高端会计人才企业四期，全国高端会计（后备）人才企业类十三期学员。山东省会计学会第八届理事会理事，青岛市计量学会第六届理事会常务理事，中国海洋大学等多所高校指导教师。

深耕专业　初心不改

志之所趋，无远弗届；穷山距海，不能限也。从业20余年来，从企业基层员工到高级管理人员，从普通会计员到正高级会计师，一路的忙碌与艰辛却使我乐在其中，这都源于我的执着与热爱。

从无到有　潜心筑梦

习近平总书记强调：艰难困苦、玉汝于成，没有艰辛就不是真正的奋斗。几年前，地铁还是青岛这座城市的新生事物，开通运营中面临的问题千头万绪，局势不容乐观。我充分发挥专业特长和业务素养，结合运营使命和战略定位，短短几年，在服务青岛地铁开通运营的财务管理、票务管理、物资管理等领域，逐步发生了从“0”到“1”、从“1”到“无穷”的飞跃。在制度建设、资金管理、预算管理等方面，我大力推行财务管理标准化建设；研究地铁运营损益情况，为市政府票价制定、运营补贴等工作提供重要依据；开展地铁成本规制研究，解决运营亏损资金缺口，推动企业可持续发展，财务运作体系日趋完善。通过引入云支付系统、推进云平台建设及开展票务数据应用研究，丰富地铁售票、充值、过闸方式，掌握客流变化趋势、预测客流高峰期，使乘客乘车更便捷、地铁运营更高效，客运服务水平显著提升，主持开展的项目分获“2018青岛智慧城市百佳优秀解决方案奖”“2019青岛市职工优秀技术创新成果”及多项公司创新成果奖。历时两年建立了计划、采购、仓储“三位一体”的物资保障组织，实现生产、物资、供应的无缝衔接，确保了物资采购准确、验收达标、使用安全，持续优化运营物资供应链。首创山东省城市轨道交通行业定额成本管理体系，仅青岛地铁电客车一个专业，单线全生命周期可节约成本数千万元。

接轨时代　精益求精

2013 年至今，我先后参加了青岛市会计领军人才、山东省高端会计人才、全国高端会计（后备）人才培养工程，深知“领军”不仅仅是荣誉，更是责任和担当。期间通过努力学习，在青岛市会计领军人才培训中获得了优秀学员称号；同时在导师的指导和团队的配合下，结合专业开展了各类实用型课题研究，尤其是在全国高端会计（后备）人才培训项目中，带领团队开展标准成本等课题研究，为推动青岛地铁标准成本体系建立奠定了基础；发表了专业论文 10 余篇，其中大部分被评为山东省会计学会、青岛市地铁产业协会等优秀论文。总结多年财务管理经验，主编出版了专业书籍《现代城市轨道交通运营财务管理》，创新轨道交通财务标准化管理；参与主编了《青岛市轨道交通自动售检票系统检测规程》，具有极强的实践指导作用。

正己助人　回馈社会

人学始知道，不学非自然。从事会计工作以来，我并没有因为业务繁重、事务繁杂而给自己“找借口”“开小差”，即使利用碎片时间，也要确保每日按既定要求完成学习任务，这一习惯给我的工作与生活都带来的极大改善：少了恐惧，多了勇气；少了焦虑，多了执行；少了犹豫，多了坚定。在处理家庭与生活时，通过统筹兼顾，我找到了得之不易的平衡，获取了家人更多的理解和支持，也为孩子树立了积极的榜样。我时常会思考罗曼罗兰的一句话：只要还有能力帮助别人，就没有权利袖手旁观。从获选山东省产业教授到担任多所高校研究生校外导师，我始终坚持将行业经验与学术活动相结合，利用业余时间为学生开阔视野，将更加实用、先进的会计工作方法和管理理念传授给员工与学生，通过言传身教，做好员工与学生的领路人。我希望自身的努力不光能回馈社会的给予，也能在交通强国、教育强国的建设中贡献应有的力量。

不经寒霜苦，安能香袭人？对事业的艰辛付出，源于专注和最初的那一份热爱，我坚信，这也是现代职业女性更需要的坚持：深耕专业，初心不改。

（原载《财务与会计》2020 年第 6 期）

薛冬梅

薛冬梅，广西壮族自治区党委办公厅财务处处长。会计师，广西“十百千”拔尖会计人才。

从大山深处走来

我从大山中走来，虽离开多年，但身上早已烙上大山坚毅、深邃、厚重的印记。回首自己走过的路，忘不了大山给我的坚强和执着，激励我一生进取。

满心期盼，怀揣走出大山的梦想

我出生在一个偏僻山区的普通工人家庭，父母终日起早贪黑，辛勤奔波劳碌，微薄的工资既要赡养老人，又要供我和妹妹上学，生活并不宽裕。由于地处偏远、物资匮乏、交通落后，更没有今天网络等现代化全覆盖的发达媒体，对外界只能通过有限的书本描绘和从出差的大人口中获知了解。越是神秘越有吸引力，我对外面的世界充满强烈好奇、幸福憧憬和美好遐想，梦想着自己通过努力，能走出大山看看外面的精彩。

只争朝夕，知识能够改变命运

与无数在艰苦生活条件下成长的普通家庭孩子一样，父母从小就告诫我：出身不能选择，但道路可以选择，知识改变命运。作为家里的长女，我比一般人更早懂事，一边主动承担起家务，一边默默珍惜时间、刻苦学习、奋发图强，努力在同龄人中做到品学兼优、出类拔萃。1989 年，我考上大专，毕业后被分配到广西一家行政机关从事会计工作。工作中，我主动担当、积极作为，虚心向领导和身边的同志请教，力争出色完成每项工作任务，我的努力也得到了组织认可和同志们的肯定。调入现在的单位后，面对如火如荼的改革开放大潮，特别是进入“互联网 +”时代，我强烈意识到：不继续学习、不及时更新知识，原来的知识储备根本无法满足新时代的要求；不紧紧把握新时代脉搏，就会面临落伍被淘汰的危险。因此一直以来，我坚持利用业余时间抓紧学习，年轻时，我节省下不多的工资，自费参加各种专业培训，获得本科、研究生学历学位，报考获得助理会计师、会计师专业技术职称……2015 年，我还有幸成为广西“十百千”拔尖会计人才。“本领恐慌、能力不足”的警醒，让我不断激励鞭策自己，只争朝夕，不负韶华。

锐意进取，勇立创新实践潮头

从事财务工作近 30 年，感恩于组织的培养和同事们的支持帮助，我不仅得到了许多学习和实践的宝贵机会，也收获了很多鲜花和掌声。我曾多次被评为单位优秀党员、优秀公务员；受自治区财政厅邀请，多次参加财政部修改制定《会计法》《预算法》以及政府会计制度等专题研讨；牵头组织起草、修改完善单位内部控制制度，不断规范财务管理运行机制；2015 年大胆实践，率先创新将会计凭证更改为科学实用的 A4 版，不断夯实会计基础规范工作，获得自治区财政厅、档案局好评；积极探索，有效解决机关单位普遍存在的固定资产“重采购、轻管理”问题。自担任财务处处长以来，我团结带领全处同志出色完成各项任务，努力使单位财务工作始终走在全区同行业前列，所在的财务处 2015 年更是被授予“广西三八红旗先进集体”荣誉称号。

时刻警醒，筑牢遵纪守法底线

财务工作整日与钱打交道，面对着上亿元的资金，充满着利益的诱惑和职业的风险。看着一些同行倒下的反面典型案例，我时刻警醒自己要始终保持清醒头脑，要知敬畏、守规矩，严格执行各项财经法规，不越雷池半步。我注重建立健全单位财务管理制度，努力用制度管钱管事，真正把权力关进制度笼子；敢于坚持原则、敢于责任担当，自觉纯洁社交圈、净化生活圈，清清白白做人，堂堂正正做事；坚持以身作则，积极发挥头雁效应，努力为单位打造一支忠诚干净担当的高素质财务队伍。

日复一日、月复一月、年复一年，与枯燥繁杂的数字打交道，没有冲锋在前的喧嚣呐喊，没有舍生取义的英雄壮举，也没有惊天动地的感人故事，只有 30 年的平凡坚守。正所谓“不要人夸颜色好，只留清气满乾坤”。

（原载《财务与会计》2020 年第 6 期）

许海燕

许海燕，邯郸市人社局总会计师。高级会计师，全国高端会计（后备）人才行政事业类六期学员，河北省第一届政府会计咨询专家，河北省高级会计师评审专家评委，河北地质大学、河北工程大学校外硕导。

奋进是最好的感恩

回首20多年职场生涯，我先后在国有企业、政府部门和事业单位任职，伴随着我国国有企业改革、财政体制改革、政府会计改革等重大改革步伐，庆幸自己是其中的参与者、实践者、受益者，感恩一路的遇见和提携。

顺势而为　国企改革显锋芒

20世纪90年代，大学毕业后我进入一家国有大中型企业集团财务处工作，深知自己初出茅庐，不断自我加压。从车间工艺看成本管理，从供销存看销售管理，从财务报表分析潜在风险，力所能及为集团发展建言献策。3年后，国有企业改制，成立股份公司，我被破格推荐参加股份公司计财部负责人竞聘，并获得董事会一致认可，担任计财部副部长，主持全面工作，试用期满一年如期晋升为计财部部长。任职5年，虽经历市场波动，公司仍实现了超常规发展，这得益于国有企业规范、有序的管理和科学的发展规划，这些都深深影响着我以后的会计职场发展之路。

因势而动　财政战线新突围

当一个岗位的工作已经熟稔于心，成长阈值就会越来越小。在企业工作8年之后，我想尝试新的专业领域。恰逢市级开发区筹建，急需专业人才。借着休产假时间，自学了财政预算会计制度，研习财政政策，产假未休完就开始上岗，建立了财政预算、国库集中支付、专项资金等多套核算体系，通过建章立制，为开发区的快速发展打下了良好的基础。期间，为了更进一步发展，10 年职场生涯后又考取了公务员。转身，从零开始。10 年财政战线的磨砺与坚守，从科员到副局长、书记，这一路走来，在财政战线留下了深深的足迹。

乘势而上　领军之路新篇章

一个人可以走得很快，一群人才可以走得更远。遇见领军选拔，是我专业路上的一道光芒，带给我更多的专业自信和成长机会。

2013 年夏天，我参加了河北省第一期行政事业类会计领军（后备）人才选拔，最终以笔试、面试总分第一的成绩入围，3 年的培养锻炼，收获颇丰。作为班级学习委员，2016 年 8 月，在毕业典礼上，我代表全省会计领军人才做了典型发言。

追赶的脚步从不停歇。2016 年，省领军毕业之后，恰逢财政部选拔全国高端会计人才，经过资料评审、笔试、面试、征求单位意见等诸多环节严格选拔，成为行政事业类六期学员。而今，培养之路已过半，3 年来，我接触到了政策制定者、实务界精英、学术界大师。从他们身上，见证了优秀的人之所以更优秀，是因为他们更努力，这是一种催人奋进的力量，一路奔跑，目标就在左右，须臾不可懈怠。

自 2015 年 4 月我调入邯郸市人力资源和社会保障局以来，开启了行政事业单位财务管理探索之路。先后理顺了局属 10 多家单位的财务核算，制定了规范的财务管理制度，担任社保局基金财务负责人一年多时间，在全省率先实施养老金发放社银直联，并经历社保费划转税务征收，协调税务、财政、社保三方，实现业务互通，成功过渡。2019 年 7 月，我被任命为总会计师，对全局社保基金财务管理、就业创业专项资金管理、经费财务管理实现全覆盖，“三位一体”，归口管理，全面监控，为全省人社系统打好防风险攻坚战起到了示范作用，得到省人社厅领导的肯定。

回望职场一路走来，深感庆幸，多岗位锻炼、不同领域的尝试、领军平台的学习让我提升了专业素养，拓宽了视野，放大了格局，提升了能力，成为一位专业自信的女性。

人生路上，真正的静，是生命里的寂然涤思；真正的动，是世路上的毅然前行。作为中年职场女性，我在动静结合中平衡与成长。

（原载《财务与会计》2020 年第 6 期）

后　记

从2002年起，《财务与会计》编辑中心组织编写的《新世纪会计文化系列丛书》已经出版过三辑了，如今《新时代会计人系列丛书》（第一辑）依然秉承20年前出书的初衷，精心编辑，诚意打造，带着崭新的风采与大家见面。

我们认为，在庆祝中国共产党百年华诞之际把这本书奉献给大家，是一件非常有意义的事情。在会计事业不断繁荣的过程中，每一位会计人都是见证者、亲历者。通过书中这些鲜活、生动、多样化的短文集锦，我们能感受到个人梦想融入时代发展的洪流之中，也可以清晰地看到会计事业不断向前的足迹。

我们相信这本书的出版，能为广大财会工作者提供一个窗口，通过这一个小小的窗口，折射出会计人无私奉献、开拓创新的精神，感受到会计人对工作的热情，对生活的热爱，对信念的坚守，这些故事永远值得我们铭记。

寒来暑往，斗转星移，时间煮雨，岁月缝花。从2016年到2020年，在5年的时间里，书中的很多作者带着会计人不变的初心与梦想，走向更加广阔的舞台，我们也竭尽所能与作者本人取得联系，对相关信息进行了更新。

由于时间仓促，水平有限，本书也许还存在诸多疏漏或不当之处，诚恳地欢迎您在阅读本书时不吝赐教。

本书得以出版，要特别感谢国富集团董事长、总裁杨剑涛先生所给予的大力支持，他的帮助为本书的顺利出版提供了保障。

还要感谢《财务与会计》的读者、作者所给予的关注和热情鼓励，感谢中国财政经济出版社会计分社社长、编审樊清玉，她敬业务实、认真细致，为本书的顺利出版提供了巨大的帮助。最后，还要感谢中国财政杂志社《财务与会计》编辑中心的刘黎静、陈利花、王词、樊柯馨为本书付出的认真、细致的劳动。

所有的出发，都是为了抵达。谨盼这套丛书能为更多财会工作者带来更多的正能量，带来更多的价值增值。若您确有收获，那么作为编者，心下慰矣。

编者

2021 年 2 月